P9-EDM-495

# Workbook / Laboratory Manual for

# Neue Horizonte

## Fourth Edition

David B. Dollenmayer
*Worcester Polytechnic Institute*

Ellen W. Crocker
*Massachusetts Institute of Technology*

Thomas S. Hansen
*Wellesley College*

D.C. HEATH AND COMPANY

Lexington, Massachusetts    Toronto

*Address editorial correspondence to:*

D. C. Heath
125 Spring Street
Lexington, MA 02173

Copyright © 1996 by D. C. Heath and Company.

Previous editions copyright © 1984, 1988, 1992 by D. C. Heath and Company.

All rights reserved. No part of this publication may be reproduced or transmitted in any form or by any means, electronic or mechanical, including photocopy, recording, or any information storage or retrieval system, without permission in writing from the publisher.

Published simultaneously in Canada.

Printed in the United States of America.

International Standard Book Number: 0-669-35530-5.

4 5 6 7 8 9-VG-02 01 00 99 98

# Preface

## For Instructors and Students

The Workbook / Laboratory Manual for *Neue Horizonte,* Fourth Edition, provides further practice in writing and listening in German. It is divided into two parts: a Workbook and a Laboratory Manual. Each chapter of the Workbook and the Laboratory Manual contains exercises and activities that reinforce the corresponding chapters of the Student Text.

## The Workbook

The Workbook includes a variety of written exercises for chapters 1–16 that recombine the vocabulary and grammatical structures presented in the corresponding chapter of the Student Text. Illustrations vary the pace of the activities and provide further practice with language in specific contexts. Activities progress from directed to communicative. Students are informed when to do each Workbook exercise by icons and annotations in the margins of the Student Text. It is important that students do the exercises in the sequence suggested in order to derive maximum benefit from this important supplementary material. An answer key is located at the back of the Workbook / Laboratory Manual so that students can correct their answers. Open-ended exercises are indicated in the Answer Key with the phrase *Answers will vary.* These are intended for correction by the instructor.

The Workbook also includes four summary and review sections called **Zusammenfassung und Wiederholung.** These follow chapters 4, 8, 12, and 16, thereby dividing the Workbook into clearly defined quarters. They summarize the grammar and functional topics of the preceding four chapters in schematic and tabular form. Grammar topics are grouped by such categories as verb forms, noun morphology, adjective formation, and sentence structure. Idiomatic, communicative phrases are summarized by topic, such as greeting, leave-taking, comparing, and expressing preferences. Cross-references in the page margins refer students to more detailed explanations of the grammar in the Student Text. If students need to review a specific grammar topic, they should refer to the textbook page number in the margin. Each **Zusammenfassung und Wiederholung** ends with a "Test Your Progress" section — a self-test for students to diagnose their individual areas of strength and weakness. These tests are self-correcting. Answers for the self-tests are also located in the Answer Key at the end of the Workbook / Laboratory Manual.

Like the rest of the Workbook / Laboratory Manual, the **Zusammenfassung und Wiederholung** sections are intended for use outside of class. Students can use them to review for tests or for a focused review of specific grammar topics. They can also be used to preview future material. For example, instructors can glance with students at the schematic presentation of a complex topic such as negation (**Zusammenfassung und Wiederholung 1**) before assigning the more analytical presentations in the textbook chapters 3 and 4.

## The Laboratory Manual

The Laboratory Manual is coordinated with the *Neue Horizonte* Cassette Program. The Cassette Program begins with an **Einführung** chapter, where students learn the alphabet, numbers from 0–20, and common words and expressions such as greetings and leave-takings, days of the week, months of the year, and some weather expressions. Also included in the **Einführung** is a comprehensive presentation of German pronunciation with accompanying exercises. This *Sounds of German* section is followed by a list of useful classroom expressions.

For each of the sixteen regular chapters, the Cassette Program for the Fourth Edition contains the following recorded material:

- **Dialoge** The dialogues of the chapter with pauses for student repetition.

- **Fragen zu den Dialogen** Oral true-false or multiple-choice comprehension questions based on the dialogues, which students answer in writing in the Laboratory Manual.

- **Hören Sie gut zu!** A new dialogue not printed in either the Student Text or Laboratory Manual, intended for listening comprehension. The dialogue recycles vocabulary and grammar topics and is followed by comprehension questions (in English in chapters 1 and 2, in German in chapters 3–16). Students hear these questions on the cassettes (they are not printed in the Laboratory Manual) and write their answers in the Laboratory Manual.

- **Übung zur Aussprache** A section in chapters 1–8 that practices sounds that pose particular difficulty for nonnative speakers of German. Students repeat minimal word pairs and sentences containing the targeted sounds.

- **Lyrik zum Vorlesen** The poems from the Student Text read aloud on the Cassette Program. Students are encouraged to repeat and imitate the rhythm, intonation, and pronunciation they hear on the cassette.

- **Üben wir!** Selected grammar exercises from the textbook, with pauses for student repetition. These recorded exercises are identified in the Student Text by marginal icons and annotations. Also included in this section are variations on these exercises called **Variationen,** which occur only on the Cassette Program. Students are alerted to the occurrence of the **Variationen** exercises by icons and clear annotations in the Student Text pointing out the text exercises they are related to.

- **Übung zur Betonung** Practice in recognizing stressed syllables in words and phrases. Cognates and words borrowed from other languages such as **Chance, Garage,** and **interviewen** are presented here. This section also recycles material from the **Leicht zu merken** lists in the textbook, thereby recalling items not necessarily considered active, but easy for students to remember. When using the **Übungen zur Betonung,** students and instructors should note that the divisions of the syllables for practice with stress are not necessarily the same divisions used for hyphenation in writing.

- **Lesestück** The reading section from each chapter read at normal speed. No paused version is provided because the **Lesestück** is not intended for repetition.

- **Diktat** A dictation of contextualized sentences that include the chapter's grammar points and vocabulary items from **Wortschatz 1** and **2**. Students should not do the dictations until they have worked on the **Lesestück**. The dictation sentences, which are not included in the Laboratory Manual Answer Key, are intended for correction by the instructor.

In order to better coordinate the Laboratory Manual and Cassette Program with the Student Text, the Laboratory Manual includes page references to the Student Text for the **Dialoge,** the **Lyrik zum Vorlesen,** the **Lesestücke,** and the **Übungen.** In addition, grammar exercise numbers in the **Üben wir!** section on the cassettes and in the Laboratory Manual correspond to the numbers of the **Übungen** in the Student Text. Also, the direction lines and a model for each recorded **Übung** are printed in the Laboratory Manual. As a further aid to coordination of the program, icons and annotations in the Student Text direct students to corresponding exercises in the Laboratory Manual and the Cassette Program.

# Contents

# WORKBOOK

**KAPITEL**

**1**

**A.** Rewrite the following sentences, replacing each subject with the pronoun in parentheses, and changing each verb to agree with the new subject.

1. Ich arbeite viel.  (sie, *sing.*)

   _Sie arbeitet viel._

2. Was mache ich heute abend?  (Sie)

   _Was machen Sie heute abend?_

3. Morgen gehe ich zu Julia.  (ihr)

   _Morgen geht ihr zu Julia._

4. Vielleicht spielen die Kinder draußen.  (er)

   _Vielleicht spielt er draußen._

5. Michael und Karin arbeiten nicht sehr viel.  (du)

   _Du arbeitest nicht sehr viel._

6. Frau Lehmann fliegt nach New York.  (ihr)

   _Ihr fliegt nach New York._

7. Horst geht auch.  (ich)

   _Ich gehe auch._

8. Wir kommen morgen zurück.  (er)

   _Er kommt morgen zurück._

9. Was machen Sie am Mittwoch?  (wir)

   _Was machen wir am Mittwoch?_

10. Heute bin ich in Eile.  (du)

   _Heute bist du in Eile._

**B.** Complete the following exchanges with the correct form of the verb **sein**.

1. _Bist_ du in Eile?

   Ja, ich _bin_ sehr in Eile.

2. Wo _seid_ ihr am Mittwoch?

   Wir _sind_ in Hamburg.

3. Wo _ist_ Michael?

   Michael und Thomas _sind_ draußen.

4. _Sind_ Sie morgen auch in München?

   Nein, morgen _bin_ ich in Wien.

   Frau Hauser und Herr Lehmann _sind_ morgen auch in Wien.

5. Herr Hauser _ist_ im Moment in Frankfurt.

   Aber morgen _ist_ er wieder zurück.

**C.** Label the numbered items in the sketch below. Give both the definite article and the noun.

**Was ist das?**

1. **das Fenster**

2. _die Tuhr_

3. _die Wand_

4. _die Uhr_

5. _der Tisch_

6. _der Stuhl_

7. _das Buch_

8. _das Heft_

9. _der Kugelshreiber_

10. _der Bleistift_

**D.** Complete the answers, using the correct pronoun.

BEISPIEL: Wo ist die Lehrerin?
**Sie** ist draußen.

1. Wann kommt der Lehrer?

   ___Er___ kommt morgen wieder.

2. Wie ist hier die Mensa?

   ___Sie___ ist gut.

3. Wie ist das Wetter heute?

   ___Es___ ist schlecht.

4. Wann scheint die Sonne wieder?

   Morgen scheint ___sie___ wieder.

5. Wie sind die Straßen hier?

   ___Sie___ sind gut.

6. Wo arbeitet Frau Hauser heute?

   ___Sie___ arbeitet im Büro.

7. Wo ist das Büro?

   Hier ist ___es___.

**E.** Rewrite the following sentences, making each subject plural and changing each verb accordingly.

BEISPIEL: Der Herr kommt heute zurück.
**Die Herren kommen** heute zurück.

1. Die Studentin fliegt nach Deutschland.

   _Die Studentinnen fliegen nach Deutschland._

2. Das Kind macht das oft.

   _Die Kinder machen das oft._

3. Das Buch ist nicht typisch.

   _Die Bücher sind nicht typisch._

4. Der Student arbeitet bis elf.

   _Die Studenten arbeiten bis elf._

5. Der Lehrer wohnt in Wien.

   _Die Lehrer wohnen in Wien._

6. Die Frau sagt: „Guten Morgen."

   _Die Frauen sagen „Guten Morgen."_

7. Die Straße ist schön.

   _Die Straßen sin schön._

8. Die Mutter ist wieder in Eile.

   *Die Mutter sind wieder in Eile.*

9. Der Herr fragt Frau Becker.

   *Die Herren fragen Frau Becker.*

10. Das Büro ist in Hamburg.

    *Die Büros sind in Hamburg.*

**F.** Complete the sentences with the correct indefinite article.

BEISPIEL: Wo ist das Kind?
**Hier kommt ein Kind.**

1. Wo ist die Uhr?

   Ist hier ___*eine*___ Uhr?

2. Ist das der Lehrer?

   Nein, aber ___*ein*___ Lehrer kommt

   um zehn.

3. Das Kind fragt immer warum.

   Fragt ___*ein*___ Kind auch wie?

4. Wann arbeitet der Professor?

   ___*Ein*___ Professor arbeitet immer!

5. Der Student kommt morgen.

   Kommt ___*eine*___ Student auch heute?

**G.** Begin each sentence with the word or phrase in italics, and make the necessary changes in word order.

BEISPIEL: Laura kommt *heute abend*.
**Heute abend kommt Laura.**

1. Ich bin *heute* in Eile.

   *Heute bin ich in Eile.*

2. Das Wetter ist *endlich* wieder schön.

   *Endlich ist das Wetter wieder schön*

3. Wir gehen *um elf* zu Horst.

   *Um elf gehen wir zu Horst*

4. Es regnet immer viel *im April*.

   *Im April regnet es immer viel.*

5. Marion fliegt *am Freitag* nach Wien.

*Am Freitag fliegt Marion nach Wien.*

6. Herr Lehmann wohnt *vielleicht* in Berlin.

*Vielleicht wohnt Herr Lehmann in Berlin,*

7. Die Gruppe arbeitet *morgen* hier.

*Morgen arbeitet die Gruppe hier*

8. Die Studenten sind *natürlich* freundlich.

*Natürlich sind die Studenten freundlich*

**H.** Write yes/no questions using the following cues. Address the people named in parentheses.

BEISPIEL:  kommen / wieder / ? (Karin)
**Kommst du wieder?**

1. gehen / zu Karin / ? (Monika)

*Gehst du zu Karin*

2. kommen / heute / ? (Frau Schmidt)

*Kommen Sie heute*

3. arbeiten / viel / ? (Horst)

*Arbeitest du viel*

4. fliegen / um neun / ? (Herr und Frau Lehmann)

*Fliegen Sie um neun*

5. sein / in Eile / ? (Karin und Michael)

*Seid ihr in Eile*

6. machen / das heute / ? (Herr Hauser)

*Machen sie das heute*

7. arbeiten / heute im Büro / ? (Thomas)

*Arbeitest du heute im Büro*

8. fliegen / heute abend / ? (Herr und Frau Kuhn)

*Fliegen Sie heute abend*

**I.** Write questions and answers in full sentences, using the cues below.

BEISPIEL:  wann / kommen / ihr / zurück? Morgen . . .
**Wann kommt ihr zurück?**
Morgen **kommen wir zurück.**

1. wann / arbeiten / du / ?  _Wann arbeitest du?_

   Heute abend _Heute abend arbeite_

2. gehen / Christa / auch / zu Monika / ?  _Geht Christa auch zu Monika?_

   Ja, _Sie geht auch zu Monika._

3. wann / fliegen / Sie / nach Berlin / ?  _Wann fliegen Sie nach Berlin_

   Am Mittwoch _fliege ich nach Berlin_

4. haben / ihr / auch Kinder / ?  _Habe ihr auch Kinder_

   Ja, _wir haben auch Kinder_

5. wer / gehen / zu Karin / ?  _Wer geht zu Karin_

   Wir _gehen zu Karin_

**J.** Unscramble the phrases below, making them into dialogues to fit the situations in pictures 1 and 2.

| 1 | 2 |
|---|---|
| Hallo, Hans. | Nein, ich bin Touristin aus den USA. Und Sie? |
| Danke gut. Und dir? | Grüß Gott. |
| Also tschüs, bis morgen! | Kommen Sie aus Österreich? |
| Nicht schlecht. | Guten Tag. |
| Es tut mir leid, aber ich bin sehr in Eile. | Ach, ich fliege ja heute nach Hamburg. |
| Tag, Peter. | Gute Reise! |
| Wie geht's? | Aus Hamburg, aber ich wohne im Moment in Wien. |
| Ja, bis dann. Tschüs! | Danke schön! |

1.

Hallo, Hans. Tag, Peter. Wie geht's? Danke
gut. Und dir? Nicht schlecht. Es tut mir
leid, aber ich bin sehr in Eile. Also
tschüs, bis morgen. Ja, bis dann, Tschüs!

2.

Gute Reise! Guten Tag. Grüß Gott,
Kommen Sie aus Österreich? Nein, ich
bin Touristin aus den USA. Und Sie?
Aus Hamburg, aber ich wohne im Moment
in Wien. Ach, ich fliege ja heute
nach Hamburg. Danke schön!

## KAPITEL

## 2

**A.** Complete each question and answer with the accusative form of the definite article and the noun in parentheses. Use the noun in the singular.

BEISPIEL: Ich suche _____. (*article*)
Ich suche **den Artikel.**

1. Ich suche ___die Straße___. (*street*)

2. Siehst du ___das Haus___? (*house*)

3. Hat er ___die Zeitung___? (*newspaper*)

4. Wir brauchen ___den Lehrer___. (*teacher* [masc.])

5. Kennst du ___den Mann___? (*man*)

6. Fragt sie ___die Gruppe___? (*group*)

Now use the noun in the plural.

BEISPIEL: Ich kenne _____. (Familie)
Ich kenne **die Familien.**

7. Wir lesen ___den Artikel___. (Artikel)

8. Fragt er ___die Amerikanerinine___? (Amerikanerin)

9. Habt ihr ___die Bucher___? (Buch)

10. Braucht sie ___die Zimmeren___? (Zimmer)

**B.** The sellers at a flea market are telling you about their merchandise. You are tempted to buy and start imagining who might need the various items. Complete each response with the accusative form of the noun and indefinite article.

BEISPIEL: „Der Tisch ist wunderschön."
Ja, ich brauche **einen Tisch.**

1. „Der Stuhl ist sehr alt."

Ja, mein Bruder braucht ___einen Stuhl___.

2. „Das Buch ist sicher gut."

Ja, meine Mutter braucht ___ein Buch___.

3. „Die Uhr ist sehr schön."

   Ja, meine Schwester braucht ___ein Uhr___ .

4. „Die Landkarte ist sehr groß."

   Ja, ich brauche ___einen Landkarte___ .

5. „Der Kugelschreiber ist sicher gut."

   Ja, meine Freundin braucht ___ein Kugelschreiber___ .

6. „Das Poster ist ziemlich typisch."

   Ja, meine Freunde brauchen ___einen Poster___ .

**C.** Write a question for each answer, using a noun that corresponds to the gender of the pronoun.

BEISPIEL:   Hast du **die Zeitung?** Ja, ich habe **sie.**

Buch    Straße    Artikel    Amerikaner    Professorin

1. ___Hast due den Artikel___ ? Ja, ich habe **ihn.**
2. ___Kenst due die Professorin___ ? Ja, ich kenne **sie.**
3. ___Suchst due die Straße___ ? Ja, ich suche **sie.**
4. ___Suchst due den Amerikaner___ ? Ja, ich suche **ihn.**
5. ___Brauchst due das Buch___ ? Ja, ich brauche **es.**

**D.** Write a reply to each question, using the accusative form of the pronoun cued.

BEISPIEL:   Wen fragen die Leute?  (ich)
   Sie fragen **mich.**

1. Wen meint der Lehrer?  (wir)

   ___Er meint uns.___

2. Wen grüßt du, Peter?  (ihr)

   ___Ich grüße euch___

3. Wen kennen Sie hier?  (Sie)

   ___Ich kennen Sie.___

4. Wen fragt der Tourist?  (ich)

   ___Er fragt mich___

5. Wen suchst du denn? (du)

_Ich suche dich_

**E.** Reply positively to each question with a complete sentence. Use the accusative form of the pronoun in parentheses.

1. Kennt er mich? (du)

Ja, er **kennt dich.**

2. Sprecht ihr über uns? (ihr)

Ja, wir _sprechen über euch_

3. Grüßen Sie mich? (Sie)

Ja, ich _Grüße sie_

4. Sehe ich Sie heute abend? (ich)

Ja, Sie _Sehen mich heute abend_

5. Fragt sie euch morgen? (wir)

Ja, sie _Fragt uns morgen_

**F.** Ask the people named in parentheses questions about themselves. Use the appropriate second-person pronoun, **du, ihr,** or **Sie,** and the form of the verb that corresponds to it.

BEISPIEL:   (Herr Müller) essen / Fleisch / ?
   **Essen Sie Fleisch?**

1. (Angelika) wie / heißen / ?

_Wie heißt du?_

2. (Tobias und Andreas) wissen / das / ?

_Wiest ihr das?_

3. (Stefan) wann / essen / heute / ?

_Wann ist due heute?_

4. (Herr Weiß) sprechen / mit Frau Schwarz / ?

_Sprechen sie mit Frau Schwarz?_

5. (Georg) was / sehen / in Berlin / ?

_Was sehst du in Berlin_

6. (Herr und Frau Steuermann) kennen / München / ?

_Kennen Sie München_

7. (Otto) wissen / das noch / ?

_Wißt du das noch_

8. (Carola) nehmen / das Zimmer / ?

_Nimmst due das Zimmer_

9. (Gretchen und Anna) was / lesen / ?

_Lest ihr das_

10. (Birgit) lesen / immer die Zeitung / ?

_Lest due immer die Zeitung_

**G.** Complete the following conversations with the correct form of **wissen** or **kennen**.

1. _Kennt_ ihr München?

   Ja, wir studieren in München und _kennen_ auch viele Leute.

2. Unsere Eltern _kenne_ seine Eltern sehr gut.

   _Weißt_ ihr, wo sie wohnen?

   Ja, natürlich! _Weißt_ du das nicht?

3. _Weißt_ du, wo Annette studiert?

   Ja, sie studiert in Berlin.

   _Kennt_ sie deine Freunde, Otto und Jan?

   Nein, aber ich _kenne_ ihren Freund, Kurt.

**H.** Choose the possessive adjective in each pair that completes the sentence correctly.

1. Tobias, wann kommen _deine_ Eltern nach München? (deine / deinen)

2. Wo sind _unsere_ Zimmer? (unsere / unser)

3. Suchen Sie _Ihr_ Auto? (Ihr / Ihren)

4. Spricht er immer über _sein_ Buch? (seinen / sein)

5. Bleibt _eure_ Familie in München? (eure / euer)

6. Wir kennen _seine_ Freunde. (seinen / seine)

7. _Unser_ Professor ist immer in Eile. (Unser / Unseren)

8. Wann siehst du _deinen_ Freund wieder? (deinen / dein)

9. Wo ist _euer_ Bruder im Moment? (eure / euer)

10. Sehen Sie heute abend _Ihren_ Mann? (Ihr / Ihren)

**I.** Rewrite, using the new subject given in parentheses. Change the possessive adjective and the verb accordingly.

BEISPIEL: Ich lese mein Buch. (du)
**Du liest dein Buch.**

1. Ich frage auch meine Familie. (Herr Müller)

   _Herr Müller fragt auch seine Familie._

2. Siehst du deine Freunde in Wien? (wir)

   _Sehen wir unsere Freunde in Wien_

3. Lesen Sie Ihr Buch? (Agnes)

   _Liest Agnes Ihr Buch_

4. Sucht er seine Klasse? (ihr)

   _Sucht ihr euere Klasse_

5. Wann machst du deine Arbeit? (Sie)

   _Wann machen Sie Ihre Arbeit?_

6. Wir kennen unsere Lehrer sehr gut. (Jan und Katrin)

   _Jan und Katrin kennen ihre Lehrer sehr gut._

7. Meine Mutter spricht oft über ihren Bruder. (meine Freunde)

   _Meine Freunde sprechen oft über ihren Bruder_

8. Im Moment liest mein Vater seine Zeitung. (ich)

   _Im Moment lese ich meine Zeitung._

**J.** You don't hear clearly what someone else has said. Ask a question about the word or phrase you missed, using **wer, wen, was, wo,** or **wessen.**

BEISPIELE: Ich suche *Annette und Jan.*
**Wen suchst du?**

Das ist *sein* Bleistift.
**Wessen Bleistift ist das?**

1. Nächstes Semester brauche ich *ein Zimmer.*
   *Was brauchst due nächstes Semester?*

2. Meine Freundin studiert *in München.*
   *Wo studiert deine Freundin?*

3. Ich kenne *deine Tante.*
   *Wen kenst du?*

4. Katrin fragt *ihre Eltern.*
   *Wen fragt sie?*

5. *Ihre Familie* wohnt auch da und hat vielleicht ein Zimmer.
   *Wer wohnt auch da?*

6. *Ihre* Mutter arbeitet in Frankfurt.
   *Wessen Mutter arbeitet in Frankfurt?*

7. Es ist wahrscheinlich *sein* Artikel.
   *Wessen Artikel ist das?*

**K.** Circle the word that does not belong in the set.

1. lesen / Zeitung / (essen) / Artikel / Bücher

2. Häuser / Straße / wohnen / Zimmer / (ziemlich)

3. nächstes Semester / heute abend / am Mittwoch / (dort) / morgen

4. immer / (schlecht) / selten / nie / oft / wieder

5. Sonne / Wetter / (Sohn) / scheinen / regnen

6. (um eins) / in der Mensa / draußen / hier / da drüben

**L.** Write out in words the answers to the following addition problems.

1. Drei und siebzehn ist _zwanzig_____
2. Elf und vier ist _fünfzehn_____
3. Acht und eins ist _neun_____
4. Zwei und vierzehn ist _sechzehn_____
5. Fünfzehn und drei ist _achtzehn_____
6. Fünf und neun ist _vierzehn_____
7. Zwölf und null ist _zwölf_____
8. Sechs und sieben ist _Dreizehn_____

**M.** Respond negatively to the following or disagree, using the opposite of the word in italics. This exercise includes vocabulary from **Wortschatz 2.**

BEISPIEL:   Ist das Essen *gut*?
            Nein, es ist **schlecht.**

1. Siehst du deine Freunde ziemlich *oft*?

   _Nein,_____

2. Ist deine Familie sehr *groß*?

   _Nein, sie ist sehr klein_____

3. Unsere Diskussionen sind immer *wichtig*!

   _Nein, Unsere Diskussionen sind immer unwichtig_

4. Ist deine Gruppe *hier*?

   _Nein, sie is dort._____

5. Findest du meinen Bruder zu *alt*?

   _Nein, ich finde ihn zu jung_____

6. Habt ihr *immer* Probleme?

   _Nein, wir haben nie Probleme_____

7. Findest du die Straßen in Wien *häßlich*?

   _Nein, ich finde ihn lieb._____

8. Seht ihr *jemand* da drüben?

   _Nein, wir sehen niemand da drüben_____

**N.** Beate Linke, a prospective student, is seeking help from Herr Fuchs in the student housing office. Unscramble the words and write her responses in full sentences.

HERR FUCHS: Guten Tag.

BEATE LINKE: (guten / ich / suchen / Tag / Zimmer / .)

_Guten Tag ich suche Zimmer._

FUCHS: Studieren Sie hier in Heidelberg?

LINKE: (nein / wohnen / im Moment / ich / noch in Stuttgart / .)

_Nein, ich wohne im Moment noch in Stuttgart,_

(aber / hier / ich / nächstes Semester / studieren / .)

_aber ich studiere nächstes Semester hier_

FUCHS: In der Hauptstraße ist ein Zimmer frei.

LINKE: (Zimmer / das / groß / sein / ?)

_Ist das Zimmer groß?_

FUCHS: Nein, es ist klein, aber schön. Die Leute sind auch freundlich.

LINKE: (gut / sehr / / nehmen / es / ich / / Dank / vielen / .)

_Sehr gut. Ich nehme es. Vielen Dank_

FUCHS: Bitte sehr. Nichts zu danken. Auf Wiedersehen.

## suche

**Student, 29 sucht dringend** kleine Wohnung /Zimmer in Prenzl. Berg, Mitte, Kreuzberg, Schöneberg od. Tiergarten. Tel. 313 23 54 ab 19h

**Junge Künstlerin aus England** (DAAD Stipendiatin) sucht ein Zimmer in Hamburg, ab 25.09. für 10 Monate. Kann bis zu DM 500 zahlen 694 86 39

**Studentin, 26 sucht 1 Zimmer in netter** WG in Berlin ab 01.10.94. Tel. 0711/350 87 32; ich rufe zurück

**Englischlehrerin sucht Wohnung / Zimmer** Telefon Mo-Fr. bis 19:00. 312 76 01

**Prenzlauer Berg,** Jutta (22) u. Tina (21) suchen genau dort eine Wohnung -Altbau - hell - günstig. Tel. 442 11 43

**O.** Horst and Gabi meet one cold, rainy day. Horst has made travel plans to get away from it all. Supply his half of the conversation. Make sure his response logically leads to Gabi's next words.

GABI: Grüß dich, Horst.

HORST: _____

_____

GABI: Ganz gut, aber das Wetter ist heute sehr schlecht.

HORST: _____

_____

GABI: Wirklich, nach Italien? Wann kommst du wieder zurück?

HORST: _____

_____

GABI: Also, gute Reise! Bis dann!

HORST: _____

_____

**KAPITEL**

**3**

**A.** Complete the sentences with the correct form of the modal verb in parentheses.

BEISPIEL: _____ Jutta zu Hause bleiben? (wollen)
**Will** Jutta zu Hause bleiben?

1. Ich _will_ eine Pause machen. (wollen)

2. _Möchtest_ du Obst essen? (möchte)

3. _Könnt_ ihr eure Professoren immer verstehen? (können)

4. Hier _darf_ man nicht halten. (dürfen)

5. _Willst_ du noch eine Stunde laufen? (wollen)

6. Ich _muß_ mehr zu Fuß gehen. (müssen)

7. Wohin _möchtet_ ihr nächstes Semester fahren? (möchte)

8. Wann _kann_ deine Mutter nach Hamburg kommen? (können)

9. _Dürfen_ wir noch ein bißchen bleiben? (dürfen)

10. Ihr _sollt_ bald nach Hause gehen. (sollen)

**B.** Compose sentences, using the cues provided. The double slash indicates a comma.

1. ihr / können / Deutsch / lernen / / aber / ihr / müssen / viel / sprechen / .

_Ihr könnt Deutsch lernen, aber ihr müßt viel sprechen._

2. dürfen / du / bis elf / bleiben / ?

_Darfst du bis elf bleiben?_

3. mein Freund / wollen / noch / ein / Zimmer / suchen / .

_Mein Freund will noch ein Zimmer suchen_

4. er / möchte / das / tun / / aber / er / dürfen / es / nicht / .

_Er mochte das tun, aber er darf es nicht._

5. sollen / man / immer / Uhr / tragen / ?

_Soll man immer eine Uhr tragen?_

**C.** Life in your household is quite busy. Friends are trying to make plans with you. Check your schedule for the week to see how you should answer.

BEISPIEL: *am Montag:* Kannst du heute das Essen kochen? (möchte)
Nein. **Ich möchte ein Buch lesen.**

1. *am Dienstag:* Mußt du heute oder morgen kochen? (sollen)

Ich _soll heute das Essen kochen._

2. *am Mittwoch:* Können wir zu Horst gehen? (müssen)

Nein, ich kann nicht. Ich _muß nach Frankfurt fahren._

3. *am Donnerstag:* Wollt ihr uns heute abend besuchen? (müssen)

Wir möchten euch besuchen, aber _wir müssen unsere Eltern besuchen._

4. *am Freitag:* Mußt du heute im Büro arbeiten? (wollen)

Nein, _Ich will   he zu Hause arbeiten_

5. *am Samstag:* Willst du heute eine Pause machen? (möchte)

Nein, ich _möchte viel schaffen_

6. *am Sonntag:* Kommt Thomas bald? (wollen)

Ja, er _will heute kommen_

**D.** Complete the sentences with the appropriate forms of the verbs in parentheses.

1. Karin _____Ißt_____ um eins, und dann _____schläft_____ sie eine Stunde.
(essen)                          (schlafen)

2. Heute abend _____arbeitet_____ sie noch im Büro und _____schafft_____ sehr viel.
(arbeiten)                          (schaffen)

3. _____Fährst_____ du bald nach Hause, oder _____findest_____ du es schön hier?
(fahren)                          (finden)

4. Ich _____bleibe_____ heute zu Hause und _____tue_____ gar nichts.
(bleiben)                          (tun)

5. Wir _____tragen_____ die Stühle. _____Tragt_____ ihr den Tisch?
(tragen)                          (tragen)

6. _____Hältst_____ du hier? Ich _____weiß_____ nicht, wo wir sind.
(halten)                          (wissen)

7. Unsere Großmutter _____sieht_____ nicht mehr gut, und meine Mutter _____kocht_____ für sie.
(sehen)                          (kochen)

8. Ich _____schreibe_____ jetzt den Artikel. _____Liest_____ du ihn dann?
(schreiben)                          (lesen)

9. Es _____gibt_____ viele Zimmer, aber der Tourist _____findet_____ sie alle schlecht.
(geben)                          (finden)

**E.** Answer each of the following questions negatively, using **nicht**.

BEISPIEL:  Besucht er ihn heute?
**Nein, heute besucht er ihn nicht.**

1. Weiß Gisela die Telefonnummer?

Nein, die Telefonnummer _____weiß Gisela nicht._____

2. Arbeitet Klaus heute?

Nein, Klaus _____arbeitet heute nicht_____

3. Kennt er deine Schwestern?

Nein, meine Schwestern _____kennt er nicht_____

4. Liest der Lehrer nur Zeitungen?

Nein, der Lehrer _____liest nicht nur Zeitungen._____

5. Spricht er heute zu laut?

Nein, heute _____spricht er nicht zu laut._____

6. Fliegen die Schüler nach Berlin?

Nein, die Schüler _____fliegen nicht nach Berlin_____

7. Studiert Karl in Leipzig?

Nein, Karl _studiert nicht in Leipzig_

8. Soll ich ihn fragen?

Nein, du _sollst ihn nicht fragen._

9. Können Sie das tun?

Nein, das _kann ich nicht tun_

10. Sind die Hausaufgaben interessant?

Nein, die Hausaufgaben _sind nicht interessant_

11. Ist das eigentlich unser Geld?

Nein, eigentlich _ist das nicht unsere_

12. Sind das deine Hefte?

Nein, das _sind nicht meine Hefte._

**F.** Reply negatively to the following questions, using **kein**.

BEISPIEL:  Haben Sie Geld?
**Nein, ich habe kein Geld.**

1. Haben Sie einen Bruder?

_Nein, ich habe keinen Bruder._

2. Verdienst du Geld?

_Nein, ich verdient kein Geld._

3. Braucht ihr ein Auto?

_Nein, wir brauchen kein Auto._

4. Haben Schmidts Kinder?

_Nein, Schmidts haben kein Kinder_

5. Sucht deine Freundin ein Zimmer?

_Nein, meine Freundin sucht kein Zimmer_

6. Kann sie Deutsch?

_Nein, sie kann kein Deutsch_

7. Wollen Sie eine Pause machen?

_Nein, Ich will keine Pause machen._

**G.** People are asking you various questions about yourself. Say these things are not true, using **nicht** or **kein** as necessary.

BEISPIEL:  Du fährst oft nach Hause, nicht wahr?
**Nein, ich fahre nicht oft nach Hause.**

1. Du bist fit, nicht?

   *Nein, ich bin nicht fit*

2. Du hast Geld, nicht?

   *Nein, ich verdiene kein Geld.*

3. Du kochst heute, nicht wahr?

   *Nein, Ich koche heute nicht*

4. Sie wohnen in Freiburg, nicht?

   *Nein, Ich wohne nicht in Freiburg*

5. Sie sind der Lehrer, nicht wahr?

   *Nein, ich bin nicht die Lehrerin*

6. Du brauchst einen Wagen, nicht wahr?

   *Nein, Ich brauche keine Wagen*

**H.** Add a few new compound words to your vocabulary by combining words that you have learned up through this lesson. Try to guess the English equivalent. Include the appropriate definite article and plural ending. This exercise includes vocabulary from **Wortschatz 2.**

| BEISPIEL:  die Wand und die Uhr | die Wanduhr | -en | wall clock |
|---|---|---|---|
| 1. das Haus und die Tür | die Haustür | türen | front door |
| 2. das Haus und die Aufgabe | die HausAufgabe | n | homework assignment |
| 3. die Kinder und das Buch | die KinderBuch | er | Children's Book |
| 4. das Haus und die Frau | die HausFrau | en | house wife |
| 5. der Berg und die Straße | die BergStraße | n | mountain road |
| 6. die Mutter und die Sprache | die MutterSprache | n | native language |
| 7. die Tage und das Buch | das TageBuch | ̈er | diary |
| 8. die Umwelt und das Problem | das Umweltproblem | e | environmental problem |

**I.** Write out the following numbers in words as if you were filling out a check.

1. DM 34,- vierunddreißig Mark
2. DM 27,- _Sieben und zwanzig Mark_
3. DM 52,- _zweiundfünfzig Mark_
4. DM 81,- _einundachtzig_
5. DM 39,- _neunundbreißig_
6. DM 66,- _sechsundsechzig_
7. DM 210,- _zweihundertzehn_
8. DM 333,- _dreihundertdreiunddreißig_
9. DM 1.200,- _eintausend zweihundert_
10. DM 1.060,- _eintausendsechzig_

**J.** Andrea is talking to her English teacher. Express their conversation in German. Use the polite form of address. This exercise includes vocabulary from **Wortschatz 2**.

ANDREA: Excuse me, Mr. Hartmann.

_____

LEHRER: Hello, Andrea.

_____

ANDREA:  May I ask you something?

_____

LEHRER:  Yes. What would you like to know?

_____

ANDREA:  May I do the homework for Friday?

_____

LEHRER:  You are supposed to do it for tomorrow, aren't you?

_____

ANDREA:  Yes, but I have to work tonight.

_____

LEHRER:  Do you have to earn money?

_____

ANDREA:  Yes, I would like to take a trip to America.

_____

LEHRER:  Then you have to earn money *and* learn English.

_____

**K.** Find the verb in the list that can best be combined with each group of words. This exercise includes vocabulary from **Wortschatz 2.**

lernen      besprechen      tragen
machen    entscheiden    besuchen

1. einen Mantel / eine Hose / Turnschuhe / eine Jacke    *tragen*

2. Musik / eine Fremdsprache / Deutsch / Englisch    *lernen*

3. eine Pause / die Hausaufgaben / die Arbeit    *machen*

4. Umweltprobleme / einen Artikel / die Hausaufgabe    *besprechen*

5. unsere Familie / dich / das Gymnasium    *besuchen*

6. bald / gar nicht / heute / schnell    *entscheiden*

**L.** Supply the word that identifies each group of words.

BEISPIEL:  Montag / Dienstag / Mittwoch      **Tage**

1. gelb / blau / rot / weiß      _Farben_

2. ein Hemd / ein Pulli / Schuhe      _Kleider_

3. mein Sohn / meine Tante / meine Eltern      _Familie_

4. Deutsch / Englisch / Russisch      _Sprachen_

# KAPITEL

## 4

**A.** Complete each sentence with the German prepositional phrase cued in English.

BEISPIEL:   Gisela geht _____. (*without her boyfriend*)
Gisela geht **ohne ihren Freund.**

1. Der Lehrer kommt nie *ohne unsere Hausaufgaben*. (*without our homework*)

2. Können wir heute *durch die Berg* _____ fahren? (*through the mountains*)

3. Ich habe nichts *gegen dich* _____. (*against you, sing. familiar*)

4. Wir brauchen ein Zimmer *für das Kind* _____. (*for the child*)

5. Wir können auch *bis morgen* _____ warten. (*until tomorrow*)

6. Ich möchte noch einmal *um den See* _____ laufen. (*around the lake*)

7. Ich mache das *für euch* _____. (*for you, pl. familiar*)

8. Gehst du *um zehn* _____ schon schlafen? (*at ten*)

9. Das sollen wir nicht *ohne sie* _____ machen. (*without her*)

**B.** Complete each sentence with a word from the following list. In some cases more than one word is possible.

dich    bis    ohne    um    das    ihn    für    gegen

1. Er hat nie genug Zeit *für* uns.

2. Elke arbeitet gern für *dich*.

3. Fahren Sie schnell *um* den See?

4. Wir können unsere Arbeit *bis* Montag machen.

5. Wir müssen *gegen* vier Uhr dort sein.

6. Soll ich um *das* Hotel fahren?

7. Ich habe deine Freundin gern und will nichts *gegen* sie sagen.

8. Ich will noch nicht nach Hause. Ihr könnt *ohne* mich gehen.

9. Nein, ohne *dich* wollen wir nicht gehen.

**C.** Use the elements below to write a suggestion or command. Address the person named in parentheses with the appropriate imperative form.

BEISPIEL: machen / doch / nicht / so viel (Karin)
**Mach doch nicht so viel,** Karin.

1. fahren / mal / zu Schmidts (Stephan)

   _Fahr mal zu Schmidts, Stephan_

2. gehen / doch / nach Hause (wir)

   _Gehen wir doch nach Hause_

3. bitte / sein / doch / freundlich (Klaus und Rolf)

   _Bitte, seid doch freundlich, Klaus und Rolf_

4. sprechen / bitte / nicht / so schnell (Inge)

   _Sprich bitte nicht so schnell, Inge_

5. arbeiten / doch / nicht allein / (Martin)

   _Arbeite doch nicht allein, Martin_

6. bleiben / doch / noch eine Stunde (Frau Beck)

   _Bleiben Sie doch noch eine Stunde, Frau Beck._

7. lesen / mal / Zeitungsartikel / von heute (wir)

   _Lesen wir mal Zeitungsartikel von heute, wir_

8. essen / doch / wenigstens / ein Brötchen (Anita)

   _Iß doch wenigstens ein Brötchen, Anita_

9. sein / doch / nicht / so pessimistisch / (Herr Keller)

   _Seien Sie doch nicht so pessimistisch, Herr Keller_

10. sein / doch / ehrlich / (Gabi)

    _Sei doch ehrlich, Gabi._

**D.** A former roommate has been away for a long time and is asking whether things have changed. Use the cues in parentheses in your response.

BEISPIEL:  Hast du noch ein Auto?  (nein / kein mehr)
**Nein, ich habe kein Auto mehr.**

1. Kannst du kein Englisch mehr?  (doch / noch)

   *Doch, ich kann noch Englisch.*

2. Trinkst du noch Bier?  (nein / kein mehr)

   *Nein, ich trinke kein Bier mehr.*

3. Wohnst du noch allein?  (nein / nicht mehr)

   *Nein, ich wohne nicht allein mehr.*

4. Hast du schon Kinder?  (nein / noch kein)

   *Nein, ich habe noch keine Kinder*

5. Studiert deine Schwester schon in München?  (nein / noch nicht)

   *Nein, sie studiert noch nicht in München*

6. Leben deine Großeltern nicht mehr ?  (doch / noch)

   *Doch, sie leben noch.*

**E.** Answer each question, beginning with the adverb in parentheses.

BEISPIEL:  Können Sie schon Deutsch?  (natürlich)
**Natürlich** kann ich schon Deutsch.

1. Können wir heute entscheiden?  (sicher)

   *Sicher, können wir heute entscheiden.*

2. Bekommen wir hier noch ein Zimmer?  (selbstverständlich)

   *Selbstverständlich, bekommen wir hier noch ein Zimmer*

3. Mußt du heute abend zu Hause bleiben?  (ja, leider)

   *Ja, leider muß ich heute abend zu Hause bleiben*

4. Regnet es morgen?  (hoffentlich)

   *Hoffentlich, regnet es morgen.*

5. Die Leute sprechen langsam, nicht?  (ja, Gott sei Dank)

   *Ja, Gott sei Dank sprechen sie langsam*

6. Habt ihr Angst? (natürlich)

*Natürlich, haben wir Angst.*

**F.** List the words and phrases under the appropriate heading below. This exercise includes vocabulary from **Wortschatz 2.**

| | | |
|---|---|---|
| die Fremdsprache | regnen | es schneit |
| der Wald | der Baum | der Fluß |
| das Seminar | sonnig | die Deutschstunde |
| das Hemd | nächstes Semester | die Brille |
| die Luft | der Rock | der Schüler |
| die Turnschuhe | das Meer | der Mantel |
| das Tal | kühl | Hausaufgaben machen |
| der Hügel | tragen | der Berg |

| **Wetter** | **Kleidung** | **Schule und Universität** | **Landschaft** |
|---|---|---|---|
| regnen | tragen | nächstes Semester | der Berg |
| die Luft | das Hemd | das Seminar | der Baum |
| kühl | die Turnschuhe | die Fremdsprache | der Wald |
| sonnig | die Brille | Hausaufgaben machen | der Hügel |
| es schneit | der Mantel | die Deutschstunde | das Tal |
| | der Rock | der Schüler | das Meer |
| | | | der Fluß |

**G.** Two acquaintances are discussing their vacation plans. Complete the text of the conversation below, filling in the blanks with the *correct form* of an appropriate word from the lists. For some blanks you may find more than one possibility.

| | | | | | |
|---|---|---|---|---|---|
| wann | doch | dort | ich | brauchen | eine Reise |
| dieses Jahr in Urlaub | eigentlich | überall | Sie | mögen | Österreich |
| Herbst | lieber | ohne | man | wollen | |
| wieder | | dunkel | | gern hören | |
| schon | | zu Fuß | | bekommen | |
| | | | | können | |
| | | | | werden | |
| | | | | bleiben | |

FRAU WOLF:  Wohin wollen Sie _____ fahren?

Fahren Sie wieder nach _____?

HERR BIERMANN: Ja, hoffentlich _____ wir _____ nach Salzburg.

FRAU WOLF: Was _____ Sie dort machen? _____ Sie _____ Musik?

HERR BIERMANN: _____ wandern wir _____. Meine Frau und _____ _____ die Landschaft dort.

FRAU WOLF: _____ man einen Wagen?

HERR BIERMANN: Nein, auch _____ Auto kann _____ genug sehen. _____ gehen alle _____.

FRAU WOLF: _____ wollen Sie fahren?

HERR BIERMANN: Wahrscheinlich im _____. Da _____ wir _____ ein Hotelzimmer. Nur _____ es leider im Herbst schnell _____.

FRAU WOLF: Fahren _____ _____ im Mai! Da wird es _____ warm, und es _____ lange hell.

**H.** Compose a *dialogue* between yourself and a travel agent. Use the following suggestions as a guide.

You want to make your vacation plans. You would like to go to America. How long can you stay? What do you want to see? Do you need a hotel, or are you visiting friends? How is the weather at this time of year? When do you have to be back?

Er/Sie: _____

Ich: _____

Er/Sie: _____

_____

_____

_____

_____

_____

# Zusammenfassung und Wiederholung 1

***Summary and Review (Kapitel 1–4)***

The Summary and Review section follows every fourth Workbook chapter of *Neue Horizonte*. In it you will find a review of the structures and language functions of the four preceding chapters. These are not detailed grammar explanations, but rather tables and summaries of structures you have already learned. In the page margins are cross references to the more complete explanations in the **Grammatik** sections of your textbook. Although this section emphasizes form and structure rather than spoken communication, each **Zusammenfassung und Wiederholung** also reviews useful colloquial expressions and slang words and phrases from the four preceding chapters.

This section can be used both for current review and for future reference. To use the following **Zusammenfassung und Wiederholung** most effectively for review of Chapters 1–4, first look at Workbook pp. 5–35 to recall and summarize what you have learned. Then test your understanding with the *Test Your Progress* quiz. Answers are provided in the Answer Key at the end of this Workbook / Lab Manual. If you need to review a specific grammar topic, refer to the textbook page number noted in the margin.

## Forms

### 1. Verbs

A. Infinitive: ends in **-en** or **-n**

| | |
|---|---|
| komm**en** | *to come* |
| tu**n** | *to do* |
| arbeit**en** | *to work* |
| heiß**en** | *to be called* |

B. Stem: infinitive minus **-en** or **-n**

p. 31

komm-
tu-
arbeit-
heiß-

C. Present tense: *stem + personal endings*

1. Basic paradigms

p. 31

| | | | | |
|---|---|---|---|---|
| ich | komm**e** | | wir | komm**en** |
| du | komm**st** | | ihr | komm**t** |
| er/es/sie | komm**t** | | sie, Sie | komm**en** |
| ich | tu**e** | | wir | tu**n** |
| du | tu**st** | | ihr | tu**t** |
| er/es/sie | tu**t** | | sie, Sie | tu**n** |

p. 32

| | Stems Ending in **-t** or **-d** | | |
|---|---|---|---|
| ich | arbeite | wir | arbeiten |
| du | arbeit**est** | ihr | arbeit**et** |
| er/es/sie | arbeit**et** | sie, Sie | arbeiten |

p. 55

| | Stems Ending in **-s, -ß,** or **-z** | | |
|---|---|---|---|
| ich | heiße | wir | heißen |
| du | heiß**t** | ihr | heißt |
| er/es/sie | heiß**t** | sie, Sie | heißen |

2. Stem-vowel change: only in **du-** and **er-** forms

pp. 55–56, 83

| | *sehen* <br> *e → ie* | *sprechen* <br> *e → i* | *tragen* <br> *a → ä* | *laufen* <br> *au → äu* |
|---|---|---|---|---|
| ich | sehe | spreche | trage | laufe |
| du | **siehst** | **sprichst** | **trägst** | **läufst** |
| er/es/sie | **sieht** | **spricht** | **trägt** | **läuft** |

Similarly:

| | | |
|---|---|---|
| lesen (**liest**) | besprechen (**bespricht**) | fahren (**fährt**) |
| | essen (**ißt**) | halten (**hält**) |
| | geben (**gibt**) | schlafen (**schläft**) |
| | nehmen (**nimmt**) | |

3. Verbs with irregular present tense

p. 33

| | **sein** *to be* | | |
|---|---|---|---|
| ich | **bin** | wir | **sind** |
| du | **bist** | ihr | **seid** |
| er/es/sie | **ist** | sie, Sie | **sind** |

p. 58

| | **haben** *to have* | | |
|---|---|---|---|
| ich | **habe** | wir | **haben** |
| du | **hast** | ihr | **habt** |
| er/es/sie | **hat** | sie, Sie | **haben** |

| werden   *to become* | | | p. 110 |
|---|---|---|---|
| ich | **werde** | wir | **werden** |
| du | **wirst** | ihr | **werdet** |
| er/es/sie | **wird** | sie, Sie | **werden** |

| wissen *to know (facts)* | | | p. 57 |
|---|---|---|---|
| ich | **weiß** | wir | **wissen** |
| du | **weißt** | ihr | **wißt** |
| er/es/sie | **weiß** | sie, Sie | **wissen** |

4. Modal verbs

   a.  Conjugation: changed stem in singular, no ending for **ich-** and **er-** forms

| dürfen   *to be allowed to, may* | | | pp. 79–80 |
|---|---|---|---|
| ich | **darf** | wir | **dürfen** |
| du | **darfst** | ihr | **dürft** |
| er/es/sie | **darf** | sie, Sie | **dürfen** |

Similarly:

| | | pp. 80–81, 113 |
|---|---|---|
| können (ich **kann**) | *to be able to, can* | |
| mögen (ich **mag**) | *to like* | |
| müssen (ich **muß**) | *to have to, must* | |
| sollen (ich **soll**) | *to be supposed to, should* | |
| wollen (ich **will**) | *to want to* | |

**Mögen** occurs most often in the following form:

| ich möchte   *I would like to* | | | p. 81 |
|---|---|---|---|
| ich | **möchte** | wir | **möchten** |
| du | **möchtest** | ihr | **möchtet** |
| er/es/sie | **möchte** | sie, Sie | **möchten** |

   b.  *Modal verb + infinitive*        p. 81

The complementary infinitive comes at the end of the sentence or clause.

| *modal* | *infinitive* |
|---|---|
| Ich **darf** heute abend nicht | **mitkommen.** |
| **Willst** du denn gar nichts | **trinken?** |
| Robert **möchte** Lehrer | **werden.** |

   c.  Infinitive omitted (implicit **fahren, gehen, haben, machen, tun**)     p. 82

| *modal* | |
|---|---|
| Ich **muß** | in die Schule. |
| **Dürfen** | wir denn das? |
| Hannah **möchte** | ein Bier. |

The infinitive is also omitted in the following idiom:

Ich **kann** Deutsch.

## 2. Noun phrases: article or possessive adjective + noun

### A. *Definite article* (**der, das, die**) + *noun*

pp. 33–36, 53

|  |  | Singular |  | Plural |
|---|---|---|---|---|
| *masculine* | nom.<br>acc. | **der** Mann<br>**den** Mann | | |
| *neuter* | nom.<br>acc. | **das** Kind | nom.<br>acc. | **die** Männer, Kinder, Frauen |
| *feminine* | nom.<br>acc. | **die** Frau | | |

### B. **Ein**-words (indefinite article and possessive adjectives)

pp. 36, 53, 58–59

|  | **ein** | (when unstressed) *a, an;* (when stressed) *one* |
|---|---|---|
|  | **kein** | *not a, no* |
| *possessive adjectives* | **mein** | *my* |
|  | **dein** | *your* |
|  | **sein** | *his (its)* |
|  | **sein** | *its* |
|  | **ihr** | *her (its)* |
|  | **unser** | *our* |
|  | **euer** | *your* |
|  | **ihr (Ihr)** | *their (your)* |

### C. **Ein**-word + *noun*

|  |  | Singular |  | Plural |
|---|---|---|---|---|
| *masculine* | *nom.*<br>*acc.* | **kein** Mann<br>**keinen** Mann | | |
| *neuter* | *nom.*<br>*acc.* | **kein** Kind | *nom.*<br>*acc.* | **keine** Männer, Kinder, Frauen |
| *feminine* | *nom.*<br>*acc.* | **keine** Frau | | |

## 3. Pronouns

### A. Personal pronouns: replace nouns

pp. 30, 54

|  |  | Singular | | Plural | |
|---|---|---|---|---|---|
|  |  | nom. | acc. | nom. | acc. |
| *1st person* | | ich | mich | wir | uns |
| *2nd person familiar* | | du | dich | ihr | euch |
| *2nd person formal* | | Sie | Sie | Sie | Sie |
| *3rd person* | *masculine* | er | ihn | sie | sie |
|  | *neuter* | es | es | | |
|  | *feminine* | sie | sie | | |

B.  Indefinite pronoun **man**: refers to people in general                                    p. 89

**man** = *one, they, people, we, you*

The indefinite pronoun **man** can only be the *subject* of a sentence and is always
used with a verb in the 3rd person singular.

In Deutschland wandert man          *In Germany they (people) like to go*
   gern am Sonntag.                  *hiking on Sunday.*

## 4. Prepositions with accusative case                                    p. 105

| | |
|---|---|
| **bis** | *until, by* |
| **durch** | *through* |
| **für** | *for* |
| **gegen** | *against; around, about* (with times) |
| **ohne** | *without* |
| **um** | *around* (the outside of); *at* (with time) |

# Functions

## 1. Making statements

Declarative sentences: verb in second position                                    p. 37

| | | |
|---|---|---|
| Heute abend | **kommt** | Richard. |
| Seit April | **wohnt** | sie bei ihrer Tante. |
| Die Studenten | **haben** | keine Zeit. |
| Ich | **kann** | meine Schuhe nicht finden. |

## 2. Asking questions

A.  Yes / no questions: verb first                                    p. 38

| | |
|---|---|
| **Kommt** | er? |
| **Wohnen** | Sie in Berlin? |
| **Müßt** | ihr gehen? |

B.  Information questions: question word first

| | |
|---|---|
| **Was** | trinkst du gern? |
| **Warum** | sagen Sie das? |
| **Für wen** | arbeiten Sie denn? |
| **Woher** | kommst du? |
| **Wohin** | fährst du im Sommer? |
| **Wessen** | Pulli ist das? |

Other question words: **wann, wie, wo, wer, wen, wie lange**

## 3. Giving commands and suggestions

A.  **wir**-imperative: suggestion—*"Let's do something"*                                    p. 106

**Sprechen wir** über unsere Probleme.
**Gehen wir** nach Hause.

B. **Sie**-imperative    p. 106

**Warten Sie** noch ein bißchen.
**Lesen Sie** das Buch.

C. **ihr**-imperative    p. 108

**Wartet** noch ein bißchen.
**Lest** das Buch.

D. **du**-imperative    pp. 107–108

1. Basic form: verb stem

    **Komm** doch um neun.
    **Frag** mich nicht.
    **Lauf** schnell, Konrad!

2. Verbs with stem-vowel change **e → i** *or* **ie**

    **Lies** das Buch. (**lesen**)
    **Sprich** bitte nicht so schnell. (**sprechen**)

3. Verbs with stems ending in **-t** or **-d**: *stem* + **e**

    **Arbeite** nicht so viel.
    **Warte** noch ein bißchen.

E. Imperative of **sein**    p. 109

**Seien wir** doch freundlich!
**Seien Sie** doch freundlich, Herr Schmidt!
**Seid** doch freundlich, Kinder!
**Sei** doch freundlich, Anna!

## 4. Negating

A. **kein**    pp. 86–87

1. **kein** negates **ein** + *noun*

    Hast du **einen Bruder**?
    Nein, ich habe **keinen Bruder**.

2. **kein** negates nouns without articles

    Braucht sie **Geld**?
    Nein, sie braucht **kein Geld**.

B. **nicht**    pp. 84–86

1. **nicht** follows:

    a. the subject and the inflected verb

        Ich esse.
        Ich esse **nicht**.

    b. the direct object

        Sie liest das Buch.
        Sie liest das Buch **nicht**.

    c. expressions of definite time

        Sie kommen morgen.
        Sie kommen morgen **nicht**.

2. **nicht** precedes verbal complements (the second part of the predicate)   pp. 79, 85

   a. adverbs of manner, indefinite time, and place

     Der Lehrer spricht schnell.
     Der Lehrer spricht **nicht** schnell.

   b. predicate adjectives

     Der Wald ist dunkel.
     Der Wald is **nicht** dunkel.

   c. predicate nominatives

     Er ist der Chef.
     Er ist **nicht** der Chef.

   d. prepositional phrases showing destination or location

     Sie fliegt nach Wien.
     Sie fliegt **nicht** nach Wien.

   e. infinitives complementing verbs

     Du sollst es kaufen.
     Du sollst es **nicht** kaufen.

C. Negating **schon** and **noch**   pp. 110–111

**1. schon** $\neq$ $\left\{ \begin{array}{l} \textbf{noch nicht} \\ \textbf{noch kein-} [+ noun] \end{array} \right.$

  Ist Peter **schon** hier? Nein, er ist **noch nicht** hier.
  Habt ihr **schon** Kinder? Nein, wir haben **noch keine** Kinder.

**2. noch** $\neq$ $\left\{ \begin{array}{l} \textbf{nicht mehr} \\ \textbf{kein-} [+ noun] \textbf{ mehr} \end{array} \right.$

  Wohnt Ute **noch** hier? Nein, Ute wohnt **nicht mehr** hier.
  Hast du **noch** Angst? Nein, ich habe **keine** Angst **mehr**.

## 5. Specifying time and place

Word order of adverbs: TIME before PLACE (*reverse of English*)   p. 39

| | |
|---|---|
| Dr. Bachmann fliegt **morgen nach Europa.** | *Dr. Bachmann is flying **to Europe tomorrow**.* |
| Bleiben wir **am Mittwoch zu Hause** | *Let's stay **home on Wednesday**.* |

## 6. Translating English *to like*

A. *to like something or someone:* **mögen** or **gern haben**   pp. 112–114

Ich **mag** dich sehr. 
Ich **hab'** dich sehr **gern**. } *I like you a lot.*

Die Farbe **mag** ich nicht. 
Die Farbe **habe** ich nicht **gern**. } *I don't like the color.*

B. *to like to do something:* verb + **gern(e)**

| | |
|---|---|
| Ich **schwimme gern**. | *I like to swim.* |
| **Machen** Sie das **gerne**? | *Do you like to do that?* |

C. *would like to:* **möchte** + *infinitive*

**Ich möchte** etwas **sagen**.     *I would like to say something.*
**Möchten** Sie eine Zeitung     *Would you like to buy a*
**kaufen**?     *newspaper?*

# Useful Idioms and Expressions

You should be able to use all these idioms and expressions actively.

1. **Personal questions, feelings, and emotions**

   Bist du heute müde/guter Laune/schlechter Laune/munter/sauer/glücklich?
   Woher kommst du?
   Wo wohnst du denn?
   Wann hast du Geburtstag?
   Wie alt bist du?
   Was ist los?

2. **Greeting and parting**

   | | | |
   |---|---|---|
   | Guten Morgen! | Wie geht's? | Tschüs! |
   | Guten Tag! | Gute Reise! | Auf Wiedersehen! |
   | Guten Abend! | Wie geht es Ihnen (dir)? | Bis dann. Bis nachher. |
   | Hallo! | Schönes Wochenende! | Bis Montag. |

3. **Polite expressions**

   | | | |
   |---|---|---|
   | Danke! | Entschuldigung! | Nichts zu danken! |
   | Vielen Dank! | Bitte! | |

4. **Reactions and opinions**

   | | |
   |---|---|
   | Gott sei Dank! | Das mache ich gern. |
   | Phantastisch! / Toll! / Super! | Das freut mich. |
   | Hoffentlich! | Das tut mir leid. |
   | Um Gottes Willen! | Lieber nicht. |
   | Mensch! | |
   | Das geht. ≠ Das geht nicht. | |
   | Du hast recht. / Stimmt schon. / Das finde ich auch. | |

5. **Time and place**

   | | |
   |---|---|
   | Bist du heute (morgen) zu Hause? | Im Norden ist es im Sommer kühl. |
   | Fährst du bald nach Hause? | Wie spät ist es? Es ist halb neun. |

6. **Colloquialisms**

   | | | |
   |---|---|---|
   | wunderschön | phantastisch | uralt |
   | prima | stinklangweilig | blitzschnell |
   | super | todmüde | |

# Test Your Progress

Check your answers with the Answer Key at the end of this Workbook / Laboratory Manual.

**A.** Provide the verb form to agree with the German subject. Then give the English infinitive.

1. scheinen: es _____ to _____

2. spielen: die Kinder _____ to _____

3. gehen: ihr _____ to _____

4. bedeuten: es _____ to _____

5. meinen: ich _____ to _____

6. laufen: er _____ to _____

7. stimmen: es _____ to _____

8. schlafen: du _____ to _____

9. fahren: wir _____ to _____

10. besuchen: ihr _____ to _____

11. wollen: sie (*sing.*) _____ to _____

12. dürfen: ich _____ to _____

13. werden: du _____ to _____

14. schneien: es _____ to _____

15. bekommen: Sie _____ to _____

16. lesen: du _____ to _____

17. tragen: ihr _____ to _____

18. können: er _____ to _____

19. warten: ich _____ to _____

20. sollen: er _____ to _____

**B.** Rewrite each sentence with the new subject provided.

1. Ich möchte schon nach Berlin. (Barbara)

_____

2. Ich will noch ein bißchen bleiben. (die Studenten)

_____

3. Was tragen die Kinder am Freitag? (du)

_____

4. Nehmen Sie ein Brötchen? (Karin)

_____

5. Lesen alle Menschen die Zeitung? (du)

_____

6. Schlaft ihr bis neun? (er)

_____

7. Wißt ihr, wie er heißt? (Gisela)

_____

8. Warten wir bis zehn? (er)

_____

9. Essen wir Pommes frites? (Oliver)

_____

10. Wir laufen durch den Wald. (Horst)

_____

**C.** Give the definite article and plural forms of the following nouns.

BEISPIEL: _____ Buch / die _____
das Buch / die Bücher

1. _____ Schule / die _____

2. _____ Hemd / die _____

3. _____ Mutter / die _____

4. _____ Schuh / die _____

5. _____ Sprache / die _____

6. _____ Freund / die _____

7. _____ Freundin / die _____

8. _____ Bruder / die _____

9. _____ Schwester / die _____

10. _____ Klischee / die _____

11. _____ Sohn / die _____

12. _____ Tochter / die _____

13. _____ Haus / die _____

14. _____ Zeitung / die _____

15. _____ Beruf / die _____

16. _____ Land / die _____

17. _____ Stuhl / die _____

18. _____ Frau / die _____

19. _____ Lehrer / die _____

20. _____ Lehrerin / die _____

**D.** Answer the following questions negatively.

1. Bist du schon müde? _____

2. Wohnt ihr noch zu Hause? _____

3. Ist sie noch Studentin? _____

4. Kennst du schon meine Schwester? _____

5. Habt ihr schon Kinder? _____

6. Besitzen Sie noch ein Auto? _____

7. Muß ich immer noch hier bleiben? _____

8. Haben Sie noch Angst? _____

**E.** Fill in the blank with the correct article or correct ending. Some blanks may need to be left empty.

1. Mein_____ Freunde haben morgen kein_____ Zeit.

2. Für _____ Fernseher habe ich im Moment kein_____ Geld.

3. Ihr_____ Sohn habe ich sehr gern.

4. Hoffentlich hast du nichts gegen mein_____ Bruder.

5. Kaufst du etwas für unser_____ Essen morgen?

6. Leider muß ich ohne mein_____ Freunde gehen.

7. _____ Studenten müssen zu Fuß gehen.

8. Ich kenne Ihr_____ Familie nicht.

9. Mein_____ Vater und mein_____ Mutter sind jetzt zu Hause.

10. _____ Klima ist oft sehr kalt, aber Gott sei Dank habe ich _____ Winter gern.

**F.** Fill in the blanks with the correct pronouns or possessive adjectives.

1. Das ist nicht _____ Buch. (her)

2. Kennst du _____ gut? *(her)*

3. Geht _____ jetzt nach Hause? *(you)*

4. Ich möchte _____ Freunde besuchen. *(his)*

5. Das kann nicht _____ Vater sein. *(her)*

6. _____ Vater kenne ich leider noch nicht. *(her)*

7. Kinder, ich kann _____ nicht sehen. *(you)*

8. Sind das _____ Kinder, Frau Overholzer? *(your)*

9. Ist _____ Freund Amerikaner, Frau König? *(your)*

10. Ich will _____ morgen sehen. *(them)*

**G.** Wie sagt man das auf deutsch?

1. I like you a lot.

    _____

2. Would you like to go swimming?

    _____

3. Don't you like my friends?

    _____

4. I like to hike.

    _____

5. I'd like to be alone.

_____

6. I do not like the climate.

_____

7. I like to be alone.

_____

# KAPITEL

## 5

**A.** Add the indirect object cued in parentheses. The cue is in the nominative case, but you must use the dative case for the indirect object. Then rewrite the sentence, replacing the noun indirect object with the correct pronoun.

BEISPIEL:   Geben Sie das Geld.  (mein Bruder)

Geben Sie **meinem Bruder** das Geld.
Geben Sie **ihm** das Geld.

1. Heute kaufe ich ___dem Kind___ eine Brezel.  (das Kind)

   *Heute kaufe ich ihm eine Brezel.*

2. Heute morgen zeigt Hans ___Seinen Eltern___ das Motorrad.  (seine Eltern)

   *Heute morgen zeigt Hans ihnen das Motorrad* (er)

3. Bitte beschreiben Sie ___meinem Mann___ das Haus.  (mein Mann)

   *Bitte beschreiben sie ihm das Haus.*

4. Natürlich schreibe ich ___den Schülern___ eine Postkarte.  (die Schüler)

   *Naturlich schreibe ich ihnen eine Postkarte*

5. Manchmal mache ich ___meiner Frau___ das Frühstück.  (meine Frau)

   *Manchmal mache ich ihr das Frühstück*

**B.** Choose the word that correctly completes the sentence, and write it in the blank.

1. Kauft sie ___ihrer___ Mutter eine Bluse?  (ihre / ihrer)

2. Wieviel schenkst du ___mir___?  (mir / mich)

3. Wer möchte ___meine___ Bücher kaufen?  (meine / meinen)

4. Der Professor gibt ___ihnen___ immer genug Zeit.  (ihnen / sie)

5. ___Wen___ besuchst du heute abend?  (wem / wen)

6. Wir zeigen ___Ihnen___ am Freitag die Stadt, Frau Becker.  (Sie / Ihnen)

7. ___Wem___ schreibt sie die Karte?  (wer / wem)

8. Kannst du ___ihn___ heute fragen?  (ihm / ihn)

**C.** As you read the text of two phone calls below, supply the correct form of the missing personal pronoun or possessive adjective.

1. „Meine Mutter besucht __uns__ bald. . . . Kennst du __sie__ schon? Ich möchte
   (us)                         (her)

   __ihr__ die Stadt zeigen. Wir können sogar mit _____ Auto nach Salzburg fahren . . .
   (her)                                 (her)

   Bleibt _____ Schwester noch bis Dienstag? . . . Vielleicht könnt _____ uns
   (your-sing.)                                 (you-pl.)

   besuchen, und wir können mit _____ in die Berge fahren.“
   (you-pl.)

2. „Guten Tag, Frau Bachmann. Wie geht es _____ ? . . . Ich lese im Moment _____
   (you-formal.)                     (your)

   Artikel. Können _____ noch ein bißchen warten? Ich bringe ihn _____ am Montag
   (you)                         (you)

   wieder. Zwei Journalisten aus Amerika möchten_____ kennenlernen. Vielleicht können
   (you)

   wir am Freitag zu_____ gehen. . . . _____ Hotel ist in der Hauptstraße.“
   (them)       (Their)

**D.** Answer the following questions with complete sentences in German according to the information in the table below. Use pronouns where possible.

### Wer schenkt wem was?

|  | Freundin | Bruder | Schwester | Eltern |
|---|---|---|---|---|
| Sabine | eine Tasche | ? | eine Uhr | Theaterkarten |
| Stefan | einen Kugelschreiber | einen Fußball | ? | ein Buch |
| Frau Keller | eine Bluse | einen Roman | ein Bild | ? |
| Horst und Rolf | ? | einfach nichts | ein Wörterbuch | eine Urlaubsreise |

BEISPIEL:   Wissen Sie, was Frau Keller ihrer Schwester schenkt?
              **Sie schenkt ihr ein Bild.**

1. Wissen Sie, was Sabine ihrer Schwester kauft?

   _____

2. Wissen Sie, was Frau Keller ihrem Bruder kauft?

   _____

3. Was schenken Horst und Rolf ihrer Schwester?

_____

4. Wem schenkt Stefan einen Fußball?

_____

5. Wem schenkt Frau Keller eine Bluse?

_____

6. Was schenken Horst und Rolf ihren Eltern?

_____

7. Wer kauft seiner Freundin einen Kugelschreiber?

_____

8. Wer schenkt seinen Eltern Theaterkarten?

_____

Here are four more gifts. Put them into the empty boxes on the grid marked with question marks. Then write statements about who gives them to whom.

eine Krawatte    einen Pullover    Blumen (*Flowers*)    eine Brezel

BEISPIEL:   Horst und Rolf schenken ihrer Freundin Blumen.

_____

_____

_____

**E.** Choose the dative preposition that correctly completes the sentence, and write it in the blank.

1. —Heute will ich _____ der Deutschstunde in die Stadt.
   *(nach / seit)*

   —Oh, kann ich bitte _____ dir fahren?
   *(mit / außer)*

   —Ja, sicher. Möchte _____ dir noch jemand mitkommen? Wir können zusammen
   *(außer / aus)*

   _____ Heidelberg.
   *(nach / zu)*

2. —Das T-Shirt ist _____ Ungarn (*Hungary*). Es ist _____ meiner Tante. Sie fährt oft
     (aus / zu)                                    (aus / von)

_____ ihren Freunden in Budapest.
(nach / zu)

—Wohnst du jetzt _____ ihr?
                  (zu / bei)

—Ja, _____ September. Im Sommer wollen wir zusammen _____ Österreich und
      (von / seit)                                          (nach / zu)

Ungarn fahren.

**F.** Answer the questions, using the modal verbs in parentheses.

BEISPIEL:   Stehst du bald auf? (müssen)
            **Ja, ich muß bald aufstehen.**

1. Fängst du jetzt an? (müssen) _____

2. Macht ihr den Laden bald auf? (wollen) _____

3. Rufen Sie mich morgen an? (können) _____

4. Lernst du die Chefin bald kennen? (möchte) _____

5. Kommt ihr heute abend zurück? (wollen) _____

6. Hörst du schon auf? (dürfen) _____

7. Kommst du auch mit? (möchte) _____

**G.** Write out three conversational exchanges using the elements given. Pay special attention to the separable-prefix verbs.

BEISPIEL:   um acht Uhr / du / aufstehen / ?
            **Stehst du um acht Uhr auf?**

1. —um wieviel Uhr / du / uns / morgen / anrufen / ?

   _____

   —mein Bus / ankommen / um zehn Uhr // dann / können / ich / euch / anrufen / .

   _____

   —Gut! / nach dem Mittagessen / wir / besuchen / Tante Hildegard / zusammen / .

   _____

2. —aufstehen / jetzt / doch / und / mitkommen / . (Use **du**-*imperative*.)

   _____

—Warum? / wann / anfangen / unser- / Deutschstunde / ?

_____

—Um zehn. wir / besprechen / unser- / Reise / .

_____

3. —wann / du / morgens / Laden / aufmachen / ?

_____

—ich / aufstehen / früh / und / aufmachen / ihn / um sechs / .

Gott sei Dank / ich / können / dann / um drei Uhr / aufhören / .

_____

_____

—ich / dürfen / verlassen / das Büro / erst gegen vier / .

_____

**H.** Supply the antonym for the words in italics. This exercise contains vocabulary from **Wortschatz 2.**

BEISPIEL:   Dieser Wagen ist *neu.*          <u>alt</u> _____

1. Die Studenten kommen immer *früh* nach Hause.   _____

2. Unsere Stadt liegt *im Süden.*   _____

3. Am Samstag nachmittag *macht* dieser Laden *zu.*   _____

4. Jetzt *fängt* die Musik *an.*   _____

5. Diese Häuser sind sehr *alt.*   _____

6. Der Chef möchte uns *etwas* sagen.   _____

7. Unsere Mannschaft ist ziemlich *groß.*   _____

8. Am Wochenende essen wir *viel.*   _____

9. Eigentlich sieht er *jung* aus.   _____

10. Diese Fremdsprache ist *schwer.*   _____

11. Bist du sonntags immer so *faul?* _____

12. Morgens sind die Straßen hier *leer.* _____

13. Außer dir sind alle sehr *klug!* _____

**I.** This page from the datebook of Jürgen Becker, a student in Tübingen, can give us an idea of what a typical Saturday might be like. Write a short paragraph describing his day based on the information in the diary below. This exercise includes vocabulary from **Wortschatz 2**.

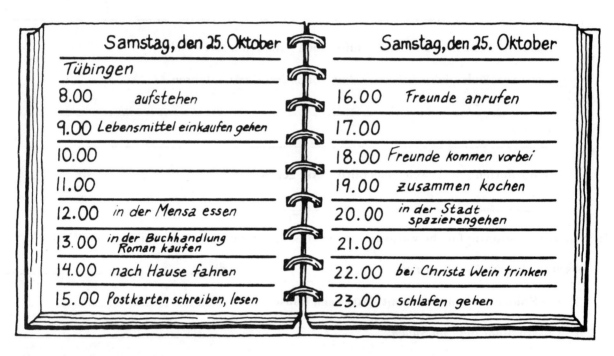

| Samstag, den 25. Oktober | | Samstag, den 25. Oktober | |
| --- | --- | --- | --- |
| Tübingen | | | |
| 8.00 | aufstehen | 16.00 | Freunde anrufen |
| 9.00 | Lebensmittel einkaufen gehen | 17.00 | |
| 10.00 | | 18.00 | Freunde kommen vorbei |
| 11.00 | | 19.00 | zusammen kochen |
| 12.00 | in der Mensa essen | 20.00 | in der Stadt spazierengehen |
| 13.00 | in der Buchhandlung Roman kaufen | 21.00 | |
| 14.00 | nach Hause fahren | 22.00 | bei Christa Wein trinken |
| 15.00 | Postkarten schreiben, lesen | 23.00 | schlafen gehen |

**Um acht Uhr steht Jürgen . . .** _____

_____

_____

_____

_____

_____

_____

_____

# KAPITEL 6

**A.** Complete this conversation between Christa and Hans-Jörg by supplying the correct forms of the verb **sein** in the simple past tense.

CHRISTA: Wo _____ ihr gestern abend? Ich habe bei euch angerufen, aber niemand _____ da.

HANS-JÖRG: Ja, gestern abend _____ wir bei Freunden. Wir haben bei ihnen gegessen. _____ du eigentlich gestern abend zu Hause?

CHRISTA: Ja, leider. Mein Freund ist im Moment nicht da, und ich _____ dann allein zu Hause. Herbert und Katrin _____ auch nicht zu Hause. Na ja, ich habe ein bißchen ferngesehen und bin einfach früh schlafen gegangen.

HANS-JÖRG: Nachher haben wir leider unseren Wagen nicht mehr gefunden. Er _____ einfach nicht mehr auf der Straße! Dann sind wir mit der U-Bahn nach Hause gefahren.

**B.** Give the auxiliary, past participle, and the English equivalent for the following *weak* verbs.

| | | |
|---|---|---|
| machen | hat gemacht | to make, do |
| reisen | ist gereist | to travel |
| studieren | _____ | _____ |
| besuchen | _____ | _____ |
| frühstücken | _____ | _____ |
| verdienen | hat verdient | _____ |
| glauben | _____ | _____ |
| aufmachen | hat aufgemacht | _____ |
| wandern | _____ | _____ |
| legen | _____ | _____ |
| zumachen | _____ | _____ |
| meinen | _____ | _____ |
| hassen | _____ | _____ |
| kennenlernen | _____ | _____ |

| abholen | _____ | _____ |
| regnen | **hat geregnet** | **to rain** |
| arbeiten | _____ | _____ |
| kaufen | _____ | _____ |
| warten | _____ | _____ |
| hören | _____ | _____ |
| kosten | _____ | _____ |
| aufhören | _____ | _____ |
| berichten | _____ | _____ |

**C.** This is Clara Wagenbach's list of things to do. She has checked off the ones she's already done. Complete the sentences below with the correct verb in the perfect tense. Note that some of the verbs are strong and some weak.

```
✓ Lebensmittel einkaufen
  Hausaufgaben beginnen
✓ die Eltern anrufen
  einen Roman lesen
✓ meinem Bruder schreiben
  eine Stunde schwimmen
  mit Prof. Klemm sprechen
✓ NICHTS vergessen!
```

**Was habe ich schon getan?**

1. Die Lebensmittel für das Wochenende _____ ich schon _____.

2. Meine Hausaufgaben _____ ich noch nicht _____.

3. Ich _____ meine Eltern schon _____.

4. Ich _____ noch nicht eine Stunde _____.

5. Den Roman _____ ich auch noch nicht _____.

6. Meinem Bruder _____ ich schon _____.

7. Ich _____ noch nicht mit Prof. Klemm _____.

8. Ich _____ auch hoffentlich nichts _____!

**D.** Complete the sentences with the auxiliary (**sein** or **haben**) and past participle of the verb in parentheses. Some of the verbs are weak and some are strong.

BEISPIEL: (sein) Stephanie _____ noch nie in Berlin _____.
Stephanie **ist** noch nie in Berlin **gewesen.**

1. (kaufen)  Wir _____ im November ein Haus _____.

2. (laufen)  Die Frau _____ schnell ins Haus _____.

3. (heißen)  Der Junge _____ Otto _____.

4. (kosten)  Das Essen _____ uns zu viel _____.

5. (schreiben)  _____ du deinen Eltern schon einen Brief _____?

6. (besitzen)  Wir _____ noch nie ein Auto _____.

7. (bleiben)  _____ Sie am Freitag zu Hause _____?

8. (anfangen)  _____ ihr die Hausaufgaben für heute schon _____?

9. (ankommen)  Ich _____ erst am Mittwoch in Freiburg _____.

10. (beschreiben)  Er _____ uns die Landschaft in Australien _____.

**E.** Fill in the appropriate form of the auxiliary verbs **haben** or **sein** in the following dialogue.

1. „Wohin _____ ihr letzte Woche *gereist?*"

2. „Ich _____ für eine Woche nach Rom *geflogen,* aber meine Frau _____ leider zu Hause *geblieben.*"

3. „Was _____ du in Rom allein *gemacht?*"

4. „Ich _____ meinen Vetter *besucht,* und wir _____ viel ins Kino *gegangen.*"

5. „ _____ du nicht vor 20 Jahren (*20 years ago*) als Student bei ihm *gewohnt?*"

6. „Ja, ich _____ ein Zimmer bei ihm *gehabt* und _____ oft mit ihm unterwegs *gewesen.* Aber jetzt _____ er ziemlich alt *geworden* und nicht mehr fit."

**F.** Supply the perfect tense form of the verb cued in English.

1. _____ du den Reiseführer _____? (*to bring along*)

2. Wer _____ mir heute diese Zeitung _____? (*to bring*)

3. Meine Freundin _____ ihre Großeltern nie _____. (*to know*)

4. Ich _____ euch Bilder von unserem Dorf _____. (*to bring along*)

5. Entschuldigung, das _____ ich nicht _____. (*to know*)

**G.** Form questions with **wo, wohin,** or **woher** to fit the following answers.

BEISPIELE: Ulla liest heute abend in der Bibliothek.
**Wo liest sie heute abend?**

Sie will morgen in die Stadt.
**Wohin will sie morgen?**

1. _____? Ich gehe jetzt in die Mensa.

2. _____? Sie haben eine Stunde im Auto gewartet.

3. _____? Herr Ziegler ist nach Nordamerika geflogen.

4. _____? Unsere Kinder spielen oft hinter dem Haus.

5. _____? Die Touristen kommen aus Dänemark.

6. _____? Du kannst deinen Mantel auf den Stuhl legen.

**H.** Erika and Georg pick up Barbara every morning on their way to the university. This morning Barbara has forgotten her watch and has to run back to her room to look for it. From the list of prepositional phrases choose the one that best answers each question.

| | | |
|---|---|---|
| zur Uni | im Auto | ins Haus |
| hinter der Mensa | am Fenster | am Schreibtisch |
| auf den Schreibtisch | auf dem Stuhl | unter dem Schreibtisch |

1. Wo warten Erika und Georg?

_____

2. Wohin fahren sie jeden Morgen?

_____

3. Wo kann man dort parken?

_____

4. Wohin läuft Erikas Freundin?

_____

5. Wo steht der Schreibtisch?

_____

6. Wo hat Barbara gestern abend gearbeitet?

_____

7. Wo sucht Barbara ihre Uhr?

_____

8. Wo liegen ihre Kleider?

_____

9. Wohin hat sie denn ihre Uhr eigentlich gelegt?

_____

**I.** Complete each sentence with the correct form of the words in parentheses. Contract the preposition with the definite article wherever possible.

BEISPIEL: Eva geht heute abend in _____. (das Kino)
Eva geht heute abend **ins Kino.**

1. Gehen wir morgen in _____! (die Stadt)

2. Wir haben unsere Bücher dort auf _____ gelegt. (der Tisch)

3. Meine Kusine hat ein Haus in _____. (die Berge)

4. Ich studiere an _____. (die Universität Tübingen)

5. In den Ferien fahren wir an _____. (das Meer)

6. Alle sind an _____ gegangen. (das Fenster)

7. Neben _____ steht das Studentenwohnheim. (die Mensa)

8. Ist der Platz hinter _____ frei? (du)

9. Du kannst neben _____ sitzen. (wir)

10. Arbeitet er noch in _____? (die Stadt)

11. Wie lange sitzt du schon an _____? (der Schreibtisch)

12. Die Zeitung bringe ich immer in _____ mit. (das Büro)

13. Wir sind eine Stunde in _____ geblieben. (die Bibliothek)

14. Warte bitte vor _____! (die Fabrik)

15. Können Sie uns die Uni auf _____ zeigen? (diese Postkarte)

**J.** Fill in the blank with the phrase cued in English. Use the appropriate dative or two-way preposition with contractions wherever possible.

BEISPIEL: Heinrich geht schon wieder _____.
                                                    (to the movies)
Heinrich geht schon wieder **ins Kino.**

1. Unsere Familie fährt oft _____.
                                          (to Berlin)

2. Komm doch mit _____.
                              (to the library)

3. Sie will nur schnell _____.
                                    (to the store)

4. Hat dein Vater auch _____ studiert?
                              (at the University of Freiburg)

5. Legen wir alle Bücher _____!
                                    (on the desk)

6. Ihr sollt _____ fahren!
   *(to the ocean)*

7. Mein Bruder arbeitet seit einem Jahr _____.
   *(in a factory)*

8. Wie lange bleiben Sie hier _____?
   *(in the city)*

9. Jeden Tag steht sie _____ und wartet.
   *(at the window)*

10. Im September haben wir drei Wochen _____ gewohnt.
    *(in the hotel)*

**K.** Supply the definite article and singular N-noun endings.

BEISPIEL:   Sprichst du mit _____ Journalist_____?
Sprichst du mit **dem** Journalist**en**?

1. Fragen wir _____ Herr_____ da drüben; vielleicht weiß er, wo die Uni ist.

2. _____ Student_____ sehe ich jeden Tag in der Vorlesung.

3. Können Sie bitte _____ Tourist_____ die Straße zeigen?

4. Ich habe _____ Kunde_____ diesen Stuhl verkauft.

5. Ich kenne dies-_____ Mensch_____, glaube ich.

6. Wir kaufen immer gern bei _____ Bauer_____ ein.

**L.** Rewrite the sentences from exercise K above. This time make the N-nouns plural.

BEISPIEL:   **Sprichst du mit den Journalisten?** _____

1. _____

2. _____

3. _____

4. _____

5. _____

6. _____

**M.** Give an account of your last vacation, using the perfect tense and your choice of the vocabulary provided for each sentence. A possible answer for the first sentence is provided. You may use it or write your own.

1. im Winter / fahren / langsam / durch / Berge

   im Sommer           schnell          Wald

               eine Woche       Frankreich

   **Im Sommer sind wir eine Woche durch Frankreich gefahren.**

   _____

2. am Wochenende / besuchen / Vetter / Österreich

   im Juni               Freunde   See

                                 Meer

   _____

3. spazierengehen / (der) Bodensee // und es / schneien

   campen          (die) Nordsee        regnen

   wandern        Schwarzwald         warm sein

   schwimmen     Wald                 furchtbar kalt sein

   _____

4. leider / ausgeben / zu viel Geld / fürs Hotel

   Gott sei Dank     nicht viel Geld / fürs Essen

                             für Postkarten

   _____

5. ich / schicken / Bruder / Postkarte / aus Paris

   wir    schreiben   Freundin   Brief      aus Freiburg

                     Professor           aus Kiel

   _____

## KAPITEL 7

**A.** Supply the necessary **der**-word or **ein**-word cued in English.

BEISPIEL: _____ Journalist ruft die Leute an. (*this*)
**Dieser** Journalist ruft die Leute an.

1. Kaufst du wirklich _____ Hemd? (*this*)

2. _____ Geschäfte machen um eins zu? (*which*)

3. Hier ist fast _____ Haus modern. (*each*)

4. Auch _____ Bäcker macht manchmal Urlaub. (*a*)

5. _____ Brille ist vielleicht zu stark. (*your*, formal)

6. _____ Straßenatlas ist zu alt! (*this*)

7. _____ Touristen brauchen _____ Gepäck. (*these/their*)

8. Wie findest du _____ Motorrad? (*my*)

9. _____ Vorlesungen hörst du nächstes Semester? (*which*)

**B.** Combine each pair of sentences with the coordinating conjunction provided. Use ellipsis where possible and add a comma where necessary.

1. Mein Onkel spricht nicht Deutsch. Er spricht Französisch. (sondern)

_____

2. Machst du die Reise allein? Fährst du mit Freunden? (oder)

_____

3. Meine Schwester studiert in Saarbrücken. Sie sucht noch ein Zimmer. (und)

_____

4. Sie besucht gern ihre Familie in Bern. Sie hat wenig Zeit. (aber)

_____

5. Ich fahre sofort zum Bahnhof. Meine Tante soll bald ankommen. (denn)

_____

6. Sie fahren nicht mit dem Zug. Sie fahren mit dem Wagen.  (sondern)

_____

**C.** Respond negatively to the following questions, using **sondern** to express a contrast.

BEISPIEL:   Fahren Sie mit dem Wagen?  (zu Fuß gehen)
   Nein, ich fahre **nicht mit dem Wagen, sondern gehe zu Fuß.**

1. Fahrt ihr in den Ferien nach Italien?  (Griechenland [*Greece*])

   Nein, wir _____

2. Wohnt ihr im Hotel?  (bei Freunden)

   Wir _____

3. Wollt ihr morgen schon abfahren?  (am Samstag)

   Wir _____

4. Ihr fahrt doch mit dem Auto, nicht wahr?  (Zug)

   Nein, wir _____

5. Bringt ihr viel Gepäck mit?  (nur einen Koffer)

   O nein, _____

6. Braucht ihr einen Stadtplan?  (ein Reiseführer)

   Wir _____

**D.** Answer the questions, using the verb **gehören.**

1. Ist das sein Fußball?          *Ja, er gehört ihm.* _____

2. Sind das eure Hefte?          _____

3. Ist das mein Wörterbuch?          _____

4. Frau Brinker, ist das Ihre Uhr?          _____

5. Hans und Inge, sind das eure Pullis? _____

6. Julia ist hier. Ist das ihr Wagen?          _____

7. Sind das deine Koffer?          _____

8. Ist das Richards Ausweis?          _____

9. Ist das Ihr Mantel, Herr Grimmling? _____

**E.** Respond negatively to the following questions, using pronouns in your answers.

> BEISPIEL: Gehört dir das Buch?
> Nein, **es gehört mir nicht.**

1. Gefällt Ihnen mein Plan? / Nein, _____

_____

2. Hilft dir deine Freundin bei der Arbeit? / Nein, _____

_____

3. Haben Sie diesem Menschen schon gedankt? / Nein, _____

_____

4. Gehört Frau Sedelmayer das Geschäft? / Nein, _____

_____

5. Willst du deinem Vater antworten? / Nein, _____

_____

6. Glauben Sie unserem Chef noch? / Nein, _____

_____

7. Ist dir das Wasser heute zu kalt? / Nein, _____

_____

8. Macht Ihnen diese Arbeit noch Spaß? / Nein, _____

_____

**F.** Use one of the expressions with the personal dative from the list to complete the answers to the following questions.

> BEISPIEL: Sitzt du immer noch am Schreibtisch?
>
> Ja, diese Hausaufgabe **macht mir Spaß.**

| | | | |
|---|---|---|---|
| zu kalt sein | zu heiß sein | Spaß machen | zu teuer sein |
| leid tun | zu langweilig sein | gut gehen | |

1. Bleibt ihr nicht bei der Party?

   Nein, sie _____.

2. Ist dein Bruder noch krank?

   Nein, _____.

3. Möchten Sie das tolle Kleid aus Paris?

   Nein danke, _____.

4. Machen deine Eltern diesen Sommer Urlaub in Italien?

   Nein, _____.

5. Geht ihr heute gar nicht ins Wasser?

   Nein, lieber nicht. Es _____.

6. Können Sie mir einen Moment helfen?

   _____, aber ich habe keine Zeit.

**G.** Supply the correct form of the appropriate verb from the list below.

   sitzen     setzen     hängen     liegen     legen     stellen     stehen

   1. In den Ferien kann ich bis 9 Uhr im Bett _____.

   2. Seit zwei Stunden _____ Paul und Renate zusammen am Tisch und quatschen

   miteinander.

   3. Kannst du bitte den Stuhl neben den Schreibtisch _____?

   4. Er _____ das Kind auf den Stuhl.

   5. Soll ich das Bild hier an die Wand _____?

   6. _____ die Flasche noch auf dem Tisch?

   7. _____ Sie Ihren Mantel aufs Bett, bitte.

**H.** Help your friend organize her room by telling her where to put things. Use **legen, stellen,** or **hängen,** the cues below, and a prepositional phrase. The first sentence has been done for you.

   **Weinflasche / auf / Tisch . . .**     Pullover / auf / Tisch . . .     Hefte / auf / Schreibtisch . . .
   Foto / an / Wand . . .     Schuhe / unter / Tisch . . .     Bücher / in / (das) Bücherregal . . .
   Bild / über / Bett . . .     Hemd / auf / Pullover . . .     Wörterbuch / auf / Schreibtisch . . .
   Mantel / auf / Stuhl . . .          Postkarten / über / Schreibtisch . . .

## Stell die Weinflasche auf den Tisch!

_____

_____

_____

_____

_____

_____

_____

**I.** Rewrite the following sentences about a trip to Italy in the perfect tense.

1. Wir wollen nach Italien reisen.

   _____

2. Ich kann wenig Italienisch verstehen.

   _____

3. Unsere italienischen Freunde können Gott sei Dank mitfahren.

   _____

4. Ich kann den Stadtplan von Rom nicht finden.

   _____

5. Wir müssen einen Mann auf der Straße fragen, wo das Hotel ist.

   _____

**J.** Answer the questions, using the time shown on the clock faces.

BEISPIEL:  Um wieviel Uhr fängt die Vorlesung an?
**Die Vorlesung fängt um Viertel nach neun an.**

1. **Wann beginnt das Konzert?** (P.M.: *use 24-hour system*)

   _____

2. **Entschuldigung, können Sie mir bitte sagen, wie spät es ist?**

   _____

3. **Ist es schon halb zwei?**

   _____

4. **Um wieviel Uhr fährt Ihr Zug?** (P.M.: *use 24-hour system*)

   _____

5. **Wann kommt dein Bruder an?** (P.M.: *use 24-hour system*)

   _____

**K.** Complete the following conversations, making sure each sentence leads logically to the next one. You may use vocabulary from **Wortschatz 2**.

*Am Bahnhof:*

—Ich suche den Zug nach Stuttgart. Können Sie mir bitte helfen?

—_____

—Gut. Vielen Dank!

—_____

*Im Kino:*

—Entschuldigung. Ist der Platz neben Ihnen noch frei?

—_____

—Es macht nichts!

*In der Mensa:*

—Tag, Thorsten. Dich habe ich schon lange nicht mehr gesehen!

—_____

—_____

—Ja, ich habe Glück gehabt! Ich habe einen Platz in einer Wohngemeinschaft bekommen.

—_____

—_____

—Das tut mir leid!

**KAPITEL**

# 8

**A.** Complete the sentences by supplying the appropriate conjunction in German.

1. Ich weiß nicht, _____ ich heute in die Stadt fahre. (*whether*)

2. Es gibt zu viel Verkehr auf der Straße, _____ ich vor 12.00 Uhr einkaufen gehe. (*if*)

3. Glaubst du, _____ wir genug im Haus haben? (*that*)

4. _____ Zieglers heute abend kommen, brauchen wir eine Flasche Wein. (*if*)

5. Es ist möglich, _____ sie Wein mitbringen. (*that*)

6. Weißt du, _____ sie auch zum Abendessen kommen? (*whether*)

7. _____ wir keine Wurst haben, muß ich schnell zum Laden. (*since*)

8. Ich meine, _____ wir auch Käse kaufen sollen. (*that*)

**B.** Join each pair of sentences, using the German conjunction indicated. Remember that a subordinating conjunction changes the word order of the clause it introduces.

1. (*since*) Wir brauchen 200 Gramm Leberwurst und fünf Kilo Kartoffeln für Samstag abend.

   Wir müssen heute einkaufen gehen.

   _____

   _____

2. Sollen wir ein Glas Bier trinken?
   (*or*)
   Hast du schon Kaffee bestellt?

   _____

   _____

3. (*because*) Ich habe nicht viel Hunger.

   Ich esse heute nur Käse und Brot.

   _____

   _____

4. Haben Sie den Kellner schon gefragt?

   (*whether*) Können wir zahlen?

   _____

   _____

5. (*if*) Ihr wollt einen Stadtbummel machen.

   Wartet bitte vor der Mensa.

   _____

   _____

**C.** Complete the answers to the following questions about your parents' visit.

   BEISPIEL:   Besuchen uns deine Eltern am Wochenende?
   **Ich weiß nicht, ob sie uns besuchen.**

1. Kommen sie schon am Freitag abend?

   Sie wissen nicht, ob _____

2. Können sie die Straßenbahn nehmen?

   Mein Vater meint, daß _____

3. Kommen sie am Samstag mit uns ins Konzert?

   Ja, ich glaube, daß _____

4. Bringen sie auch deine Großmutter mit?

   Meine Mutter ist nicht sicher, ob _____

   _____

5. Warum fahren sie nicht mit dem Wagen?

   Ich weiß nicht, warum _____

**D.** Complete the sentences, using the cues in parentheses to form a subordinate clause in the perfect tense.

   BEISPIEL:   Weißt du, (wieviel / Geld / du / ausgeben)?
   **Weißt du, wieviel Geld du ausgegeben hast?**

1. Wissen Sie, (ob / Zug / schon / abfahren)?

   _____

2. Die Kellnerin weiß, (daß / wir / noch nicht / bestellen).

_____

3. Niemand glaubt, (wieviel / Geld / wir / für / Reise / brauchen).

_____

4. Jetzt habe ich vergessen, (wo / wir / aussteigen).

_____

5. Ich kann euch nicht sagen, (wo / Erika / gestern / sein).

_____

6. Ich möchte gern wissen, (ob / Ihnen / Essen / schmecken).

_____

E. Supply the correct infinitive construction with **zu, um . . . zu,** or **ohne . . . zu.**

BEISPIEL:   Dürfen wir schon anfangen _____? (essen)
            Dürfen wir schon anfangen **zu essen**?

1. Ein Zimmer ist zur Zeit sicher schwer _____. (finden)

2. Hast du jetzt Zeit, ihn _____? (anrufen)

3. Rolf wartet vor der Tür, _____ mit dem Professor

   _____. (sprechen)

4. Wir gehen heute wieder zurück, _____ die Altstadt

   _____. (besuchen)

5. Man darf nicht mit dem Bus fahren, _____. (zahlen)

6. Warum haben Sie aufgehört _____? (schreiben)

7. Herr Müller muß früh aufstehen, _____ den Laden

   _____. (aufmachen)

8. Unsere Freunde finden es schön, im Wald _____.

   (spazierengehen)

**F.** Rewrite each sentence as an infinitive phrase. Begin with the new clause supplied.

BEISPIEL:  Sie schreibt ein Referat.
Sie hat angefangen, **ihr Referat zu schreiben.**

1. Ich mache meine Hausaufgaben.

   Ich habe keine Lust, _____.

2. Er schreibt seinen Eltern einen Brief.

   Er fängt heute abend an, _____.

3. Sie spricht über die Familie in Amerika.

   Die Soziologin hat heute Zeit, _____.

4. Ich sehe euch bald wieder.

   Ich hoffe, _____.

5. Ich habe meinen Studentenausweis nicht mitgebracht.

   Ich habe vergessen, _____.

6. Wir müssen die Stühle auf die Tische stellen.

   Könnt ihr uns helfen, _____?

**G.** Complete the sentences, expressing the phrases in parentheses with the genitive in German.

BEISPIEL:  _____ ist nicht neu.  (*his father's car*)
**Das Auto seines Vaters** ist nicht neu.

1. Dieser Junge ist _____. (*my brother's friend*)

2. Weißt du vielleicht _____? (*the names of his sisters*)

3. Sucht ihr immer noch _____? (*Karin's student I.D.*)

4. Wir haben gestern _____ an der Uni gesehen. (*a girlfriend of yours,* **von** + *dative*)

5. Heute kommt _____ zu uns. (*a friend of my brother's*)

6. Am _____ fahren wir mit dem Zug nach Bern.  (*at the end of the year*)

7. Tante Irene ist _____. (*my mother's sister*)

**H.** Fill in the blanks with the correct form of the noun in parentheses.

1. Mein Freund aus England will uns während _____ besuchen. (die Ferien)

2. Nimm doch den Rucksack statt _____. (der Koffer)

3. Wir sind wegen _____ zu Hause geblieben. (das Wetter)

4. Warum baut man nicht eine Jugendherberge anstatt _____? (ein Hotel)

5. Trotz _____ müssen unsere Freunde sofort abfahren. (der Schnee)

6. Wegen _____ können wir leider erst am Samstag fahren. (meine Arbeit)

7. Wo haben Sie während _____ gewohnt? (das Semester)

**I.** Help some young German-speaking friends find their way around the city by telling them where to go for what they need. Your answer will include **zu** or **in** and the appropriate word from the list. This exercise includes vocabulary from **Wortschatz 2.**

BEISPIEL:   Wir möchten ein paar Bücher kaufen.
            Dann geht doch **zur Buchhandlung!**

(**zu** +)      Post      Buchhandlung      Bahnhof      Jugendherberge

(**in** +)      Kino      Restaurant      Kirche      Fußgängerzone      Museum      Mensa

1. Wohin kann man gehen, um Kunst zu sehen?

   Geht _____!

2. Wo können wir einen Einkaufsbummel machen?

   Geht doch _____!

3. Wir brauchen Zuginformationen.

   Dann geht doch _____!

4. Wohin kann man abends gehen, um etwas zu essen?

   Geht doch _____!

5. Wohin geht man, wenn man billig übernachten will?

   Geht _____.

6. Können wir morgen an der Uni essen?

   Ja, natürlich! Geht doch _____!

**J.** Explain what the Königs did the first day they were in Köln.

| | |
|---|---|
| 7.30 | aufstehen |
| 9.00 | mit der Bahn in die Stadt |
| 10.30 | Museum |
| 12.30–13.30 | Mittagessen |
| 13.30–15.00 | Stadtbummel durch Köln machen |
| 15.00–17.30 | bei Tante Maria Kaffee trinken |
| 20.00 | Konzert |

1. Um wieviel Uhr sind sie aufgestanden?

   _____

2. Was haben sie vormittags (*in the morning*) gemacht?

   _____

3. Was haben sie um halb elf gemacht?

   _____

4. Wieviel Zeit haben sie für das Mittagessen gehabt?

   _____

5. Was haben sie nach dem Mittagessen gemacht?

   _____

6. Wen haben sie am Nachmittag besucht?

   _____

7. Um wieviel Uhr hat das Konzert angefangen?

   _____

**K.** What phrases have you learned? How many different answers can you find for the following questions? Use the appropriate preposition (**an, in, nach, zu**) and your choice of the vocabulary provided.

*Wohin möchten Sie in den Ferien?*

1. __ans Meer_____

   _____ Berge

   _____ die Schweiz

   _____ Dresden

   _____ der Bodensee

   _____ Frankreich

   _____ Großeltern

   _____ Ausland

*Wo müssen Sie jeden Tag hin?*

2. __zur Uni_____

   _____ Labor

   _____ Laden

   _____ Mensa

   _____ Büro

   _____ Bibliothek

   _____ Bäcker

*Wohin gehen Sie gern in Ihrer Freizeit?*

3. __zu Annette_____

   _____ Kino

   _____ Kneipe

   _____ Freunde

   _____ Konzert

   _____ Buchhandlung

   _____ Stadt

**L.** What is the conversation taking place in each picture? Arrange the lines as they would fit in the appropriate speech balloons. This exercise uses vocabulary from **Wortschatz 2** and from **Situationen aus dem Alltag**.

Mit Sahne?

Wir möchten zahlen, bitte.

Guten Tag. Was darf's sein, bitte?

Wie schmeckt es dir?

Zwei Tassen Kaffee, bitte, und ein Stück Kuchen.

Gerne, es sieht gut aus.

Bitte schön. Das macht zusammen DM 10,50.

Sehr gut. Möchtest du ein bißchen

   probieren   (try)?

Ja, bitte.

1. _____

2. _____

3. _____

4. _____

5. _____

6. _____

7. _____

8. _____

9. _____

# Zusammenfassung und Wiederholung 2

*Kapitel 5–8*

## Forms

### 1. Verbs

A. Separable-prefix verbs (prefix is stressed)

pp. 138–140

| | | |
|---|---|---|
| **an**fangen | **aus**steigen | **spazieren**gehen |
| **auf**stehen | **rad**fahren | **kennen**lernen |
| **ein**kaufen | **ski**fahren | **mit**kommen |

The prefix separates in the present tense:

p. 139

| | *inflected stem* | | *prefix* |
|---|---|---|---|
| Wir | **fangen** | bald | **an.** |
| Sie | **steht** | um sieben | **auf.** |
| Wann | **gehen** | wir denn | **spazieren?** |

The prefix separates in the imperative:

p. 139

| *inflected stem* | | *prefix* |
|---|---|---|
| **Fangen** | Sie bald | **an!** |
| **Steht** | um sieben | **auf!** |
| **Komm** | bitte | **mit!** |
| **Fahren** | wir doch | **Ski!** |

The perfect tense of separable-prefix verbs:

Prefix + **ge** + stem

p. 166

vorbeikommen → Bärbel ist vorbei**ge**kommen.
zumachen → Wer hat diese Tür zu**ge**macht?
mitbringen → Ich habe dir etwas mit**ge**bracht.

B. Inseparable-prefix verbs (prefix is not stressed)

p. 141

The following prefixes are inseparable: **be-, ent-, er-, ge-, ver-, zer-**.

bedeuten, enttäuschen, erzählen, gehören, vergessen

Er **vergißt** alles.
**Vergeßt** eure Hausaufgaben nicht!

Perfect tense of inseparable-prefix verbs: *no* **ge-**!

p. 167

Hast du deinen Mantel **vergessen**?
Das hat mich **enttäuscht**.

C. The simple past tense of **sein** (*to be*)                                    p. 161

| ich | **war** | | wir | **waren** |
|---|---|---|---|---|
| du | **warst** | | ihr | **wart** |
| er/es/sie | **war** | | sie, Sie | **waren** |

Wo wart ihr letzte Woche?        Wir waren auf dem Land.

D. Perfect tense                                                      pp. 161–168

1. Inflected auxiliary (**haben** or **sein**) + past participle

   *auxiliary*              *past participle*

   Ich **habe** den Bahnhof **gesucht.**
   Sie **ist** nach Wien **geflogen.**

2. **Sein** as auxiliary in the perfect tense                         pp. 163–164

   The verb must both be *intransitive* and show *change of location or condition.*

   Wir **sind** nach Hause **gegangen.**     (*change of location*)
   Ich **bin** schnell **gelaufen.**     (*change of location*)
   Hans **ist** groß **geworden.**     (*change of condition*)

   Exceptions are **bleiben** and **sein.**

   Sie **sind** zehn Tage **geblieben.**
   Er **ist** oft im Ausland **gewesen.**

3. Participles of weak vs. strong verbs

   | **Participles of Weak Verbs**   ge- + *stem* + -(e)t | |
   |---|---|
   | **sagen** | Was hast du ihm **gesagt**? |
   | **ärgern** | Das hat mich **geärgert.** |
   | **kosten** | Es hat viel **gekostet.** |
   | **arbeiten** | Ich habe heute viel **gearbeitet.** |

   p. 162

   Verbs ending in **-ieren** are always weak but never add the prefix **ge-** in the past participle:

   **studieren**     Ich habe in Freiburg **studiert.**

   | **Participles of Strong Verbs**   ge- + *stem* + -en | |
   |---|---|
   | **geben** | Vater hat mir Geld **gegeben.** |
   | **helfen** | Sie haben uns nicht **geholfen.** |
   | **fahren** | Ich bin nach Deutschland **gefahren.** |
   | **trinken** | Was habt ihr denn **getrunken**? |

   p. 163

   The perfect stem of strong verbs is not predictable from the infinitive. Past participles must be memorized.

p. 167

**Participles of Mixed Verbs**   ge- + *changed stem* + -t

| | |
|---|---|
| **bringen** | Er hat den Brief zur Post **gebracht**. |
| **verbringen** | Wo haben Sie die Ferien **verbracht**? |
| **kennen** | Ich habe sie gut **gekannt**. |
| **wissen** | Hast du das nicht **gewußt**? |

4. Perfect tense of modal verbs

p. 205

| *auxiliary* | *double infinitive* |
|---|---|
| Sie **haben** das nicht | **verstehen können**. |
| Sie **hat** | **mitgehen dürfen**. |

E. Verbs with dative objects

pp. 199–200

The following verbs require a dative object.

| | |
|---|---|
| **antworten** | Antworten Sie **mir**, bitte. |
| **danken** | Er hat **mir** für den Roman gedankt. |
| **gefallen** | Das gefällt **mir** sehr. |
| **gehören** | **Wem** gehört das? |
| **glauben** | Ich kann **ihm** nicht glauben. |
| **helfen** | Hilf **mir**, bitte! |

## 2. Nouns and pronouns

A. Noun phrases

1. with **der-** words (**der, dies-, jed-, welch-**)

pp. 133, 195, 231

| | | **Definite Article + Noun** | |
|---|---|---|---|
| | | *Singular* | *Plural* |
| *masculine* | **nom.** | der Mann | die Männer |
| | **acc.** | den Mann | die Männer |
| | **dat.** | dem Mann | den Männer**n** |
| | **gen.** | des Mann**es** | der Männer |
| *neuter* | **nom.** | das Kind | die Kinder |
| | **acc.** | das Kind | die Kinder |
| | **dat.** | dem Kind | den Kinder**n** |
| | **gen.** | des Kind**es** | der Kinder |
| *feminine* | **nom.** | die Frau | die Frauen |
| | **acc.** | die Frau | die Frauen |
| | **dat.** | der Frau | den Frauen |
| | **gen.** | der Frau | der Frauen |

Dative plural of all nouns ends in **-n** (except when the plural form is **-s**: den Hotel**s**, den Kino**s**).

The genitive singular of masculine and neuter nouns takes **-es** when the noun is one syllable: des Kind**es**. Otherwise, add **-s**: des Vater**s**, des Problem**s**.

2. with **ein**-words (**ein, kein,** and possessive adjectives)

p. 195

|  |  | **ein**-word + *Noun* Singular | *Plural* |
|---|---|---|---|
| *masculine* | *nom.* | kein Mann | keine Männer |
|  | *acc.* | keinen Mann | keine Männer |
|  | *dat.* | keinem Mann | keinen Männer**n** |
|  | *gen.* | keines Mann**es** | keiner Männer |
| *neuter* | *nom.* | kein Kind | keine Kinder |
|  | *acc.* | kein Kind | keine Kinder |
|  | *dat.* | keinem Kind | keinen Kinder**n** |
|  | *gen.* | keines Kind**es** | keiner Kinder |
| *feminine* | *nom.* | keine Frau | keine Frauen |
|  | *acc.* | keine Frau | keine Frauen |
|  | *dat.* | keiner Frau | keinen Frauen |
|  | *gen.* | keiner Frau | keiner Frauen |

B.  Masculine N-nouns

pp. 173, 231

|  | *Singular* | *Plural* |
|---|---|---|
| *nom.* | der Student | die Student**en** |
| *acc.* | den Student**en** | die Student**en** |
| *dat.* | dem Student**en** | den Student**en** |
| *gen.* | des Student**en** | der Student**en** |

Similarly:

| | |
|---|---|
| der Bauer, -n, -n | *farmer* |
| der Herr, -n, -en | *gentleman; Mr.* |
| der Journalist, -en, -en | *journalist* |
| der Kunde, -n, -n | *customer* |
| der Mensch, -en, -en | *person, human being* |
| der Tourist, -en, -en | *tourist* |

C.  Personal pronouns

p. 135

| **Singular** | | | **Plural** | | |
|---|---|---|---|---|---|
| nom. | acc. | dat. | nom. | acc. | dat. |
| ich | mich | mir | wir | uns | uns |
| du | dich | dir | ihr | euch | euch |
| Sie | Sie | Ihnen | Sie | Sie | Ihnen |
| er | ihn | ihm | | | |
| es | es | ihm | sie | sie | ihnen |
| sie | sie | ihr | | | |

## 3. Prepositions

pp. 137–138

A. Prepositions with dative case

| | |
|---|---|
| **aus** | *out of; from* (country or city) |
| **außer** | *except for; besides, in addition to* |
| **bei** | *at; in the home of* |
| **mit** | *with* |
| **nach** | *after; to* (with country and city names) |
| **seit** | *since* (temporal) |
| **von** | *from; of; by* |
| **zu** | *to* (with people and some locations) |

B. Two-way prepositions (with accusative or dative)

pp. 168–172

| | *destination* *wohin?* with accusative | *location* *wo?* with dative |
|---|---|---|
| **an** | *to, toward* | *at, alongside of* |
| **auf** | *onto* | *on, upon, on top of* |
| **hinter** | *behind* | *behind* |
| **in** | *into, to* | *in* |
| **neben** | *beside, next to* | *beside, next to* |
| **über** | *over, above; across* | *over, above* |
| **unter** | *under* | *under; beneath* |
| **vor** | *in front of* | *in front of* |
| **zwischen** | *between* | *between* |

Verb pairs used with two-way prepositions:

p. 203

| *destination* *wohin?* with accusative weak verbs | *location* *wo?* with dative strong verbs |
|---|---|
| hängen (hat gehängt) | hängen (hat gehangen) |
| legen (hat gelegt) | liegen (hat gelegen) |
| setzen (hat gesetzt) | sitzen (hat gesessen) |
| stellen (hat gestellt) | stehen (hat gestanden) |

C. Standard contractions of *preposition + article*

| | | | | | |
|---|---|---|---|---|---|
| an das | → | **ans** | in dem | → | **im** |
| an dem | → | **am** | von dem | → | **vom** |
| bei dem | → | **beim** | zu dem | → | **zum** |
| in das | → | **ins** | zu der | → | **zur** |

D. Prepositions with the genitive

p. 233

| | |
|---|---|
| **statt, anstatt** | *instead of* |
| **trotz** | *in spite of* |
| **während** | *during* |
| **wegen** | *because of, on account of* |

# Word Order

## 1. Word order of nouns and pronouns

A. Word order of direct and indirect objects. Note the parallel to English word order.

| | |
|---|---|
| Ich zeige **meiner Mitbewohnerin den Artikel**. | *I'm showing my roommate the article.* |
| Ich zeige **ihn meiner Mitbewohnerin**. | *I'm showing it to my roommate.* |
| Ich zeige **ihr den Artikel**. | *I'm showing her the article.* |
| Ich zeige **ihn ihr**. | *I'm showing it to her.* |

B. Pronoun word order
Personal pronouns are either in first position:

**Er** ist gern allein.

or immediately after the inflected verb in the order nominative, accusative, dative:

Heute gebe **ich es ihm**.

## 2. Word order in compound sentences and infinitive phrases

A. Coordinating conjunctions: **aber, denn, oder, sondern, und**

pp. 196–199

Coordinating conjunctions do not affect word order.

| *clause 1*<br>*(verb second)* | *coordinating*<br>*conjunction* | *clause 2*<br>*(verb second)* |
|---|---|---|
| Ich bleibe nicht. | | Ich gehe nach Hause. |
| Ich bleibe nicht, | **sondern** | ich **gehe** nach Hause. |

B. Subordinating conjunctions: **bis, da, daß, ob, obwohl, weil, wenn** and question words introducing subordinate clauses: **wann, warum, was, wem, wen, wer, wessen, wie, wo, woher, wohin**. Subordinating conjunctions require verb-last word order.

pp. 223–227

| *main clause*<br>*(verb second)* | *subordinating*<br>*conjunction* | *subordinate clause*<br>*(verb last)* |
|---|---|---|
| Ich **weiß** nicht, | **ob** | sie in München **wohnt**. |

*or*

| *subordinate clause*<br>*(verb last)* | *main clause*<br>*(verb first, i.e., in second position)* |
|---|---|
| **Ob** sie in München **wohnt**, | **weiß** ich nicht. |

C. Infinitive phrases with **zu**

pp. 228–230

1. The infinitive with **zu** comes at the end of its phrase:

Es war schön.     Ich habe Sie endlich kennengelernt.
Es war schön, Sie endlich **kennenzulernen**.

2. **um . . . zu** = *in order to*

p. 229

Ich reise nach Deutschland.     Ich möchte in den Alpen wandern.
Ich reise nach Deutschland, **um** in den Alpen zu wandern.

3. **ohne . . . zu** = *without (doing something)*  p. 229

Ich habe ein Jahr dort gelebt.   Ich habe ihn nicht kennengelernt.
Ich habe ein Jahr dort gelebt, **ohne** ihn **kennenzulernen**.

# Functions

## 1. Expressing intentions, preferences, opinions, and making polite requests: *würden + infinitive*   p. 202

**Würden** Sie mir bitte den Koffer **tragen**?
Ich **würde sagen**, daß du zu kritisch bist.
**Würdest** du lieber **schwimmen gehen** oder **Tennis spielen**?

## 2. Expressing *when, how often,* and *how long*   pp. 141–142

These time phrases without prepositions are in the accusative case.

Hoffentlich kann sie **dieses Semester** Deutsch lernen.
**Jede Woche** bekomme ich eine Postkarte von Christa.
Wir waren nur **einen Tag** in Rom, aber es hat uns gefallen.

## 3. Uses of dative case

A. To show recipient or beneficiary of action (indirect object)   pp. 132–133

   Meine Freundin hat **mir** einen Rucksack geschenkt.
   Zeigen Sie **dem Professor** Ihr Referat.

B. To show personal involvement and reactions (personal dative)   pp. 200–201

   Wie geht es **Ihnen**?
   Wie schmeckt **dir** der Kaffee?
   Das ist **mir** egal.

C. As the object of some verbs (See above under Forms, section 1E, p. 83.)

## 4. Use of genitive case

Genitive case shows a relation of one noun to another, expressed in English by the possessive (**John's** *book*—**Johanns** Buch) or by the preposition *of* (*the color **of** your jacket*—die Farbe **deiner** Jacke). In German, genitive case usually *follows* the noun it modifies.

| | | |
|---|---|---|
| der Wagen mein**es** Freund**es** | *my friend's car* | pp. 230–232 |
| die Kinder sein**er** Schwester | *his sister's children* | |
| die Gebäude dies**er** Stadt | *the buildings of this city* | |

Exception: Proper names in the genitive precede the noun they modify.

**Beethovens** Symphonien
**Utes** Freundin

## 5. German equivalents of English *to*

pp. 234–235

A. **nach**—with cities and most countries

Fahren wir **nach** Berlin!

B. **zu**—with people and some locations

Ich gehe heute abend **zu** Inge.
Jetzt müssen wir schnell **zum** Bahnhof.

C. **in**—with countries whose names are preceded by an article

Wir wollen im Sommer **in die** Schweiz.
Damals haben wir eine Reise **in die** USA gemacht.

And with some locations:

Kommst du mit **ins** Konzert?
Ich gehe gern mit ihr **ins** Kino.

# Situations, Idioms, Expressions

You should be able to use all these idioms and expressions actively.

### 1. In stores and restaurants

Ich esse gern italienisch.
Was darf es sein?
Eine Tasse Kaffee und zwei Glas Bier, bitte sehr.
Zwei Kilo Kartoffeln, bitte.

Wieviel kostet das bitte?
Sonst noch etwas?
Zahlen bitte!
Das macht zusammen . . .

### 2. Eating and drinking

*Was ißt du gern?*

| | | *Was trinkst du gern?* |
|---|---|---|
| Bauernbrot | Kuchen | Bier |
| Brezeln | Leberwurst | Kaffee mit/ohne Sahne |
| Brot mit/ohne Butter | Nachtisch | Milch |
| Brötchen | Obst | Saft |
| Eier | Pommes frites | Wasser |
| Eis | Salat | Wein |
| Fleisch | Schinken | Tee |
| Gemüse | Suppe | |
| Kartoffeln | Wurst | |
| Käse | | |

### 3. Greetings, opinions, and feelings

Herzlich willkommen!
Bitte sehr.
Ich habe die Nase voll.
Quatsch!
Es tut mir leid.
Es macht nichts.
Es ist mir egal.
Das macht mir Spaß.

Egal wohin (wer, warum usw.).
Ich glaube schon. / Ich glaube nicht.
Im Gegenteil.
Einverstanden?
Ist gut.
Ich habe Hunger. Ich habe Durst.
Ich habe Lust, ins Kino zu gehen.

4. **Place and time**

Gibt es ein Restaurant **in der Nähe**?  Wieviel Uhr ist es? / (*oder*) Wie spät ist es?
Wir fahren **aufs Land.**  Es ist 8.15 Uhr.
Meine Großeltern wohnen **auf dem Land.**  Es ist 19.20 Uhr.

5. **Mit anderen Worten: Slang im Kontext**

Dieter Hillebrandt, Student in Berlin, erzählt:

Letztes Jahr habe ich das **Abi** geschafft, und jetzt studiere ich an der **Uni**. Weil ich keine **Bude** in der Stadt gefunden habe, wohne ich in einer **WG**. Ich habe nicht genug Platz für alle meine Sachen, aber **das ist mir Wurscht**, denn es gefällt mir hier.

Diese Woche war eine **Katastrophe**. Im Moment habe ich wirklich **eine Menge** Arbeit, weil ich nächste Woche im Seminar ein Referat über Hegel halten muß. Ich sitze von morgens bis abends am Schreibtisch und arbeite **wahnsinnig viel**. Es ist **blöd**, wenn die Arbeit so **stressig** wird, aber ich muß es einfach tun.

# Test Your Progress

Check your answers with the Answer Key at the end of this Workbook / Laboratory Manual.

**A.** Fill in the blank with the correct preposition or contraction (*preposition + article*).

1. Ich bin _____ vier Semestern _____ dieser Uni.

2. Ich möchte eine Vorlesung _____ Geschichte hören.

3. Aber ich habe sie nicht _____ Vorlesungsverzeichnis gefunden.

4. Jeden Tag fahre ich _____ meiner Freundin zusammen _____ Uni.

5. _____ dem Semesterende wollen wir _____ den Ferien zusammen _____ Österreich fahren.

6. _____ dem Schreibtisch _____ mir zu Hause liegen alle meine Bücher _____ (*except for*) dem Geschichtsbuch.

**B.** Form questions to which these are the answers.

1. Er fliegt nach Wien.

_____

2. Sie kommt aus Berlin.

_____

3. Doch, das stimmt.

_____

4. Doch, natürlich habe ich Zeit für dich.

_____

5. Das hat mein Großvater immer gesagt.

_____

6. Die Landkarte gehört meinem Freund.

_____

7. Am Dienstag sollen wir das machen.

_____

8. Die Kinder sind heute bei ihrer Tante.

_____

**C.** Fill in the blank with the correct prepositional phrase containing a German equivalent of *to*.

1. Kommst du mit _____ Kino?

2. Nein, leider nicht. Ich fahre heute abend _____ meiner Kusine.

3. Mußt du also _____ die Schweiz?

4. Ja, ich muß zuerst _____ Basel und dann mit dem Zug _____ Zürich fahren.

5. Warte, ich komme mit dir _____ Bahnhof und gehe später _____ Hause.

**D.** Complete the sentence according to the English cue. In the second sentence of each pair, substitute pronouns for objects.

1. Die Großmutter erzählt _____ _____.
                                (the children)           (a fairy tale)

   Sie erzählt_____ _____ am Abend.
                        (it)           (to them)

2. Ich habe _____ _____ gezeigt.
               (my friend)        (the article)

   Dann hat er_____ _____ erklärt.
             (it)         (to me)

**E.** Restate the following sentences in the perfect tense.

1. Karin bleibt heute zu Hause.

_____

2. Meine Freunde wohnen nicht in München.

_____

3. Um wieviel Uhr stehst du denn auf?

_____

4. Ich schreibe meiner Familie einen Brief.

_____

5. Ich muß eine Stunde bleiben.

_____

6. Die Schüler sind oft müde.

_____

7. Ich habe leider keine Zeit.

_____

8. Sie wird Lehrerin.

_____

F. Combine the sentences with the conjunctions cued in English.

1. Kommst du mit? (*or*) Bleibst du hier?

_____

2. (*because*) Ich habe keine Zeit. Ich kann Ihnen nicht helfen.

_____

3. Hamburg liegt nicht im Süden Deutschlands. (*but rather*) Es liegt im Norden.

_____

_____

4. Ich weiß nicht. (*whether*) Ist er hier?

_____

5. (*since*) Wir haben wenig Geld. Wir müssen trampen.

_____

6. (*if*) Du kannst mir helfen. Ich bin bald fertig.

_____

7. Jan hat nicht studiert. (*but*) Er weiß viel über Geschichte.

_____

_____

8. Hast du gehört? (*that*) Tante Karoline besucht uns morgen.

_____

_____

9. (*although*) Sie ist nie in Europa gewesen. Sie spricht gut Deutsch.

_____

_____

**G.** Complete these sentences, using the genitive phrases cued in English.

1. Wir nehmen (*my friend's car*).

_____

2. Am (*end of the week*) gibt es wenig zu tun.

_____

3. (*Karl's brother*) studiert Medizin.

_____

4. (*My teacher's house*) liegt gleich um die Ecke.

_____

5. Mir gefällt (*the language of these people*) sehr.

_____

6. Mir gefällt mein Studium (*in spite of the work*).

_____

7. (*Because of my work*) kann ich leider nicht kommen.

_____

8. Ist denn (*the life of a student*) so schwer?

_____

**H.** Give the German equivalents for these sentences with time expressions.

1. What time is it, please?

   _____

2. It is almost seven-thirty.

   _____

3. When is the train supposed to arrive?

   _____

4. It arrives at eight fifty-nine P.M.

   _____

5. What are you doing at quarter to eight?

   _____

**I.** Look at the cues at the beginning of each sentence. Insert the correct German form in the blank and supply the preposition (or contraction) needed.

1. (*to lie*) Manchmal _____ ich bis neun _____ Bett.

2. (*to lay*) Du kannst deine Tasche _____ den Stuhl _____.

3. (*to put*) Sollen wir Ihren Schreibtisch _____ Büro _____?

4. (*to stand*) Ja bitte, aber er soll nicht direkt _____ Fenster _____.

5. (*to sit*) Darf ich ein paar Minuten hier _____ Tisch _____?

**J.** Combine these sentences by changing the one in italics into an infinitive phrase.

BEISPIEL:   Es ist sehr schön. *Wir gehen im Sommer hier schwimmen.*
            Es ist sehr schön, im Sommer hier schwimmen zu gehen.

1. Wir haben keine Lust. *Wir sollen Onkel Georg besuchen.*

   _____

   _____

2. *Sie wollen etwas über Kunst lernen.* (um . . . zu) Sie sind ins Museum gegangen.

   _____

   _____

3. Es war sehr nett von ihr. *Sie hat mir eine Karte aus Köln geschickt.*

_____

_____

4. Gehst du schon? *Du sagst Julia nicht auf Wiedersehen.* (ohne . . . zu)

_____

_____

**K A P I T E L**

# 9

**A.** In the conversational exchanges below, fill in the blanks with the correct adjective endings.

*nominative case: singular*

1. Welch**er** Fernseher gefällt dir?    Dies**er** klein**e** Fernseher.

2. Welch**es** Fahrrad gehört Ihnen?    Dies**es** weiß**e** Fahrrad.

3. Welch**e** Kamera gefällt euch?    Dies**e** deutsch**e** Kamera.

*accusative case: singular*

4. Welch**en** Mantel kaufst du?    Dies**en** teur**en** Mantel.

5. Welch**es** Hemd trägst du?    Dies**es** dunkl**e** Hemd.

6. Welch**e** Tasche nimmst du?    Dies**e** schwarz**e** Tasche.

*nominative / accusative case: plural*

7. Welch**e** Filme spielen bei euch?    Dies**e** alt**en** deutsch**en** Filme.

8. Welch**e** Romane lest ihr jetzt?    Dies**e** toll**en** modern**en** Romane.

9. Welch**e** Zeitungen verkaufen Sie?    Dies**e** französisch**en** Zeitungen.

**B.** Complete the sentences with the adjectives cued in English. All the adjectives here follow **ein**-words. Don't forget adjective endings.

1. Abends trinke ich gern ein ____kaltes____ Bier. (*cold*)

2. Letzte Woche habe ich in diesem Restaurant ein ____gutes____ Schnitzel

   gegessen. (*good*)

3. Der neunte November ist ein ____wichtiger____ Tag für Deutschland. (*important*)

4. Heute fahren wir durch Weimar, eine ____interessante____ ____alte____ Stadt

   im Osten. (*interesting, old*)

5. Diesen Winter brauche ich einen ____warmen____ Mantel. (*warm*)

6. Unsere ___neue___ Wohnung ist in einem ___schönen___ Gebäude.

(*new; beautiful*)

7. Ein ___deutscher___ Wagen kostet zu viel. (*German*)

8. Auf einer ___großen___ Landkarte kann man auch unser ___kleines___

Dorf sehen. (*large; small*)

**C.** You are asking your friend's opinion. Complete your question and your friend's answer with the correct adjective endings.

BEISPIEL: Wie findest du mein**en** groß**en** Koffer?
Nicht schlecht, aber dies**er** klein**e** Koffer gefällt mir besser.

1. Wie gefällt dir mein braun___er___ Mantel?

Nicht schlecht, aber dieser blau___e___ Mantel gefällt mir besser.

2. Wie findest du mein neu___es___ Fahrrad?

Nicht schlecht, aber mir gefällt dieses alt___e___ Fahrrad besser.

3. Wie findest du meine grau___e___ Hose?

Nicht schlecht, aber diese bunt___e___ Hose gefällt mir besser.

4. Wie gefallen dir meine gelb___en___ Turnschuhe?

Nicht schlecht, aber ich finde diese weiß___en___ Turnschuhe besser.

**D.** Complete the sentences with the appropriate form of the limiting words and adjectives in parentheses.

BEISPIEL: Wann hast du ___deinen___ ___alten___ Zweitwagen verkauft?
                  (dein-)     (alt-)
Wann hast du **deinen alten** Zweitwagen verkauft?

1. ___Dieser___ ___große___ Container ist schon voll.
  (dies-)   (groß-)

2. Was machen wir mit ___unseren___ ___alten___ Flaschen?
               (unser-)   (alt-)

3. ___Welche___ ___alten___ Kleider soll man morgen vor die Tür legen?
  (welch-)   (alt-)

4. Ich sammele ___die___ ___alten___ ___warmen___ Mäntel und Jacken der Kinder.
         (die)   (alt-)   (warm-)

5. ___Jeder___ ___große___ Supermarkt soll ___diese___ ___umweltfreundlichen___
  (jed-)   (groß-)           (dies-)     (umweltfreundlich-)
Flaschen verkaufen.

**E.** Supply the correct endings for unpreceded adjectives. Fill in the missing forms.

|  | Kaffee (gut) | Wasser (kalt) | Milch (frisch) | Autos (umweltfreundlich) |
|---|---|---|---|---|
| **Nom.** | guter Kaffee | kalter | frische | umweltfreundliche |
| **Acc.** | guten | kaltes | frische | umweltfreundliche |
| **Dat.** | gutem | kaltem | frischer | umweltfreundlichen |

Now choose the correct phrase from the table above to complete these sentences.

1. __Guter Kaffee_____ ist oft teuer.
   *(good coffee)*
2. Trinkst du gern ___frische   Milch_____ zum Frühstück?
   *(fresh milk)*
3. Ich schwimme nicht gern in ___kaltem   Wasser_____.
   *(cold water)*
4. Ohne _____guten   Kaffee_____ kann Herr Dallmayr nicht arbeiten.
   *(good coffee)*
5. Welche Fabrik baut nur ___umweltfreundliche   Auto___?
   *(environmentally friendly cars)*

**F. Kleinanzeigen** (*Classified Ads*). Classified ads omit words to save space and money: (I'm) selling (a) good car. → **Verkaufe guten Wagen.** *Remember:* when German omits the limiting word, the attributive adjective has the primary ending. Here are two examples of classified ads from a German newspaper.

| |
|---|
| Verkaufe fast neue, italienische Jacke für großen Herrn, Tel. 8 342 41 |

| |
|---|
| Verkaufe grünen Schreibtisch 134 x 60 x 70 cm für DM 50, Tel. 726 707 |

Now write out your own ads.

1. Jacke (toll, schwarz, leicht) für Frau (groß)
   Tel. 8 132 303

   | |
   |---|
   | Suche _____ _____ |

2. Mantel  (dunkel, lang, warm) für Herrn  (klein)
   (DM 150) Tel. 848 555

   Verkaufe _____

   _____

3. Tisch  (groß, englisch) mit 4 Stühlen  (schwer)
   (DM 1.000) Tel. 8 645 911

   Verkaufe _____

   _____

4. Fahrrad  (neu, rot) mit 2 Rädern  (neu)
   für Frau  (jung)
   (DM 50) Tel. 740 632

   Verkaufe _____

   _____

Für Bücher
mit Büchern
zu Hegnauer

Antiquariat
Kramgasse 16
Tel. 22 64 15        (781)

Zu verkaufen wegen
Todesfall russ.

**Persianer-
mantel**

schwarz, Gr. 48/52,
Regenmantel, Tricot-
mantel, alles wie neu.
Tel. 45 50 76
ab 19.30 Uhr      (106595)

Pianos
E. Lauchli
& Sohne

Miete/Kauf ab Fr. 40.– mtl.
Occasionen
Cembali, Spinette,
Harmoniums
Grosse Auswahl in allen
Preislagen
3600 Thun
Frutigenstrasse 16
Tel. 033 22 16 46
3011 Bern
Gerechtigkeitsgasse 44
Tel. 031 22 64 25
(K. 25838)

**Schöne
Jugendstil-
möbel**

um 1900 aus Erb-
schaft, Vitrine, Kom-
moden, Auszieh-Ess-
tisch, Stühle, exklusi-
ver Salontisch, Nuss-
baum und Glas
Tel. 43 07 55      (103330)

**G.** Use the adjectives below (or any others you have learned) to add descriptive information to the postcard. Be sure to use adjective endings where necessary.

| warm | alt | klein | fremd | schön | letzt- | ganz | blau |
| groß | gut | lang | jung | komisch | freundlich | grün | |

Liebe Müllers!

Meinen _groβen_ Urlaub habe ich in einem _kleinen_ Wochenendhaus im Schwarzwald verbracht. Ihr könnt die _alte_ Landschaft auf dieser Karte sehen und auch die _schönen_ Gebäude im Dorf. Das _____ Dorf liegt zwischen einer _____ Stadt und einem _____ _____ See. Ich bin mit meinen _____ Freunden aus Köln gefahren, und sie haben auch ihre Tochter mitgebracht. Während der _____ _____ Abende haben wir draußen gesessen. Das _____ Mädchen hat mit jedem _____ Menschen sprechen wollen. Bald haben uns alle Leute auf der Straße gekannt.

Viele liebe Grüße
Otto Rehhagel

Schwarzwald-Verlag GmbH, 78 Offenburg, Postfach 780 · Ges. gesch. Nr. 618

**H.** Supply the adjective endings in the following magazine ad for tourists in Schleswig-Holstein, the northernmost state of Germany.

## Urlaub im Norden

Kennen Sie das schön_e_ Schleswig-Holstein noch nicht?

Dann kennen Sie nicht die phantastisch_en_ Kontraste zwischen dem blau_en_ Meer und den

grün_en_ Bäumen. Noch kennen Sie nicht die klein_en_ Dörfer an der lang_en_ weiß_en_

Küste (coast), die herrlich_e_ Luft und das mild_e_ Klima. Kommen Sie zu uns, und lernen

Sie das gesund_e_ Lebenstempo unserer sympathisch_en_ Einwohner kennen. Fahren Sie Rad

auf unseren sicher_en_, klein_en_ Straßen.

Suchen Sie ein wunderbar_es_ Ferienland? Sie finden alles hier bei uns. Rufen Sie uns sofort an!

_Das Reisebüro Husum._

**I.** Rewrite each sentence, beginning with the italicized phrase. Follow the word order rules for expressions of time, manner and place.

BEISPIEL:  Morgen gehen *wir* zum Tennisplatz.
**Wir gehen morgen zum Tennisplatz.**

1. Morgen fahren *wir* mit den Kindern aufs Land.

   *Wir fahren Morgen mit den Kindern aufs Land.*

2. Seit März wohnt *Bernd* bei Freunden in einer Wohngemeinschaft.

   *Bernd wohnt seit März bei Freunden in einer Wohngemeinschaft*

3. Am Montag fliege *ich* mit meinen Eltern nach Basel.

   *Ich fliege am Montag mit meinen Eltern nach Basel.*

4. Hier im Dorf will *Herr Becker* im Februar ein Geschäft aufmachen.

   *Herr Becker will Hier im Dorf im Februar ein Geschäft aufmachen*

5. Heute kann ich *die vielen alten Zeitungen* mit dem Wagen zum Recycling bringen.

   *Die vielen alten Zeitungen kann ich heute mit dem Wagen zum Recycling bringen*

**J.** Complete the sentences by writing the ordinal numbers in words. Don't forget the adjective endings.

BEISPIEL:  Das Semester beginnt am _____. (*15th*)
Das Semester beginnt am **fünfzehnten.**

1. Meine Tochter hat ihr ____*estes*____ Fahrrad bekommen. (*1st*)

2. Wir haben gerade ihren ____*acten*____ Geburtstag gefeiert. (*8th*)

3. Am ____*Sechsundzwanzigsten*____ Dezember bleiben alle Läden geschlossen. (*26th*)

4. Man hat mir gesagt, wir dürfen unsere Studentenausweise nur bis zum ____*einunddreißigsten*____ Juli benutzen. (*31st*)

5. Heute haben wir den ____*dritten*____ November. (*3rd*)

6. Unser ____*erster*____ Eindruck war sehr positiv. (*1st*)

**K. Plural Review.** Sort the words below by category according to the plural form and supply the singular article.

Chefin    Büro    Name    Wagen    Gefühl    Stunde    Junge    Geschenk

Eindruck    Stadt    ~~Dorf~~    Bild    Kellner    Gebäude    Antwort    Mutter

Glas    Mädchen    ~~Kartoffel~~    Rathaus    Preis    Foto    Baum    Tag

| -e | -n | -en | - | -s |
|---|---|---|---|---|
| 1. der Tisch die Tische | 2. die Straße die Straßen | 3. die Frau die Frauen | 4. der Schüler die Schüler | 5. das Hotel die Hotels |

die Tage        die Kartoffel,-n    die Antworten  die Rathaus  die Büros

die Eindrücke  die Namen                          die Kellner  die Wagens

die Gefühle  die Stunden                          die Gebäude

die Preise  die Jungen                            die Foto

die Geschenke                                     die Mädchen

| ¨ | ¨er | ¨e | -er | -nen |
|---|---|---|---|---|
| 6. der Vater die Väter | 7. das Buch die Bücher | 8. der Stuhl die Stühle | 9. das Kind die Kinder | 10. die Studentin die Studentinnen |

die Mütter  die Gläser  die Städte  die Bilder  die Chefinnen

die Dörfer  die Bäume

**L. Pronoun word order.** Complete the answer to each question by adding the necessary dative pronoun. You must decide which of the two positions indicated by blanks is the correct one.

BEISPIEL:    Schreibst du deinem Freund eine Postkarte?
Ja, ich schreibe _____ eine Postkarte _____.
Ja, ich schreibe **ihm** eine Postkarte.

1. Empfiehlst du mir den neuen deutschen Film?

    Ja, ich empfehle _dir_ den Film _____ sehr.

2. Zeigen Sie meiner Freundin das neue Vorlesungsverzeichnis?

    Ja, ich zeige _____ es _Ihr_ gern.

3. Soll ich euch den neuen Stadtplan von Berlin mitbringen?

    Ja, bring _____ ihn _uns_ mit.

4. Kaufen Sie der Chefin ein Geburtstagsgeschenk?

    Ja, wir kaufen _Ihm_ zusammen ein Geschenk _____.

5. Verkauft euch Dieter seinen Zweitwagen?

    Ja, er will _____ ihn _uns_ am Semesterende verkaufen.

**M. Review of question words.** Write questions for which the following sentences would be appropriate answers.

1. Es ist jetzt *zwölf Uhr vierzig.*

   Wie spielt ist es?

2. Ich arbeite gern *am frühen Morgen.*

   Wann arbeitest due gern?

3. Herr Ziegler ist *zu Hause.*

   Wo ist Herr Ziegler?

4. Der Film hat *Erika* nicht gefallen.

   Wem hat der Film nicht gefallen?

5. Ich frage *Sie*, Frau Lohmann.

   Wen fragen Sie?

6. Bei *Udo* gibt es heute abend eine große Party.

   Bei Wem gibt es heute abend eine große Party.

7. Wir fliegen *am 17. Juni.*

   Wann fliegt Ihr.

8. Heute ist *der erste April.*

   Der wievielte Heute?

9. Ich brauche *ein Kilo* Kartoffeln.

   Wieviel Kartoffeln brauchst du?

10. Das sind *meine* Kinder!

    Wessen Kinder sind das?

**A.** Put each of the verb forms below in the appropriate box in the tables of weak and strong verbs that follow. Then fill in all the remaining boxes.

| | | | | | | |
|---|---|---|---|---|---|---|
| ~~traf~~ | ~~schreiben~~ | lernt | hielt | gehen | ~~schwamm~~ | arbeitet | ~~schlafen~~ |
| ~~fliegt~~ | zeigte | fing an | kommt | dankt | ~~spricht~~ | ~~findet~~ |
| passiert | dauerte | ~~wirft~~ | zerstörte | lösen | verschwenden | empfiehlt |

| | *infinitive* | **er / sie**—present | **er / sie**—simple past |
|---|---|---|---|
| **weak verbs** | wohnen | wohnt | wohnte |
| | passieren | passiert | passierte |
| | lernen | lernt | lernte |
| | zeigen | zeigt | zeigte |
| | dauern | dauert | dauerte |
| | zerstören | zerstört | zerstörte |
| | danken | dankt | dankte |
| | lösen | löst | löste |
| | arbeiten | arbeitet | arbeitete |
| | verschwenden | verschwendet | verschwendete |
| **strong verbs** | nehmen | nimmt | nahm |
| | schreiben | schreibt | ~~traf~~ schreib |
| | treffen | trifft | traf |
| | fliegen | fliegt | flog |
| | werfen | wirft | warf |
| | schwimmen | schwimmt | schwamm |
| | finden | findet | fand |
| | sprechen | spricht | ~~spricht~~ sprach |
| | schlafen | schläft | schlief |
| | halten | hält | hielt |
| | anfangen | fängt an | fing an |
| | gehen | geht | ging |
| | kommen | kommt | kam |
| | empfehlen | empfiehlt | empfahl |

**B. Die Schlafmütze** (*The Sleepy Head*). Complete the story, using the simple past forms of the verbs cued.

Letztes Semester ___*besuchten*___ meine Freundin Käthe und ich zusammen eine Vorlesung
(besuchen)
über Linguistik. Sie ___*fing an*___ schon um 9.15 Uhr _____ und ___*dauerte*___ eine Stunde.
(anfangen)                                                       (dauern)
Manchmal ___*schlief ein*___ Käthe nach zehn Minuten ___*wachte*___ und ___*auf*___ erst am
(einschlafen)                                              (aufwachen)
Ende der Stunde wieder_____. Wir ___*saßen*___ immer zusammen, und Gott sei Dank
(sitzen)
___*sah*___ sie der Professor nie. Wir ___*gingen*___ dann immer gleich ins Café, ___*tranken*___ eine
(sehen)                         (gehen)                             (trinken)
Tasse Kaffee, und Käthe ___*fragte*___ mich, was der Professor gesagt hatte. Einmal, als ich krank
(fragen)
___*war*___, ___*suchte*___ mich Käthe überall und ___*ging*___ gar nicht in die Vorlesung, weil
(sein)     (suchen)                          (gehen)
sie Angst ___*hatte*___, sie würde wieder einschlafen. So eine Schlafmütze!
(haben)

**C.** Fill in the missing phrases in the table in the appropriate tense.

**MODAL VERBS**

| present tense | simple past | perfect tense |
|---|---|---|
| Ich kann fragen. | *Ich könnte fragen* | *Ich habe fragen können* |
| Sie will bestellen. | *Sie wollte bestellen* | *Sie hat bestellen wollen* |
| *Sie muß zahlen* | Sie mußte zahlen. | *Sie hat zahlen müssen* |
| *Er darf es mitnahmen* | *Er durfte es mitnehmen* | Er hat es mitnehmen dürfen. |

**MIXED VERBS**

| | | |
|---|---|---|
| Weiß sie es? | *Waßte sie es* | *Hat sie es gewußt* |
| *Sie bringt etwas* | Sie brachte etwas. | *Sie hat etwas gebracht* |
| *Kennst du sie* | *Kenntest du sie* | Hast du sie gekannt? |

**D.** Yesterday you explored the city of Wiesbaden in Hessen. Tell about your visit, supplying the appropriate form of the verb in parentheses in the simple past.

1. Gestern ___*trafen*___ wir unsere alten Freunde in Wiesbaden. (treffen)

2. Leider ___*regnete*___ es den ganzen Tag sehr stark. (regnen)

3. Ich ___*mußte*___ meinen Regenmantel tragen. (müssen)

4. Am Nachmittag ____*konnten*____ unsere Freunde zusammen mit uns einen

Stadtbummel machen. (können)

5. Ich __*brachte*__ viel Geld __*mit*__, aber dann __*wollte*__ ich

doch nichts kaufen. (mitbringen, wollen)

6. Am Abend ____*wollten*____ wir ins Kino gehen, aber unsere Freunde

____*kannten*____ den Film schon. (wollen, kennen)

7. Wir __*wußten*__ nicht, was wir machen __*sollten*__. (wissen, sollen)

8. Wir __*wurden*__ auch sehr müde und hungrig. (werden)

9. Dann __*fuhren*__ wir wieder zu ihnen, __*aßen*__ zusammen eine Pizza

und __*waren*__ schon um elf Uhr wieder zu Hause in Mainz. (fahren, essen, sein)

**E. Am Telephon.** Nicole verließ das Haus heute schon um sechs Uhr, als ihr Mann Joachim noch schlief. Um zehn Uhr stand er auf und rief sie an. Schreiben Sie ihr Gespräch (*conversation*) in ganzen Sätzen. (Use simple past tense for **sein, haben,** and the modal verbs; for other verbs use the perfect tense.)

JOACHIM: wo / sein / du / heute morgen / ?

*Wo warst du heute morgen?*

ich / hören / dich / gar nicht / .

*Ich habe dich gar nicht gehört.*

NICOLE: ich / müssen / schon um sieben Uhr / bei der Arbeit / sein / .

*Ich mußte schon um sieben Uhr bei der Arbeit sein*

ich / haben / sehr viel / zu tun / .

*Ich hatte sehr viel zu tun*

anrufen / jemand / mich / ?

*Hat mich jemand angerufen.*

JOACHIM:     Ja, Inge / wollen / mit dir / sprechen / .

_Ja, Inge wollte mit dir sprechen_

sie / können / gestern / nicht / kommen / /

_sie konnte gestern nicht kommen_

denn / jemand / ihr / den Geldbeutel / klauen / . (use past perfect)

_denn jemand hatte ihr den Geldbeutel geklaut_

**F.** Join each pair of sentences, using one of the conjunctions **wenn, wann,** or **als** as appropriate.

BEISPIEL:   Ich möchte wissen. Es ist passiert.
        **Ich möchte wissen, wann es passiert ist.**

1. Ich weiß nicht. Du bist geboren.

   _Ich weiß nicht, wann du geboren bist_

2. Wir trafen unsere Freunde aus Freiburg. Wir waren damals in Berlin.

   _Wir trafen unsere Freunde aus Freiburg, als_
   _wir damals in Berlin waren._

3. Ich fahre morgen Rad. Du leihst mir dein Fahrrad.

   _Ich fahre morgen Rad, wenn du mir dein Fahrrad_

4. Es gab nicht so viel Luftverschmutzung. Unsere Großeltern waren jung.

   _Es gab nicht so viel Luftverschmutzung, als unsere_
   _Großeltern jung waren._

5. Ich verstehe sie schlecht. Sie spricht am Telefon.

   _Ich verstehe sie schlecht, sie am Telefon spricht._

6. Ich habe keine Ahnung. Sie wollen uns treffen.

   _Ich habe keine Ahnung, wann sie uns treffen_
   _wollen._

**104**   WORKBOOK Kapitel 10

**G.** Complete the sentence with a clause in the past perfect tense. Use the cues in parentheses.

BEISPIEL: (die Post / schon / zumachen), als ich mit dem Brief dort ankam.
**Die Post hatte schon zugemacht**, als ich mit dem Brief dort ankam.

1. Als wir zu Hause ankamen, (der Regen / schon / anfangen).

   _Als wir zu Hause ankamen, hatte der Regen schon angefangen._

2. (nachdem / wir / einen Stadtbummel / machen), wollten wir etwas essen.

   _Nachdem wir ~~einen~~ einen Stadtbummel gemacht hätten, wollten wir etwas essen._

3. (Kellnerin / den Fisch / empfehlen), aber wir bestellten nur einen Salat.

   _Die Kellnerin hatte den Fisch empfohlen, aber wir bestellten nur einen Salat._

4. (da / Jan und Rolf / ihre Ausweise / vergessen), mußten sie den vollen Preis bezahlen.

   _Da Jan und Rolf ihre Ausweise vergessen hätten, mußten sie den vollen Preis bezahlen._

5. (der Zug / schon / abfahren), als ich am Bahnhof ankam.

   _Der Zug war schon abgefahren, als ich am Bahnhof ankam._

6. Ich wollte mit meinen Freunden sprechen, (nachdem / ich / sehen / den Film).

   _Ich wollte mit meinen Freunden sprechen, nachdem ich den Film gesehen hatte._

**H.** Sort the following expressions into the appropriate column.

nächste Woche

vom 11. bis 17. März

immer

diese Woche

am Wochenende

den ganzen Tag

jede Woche

im Jahre 1913

damals

schon einen Monat

vor vier Tagen

SELTEN

am Nachmittag

seit drei Jahren

oft

morgen nachmittag

gleich

vorher

morgens

im April 1980

jetzt

abends

heute

dreimal

jeden Tag

um elf Uhr

ein Semester

NACHHER

am Freitag

im Herbst

dieses Semester

seit gestern

eine Stunde

letztes Jahr

jahrelang

manchmal

| wann? | wie lange? | wie oft? |
|---|---|---|
| morgens | **schon einen Monat** | Selten |
| im Jahre 1913 | seit gestern | dreimal |
| damals | eine stunde | jede Woche |
| Nachher | Jahrelang | jeden Tag |
| am Nachmittag | ein Semester | oft |
| morgen nachmittag | schon seit drei Jahren | manchmal |
| nächste woche | den ganzen Tag | immer |
| heute | vom 11. bis 17. März | |
| vor vier Tagen | | |
| abends | | |
| gleich | | |
| am Wochenende | | |
| letztes Jahr | | |

**I.** Which word does *not* belong in each set? (*circle one*) This exercise includes vocabulary from **Wortschatz 2.**

1. am Anfang / am Ende / auf der Treppe / im Monat / am Nachmittag

2. die Republik / das Volk / der Politiker / die Kunst / die Partei

3. geboren / der Geburtstag / wenig / die Kindheit / der Senior

4. die Ausstellung / das Bild / das Plakat / der Wähler / das Museum

5. zählen / wie viele / die Nummer / die Jugend / ein paar

6. erklären / sammeln / unterbrechen / empfehlen / eine Frage stellen

**J.** Describe Beate Winkler's workday from beginning to end, using the simple past.

aufstehen — *wann?*                    von einer Freundin Geld leihen müssen — *warum?*

Kaffee trinken — *wieviel?*            nach dem Mittagessen spazierengehen — *mit wem?*

in die Stadt fahren — *wie?*           in die Straßenbahn einsteigen — *wann?*

lesen wollen — *was?*                  schon um 9 Uhr ins Bett gehen — *warum?*

 mit der Arbeit beginnen müssen — *wann?*


**Gestern stand Beate Winkler erst um 8 Uhr auf. Sie . . .** _____

_____

_____

_____

_____

_____

_____

_____

_____

**K. Review of use of tenses.** Circle the English phrase that best expresses the italicized phrase in the German sentence.

1. *Wie lange studierst du schon* in Tübingen?

   (a.) How long have you been studying . . .

   b. How long are you going to be studying . . .

   c. How long did you study . . .

2. *Wir wohnten fünfzehn Jahre* in dem Haus.

   a. We have lived . . . fifteen years ago.

   (b.) We lived . . . for fifteen years.

   c. We have been living . . . for fifteen years.

3. *Als ich* an der Universität Bonn *anfing*, hatte ich keine Ahnung von Politik.

   a. When I begin . . .

   b. When I have begun . . .

   (c.) When I began . . .

4. Kannst du mir bitte sagen, *was gestern passiert ist*?

   (a.) . . . what happened . . .

   b. . . . what is going to happen

   b. . . . what is happening

Circle the best German equivalent for the sentence in English.

5. *What did you see when you were there?*

   (a.) Was hast du gesehen, als du da warst?

   b. Was siehst du, wenn du da bist?

   c. Was hast du gesehen, wenn du da warst?

6. *We have not seen him for two years.*

   (a.) Wir haben ihn seit zwei Jahren nicht gesehen.

   b. Wir haben ihn vor zwei Jahren nicht gesehen.

   c. Wir sahen ihn vor zwei Jahren nicht.

7. *I have been working all afternoon.*

   a. Ich habe den ganzen Nachmittag gearbeitet.

   (b.) Ich arbeite schon den ganzen Nachmittag.

   c. Ich arbeitete den ganzen Nachmittag.

8. *We sat in the café for two hours.*

   a. Wir sitzen seit zwei Stunden im Café.

   b. Wir haben vor zwei Stunden im Café gesessen.

   (c.) Wir haben zwei Stunden im Café gesessen.

## KAPITEL
## 11

**A.** Use the elements given to construct question and answer exchanges. Note that all the verbs are reflexive.

BEISPIELE:  A: wer / müssen / sich beeilen / ? *(present)*

**Wer muß sich beeilen?**

B: wir / müssen / sich beeilen / . 

**Wir müssen uns beeilen.**

1. A. wie / du / sich verletzen / ? *(perfect)*

*Wie hast du dich verletzt?*

   B. ich / sich verletzen / beim Fußball / . *(perfect)*

*Ich habe mich beim Fußball verletzt.*

2. A. wo / wir / sollen / sich treffen / morgen / ? *(present)*

*Wo sollen wir uns morgen treffen*

   B. wir / sich treffen / in der Studentenkneipe / ! *(imperative)*

*Treffen wir uns in der Studentenkneipe!*

3. A. seit wann / sich kennen / ihr / ? *(present)*

*Seit wann kennt ihr euch.*

   B. wir / sich kennen / seit fünf Monaten / . *(present)*

*~~Seit wann ist~~ Wir kennen uns seit fünf Monaten*

4. A. wann / sie *(sing.)* / sich ärgern / ? *(present)*

*Wann ärgert sie sich?*

   B. sie / sich ärgern / fast jeden Tag / . *(present)*

*Sie ärgert sich fast jeden Tag.*

**B.** Supply the appropriate *accusative* or *dative* reflexive pronoun.

BEISPIELE: Ich setze __mich__ neben meinen Chef.

Möchtest du __dir__ meine neuen Fotos ansehen?

1. Samstags ziehe ich __mir__ immer alte Kleider an.

2. Willst du __dir__ noch schnell die Hände waschen, bevor wir essen?

3. Dieses Jahr kann __sich__ Erich endlich einen warmen Wintermantel leisten.

4. Freut ihr __euch__, daß ihr bald wieder in die Schweiz fahrt?

5. Es ist schon spät, wir müssen __uns__ beeilen.

6. Heute habe ich keine Zeit, __mir__ die Haare zu waschen.

7. Können Sie __sich__ vorstellen, wie es damals war?

8. Was soll ich __mir__ in diesem Museum ansehen?

9. Letztes Wochenende hat sie __sich__ schwer verletzt.

10. Wie hast du __dich__ so schwer erkältet?

**C.** The sentences below describe Marianne's eventful morning. Number them in the order in which they occur.

_____ Sie setzt sich an den Frühstückstisch.

_____ Bevor sie ißt, wäscht sie sich.

_____ Dann muß sie sich beeilen.

_____ Sie ärgert sich, daß die Straßenbahn sich verspätet hat.

_____ Nach dem Frühstück zieht sie sich an.

_____ Sie steht sehr langsam auf.

_____ Vor der Wohnungstür fällt sie auf der Treppe und verletzt sich.

__1__ Als sie die Augen aufmacht, freut sie sich über das schöne Wetter.

_____ Sie fühlt sich nun nicht mehr so phantastisch.

Now that you have ordered these events, write Marianne's own description of her morning in the simple past tense. (Use **ich** and the past perfect when necessary.)

**Als ich gestern die Augen aufmachte, freute ich mich über das schöne Wetter.**

_____

_____

_____

_____

_____

_____

_____

_____

_____

_____

_____

**D.** Rewrite the following sentences, using the new subjects in parentheses.

BEISPIEL:   Ich muß mich leider beeilen.  (wir)
              **Wir müssen uns** leider beeilen.

1. Ich muß mir neue Schuhe kaufen.  (mein Bruder)

    *Mein Bruder muß sich neue Schuhe kaufen.*

2. Kann sie sich nicht selber helfen?  (ihr)

    *Könnt ihr euch nicht selber helfen?*

3. Ich kann mir gar nicht vorstellen, was du meinst.  (sie, *pl.*)

    *Sie können sich gar nicht vorstellen, was du meinst*

4. Mein Sohn hat sich gestern den Arm verletzt.  (ich)

    *Ich habe mir gestern dem Arm verletzt.*

5. Ich setze mich neben Tante Hildegard.  (meine Schwester)

_Meine Schwester setzt sich neben Tante Hildegard_

6. Letzte Woche habe ich mir das Bein gebrochen.  (unser Chef)

_Letzte Woche hat sich unser Chef das bein gebrochen._

7. Wo kann ich mir hier die Hände waschen?  (man)

_Wo kann man sich hier die Hände waschen._

8. Was zieht sich Kurt heute abend an?  (du)

_Was ziehst du dir heute abend an_

**E.** Answer the following questions, replacing the direct object with a pronoun and making word order changes where necessary. Not all the verbs are reflexive.

BEISPIEL:   Kannst du dir *das neue Auto* kaufen?
Ja, hoffentlich kann **ich es mir kaufen.**

1. Kannst du dir *diese tolle Wohnung* leisten?

Ja, jetzt _kann ich sie mir leisten_

2. Kann dir Karl *sein Vorlesungsverzeichnis* geben?

Ich frage Karl, ob er _es mir geben kann._

3. Wie oft mußt du dir *die Haare* waschen?

Jeden Tag _muß ich sie mir waschen_

4. Habt ihr euch *die zwei Kirchen* angesehen?

Ja, heute morgen _haben wir sie uns angesehen_

5. Hat sich Johanna *die Armbanduhr* gekauft?

Ja, sie _hat sie sich gekauft._

6. Bringst du mir *den Stadtplan* mit?

Ja, sicher _bringe ich ihn dir mit_

7. Wer schneidet dir denn *die Haare*?

Seit Jahren schneide _ich sie mir selber_ selber.

**F.** Put these six adjectives into a list, beginning with the word denoting the largest amount and ending with the word denoting the smallest amount. Note which is the **der**-word and which is the **ein**-word.

wenige    keine    mehrere    viele    alle    einige

_____*alle*_____ (**der**-word)

_____*viele*_____

_____*mehrere*_____

_____*einige*_____

_____*wenige*_____

_____*keine*_____ (**ein**-word)

Now answer the following questions, using the correct form of the words cued.

BEISPIEL:    Welche Filme spielen im Moment?  (mehrer-, neu-)

**Mehrere neue Filme.**

1. Mit wem will der Lehrer sprechen?  (einig-, bekannt-, Deutsch-)

   Mit *einigen bekannten Deutschen*

2. In welchen Buchhandlungen hat er das Buch gesucht?  (viel-, groß-)

   In *vielen großen Buchhandlungen*

3. Welche Gebäude soll ich mir hier ansehen?  (all-, alt-)

   *Alle alten Gebäude*

4. Haben Sie noch Stadtpläne?  (kein-, gut-)

   **Nein,** *wir haben keine guten Stadtpläne mehr*

5. Wie viele gute Romane habt ihr gelesen?  (wenig-, gut-)

   *Wenige gute Romane*

**G.** Complete the following sentences with adjectival nouns denoting people. Form these from the adjectives in parentheses.

BEISPIEL:    Was hat der Arzt dem _____ gesagt?  (krank)
             Was hat der Arzt dem **Kranken** gesagt?

1. Haben Sie meinen _____*Bekannten*_____ schon kennengelernt?  (bekannt)

2. In unserem Wohnhaus leben viele _____*Alte*_____.  (alt)

3. Sophia war eine _____Fremde_____ in diesem Land. (fremd)

4. Im Zug habe ich mit einer _____Deutschen_____ geredet. (deutsch)

5. Kein _____Deutscher_____ sagt das heute noch. (deutsch)

6. Wir nehmen die _____Kleinen_____ immer mit. (klein, *pl.*)

7. Ein _____Verwandter_____ von Franz lebt in diesem Dorf. (verwandt)

8. Wir haben angefangen, mit den _____Grünen_____ zusammen zu arbeiten. (grün)

**H.** Complete each sentence with the cued neuter adjectival noun.

1. Gibt's etwas _____Neues_____? (*new*)

2. Es war eigentlich nichts _____Wichtiges_____. (*important*)

3. Man hört nicht viel _____Gutes_____ über diesen Schriftsteller. (*good*)

4. Uns ist gestern etwas _____Dummes_____ passiert. (*dumb*)

5. Wir haben etwas _____Teures_____ verloren. (*expensive*)

6. Es gibt eigentlich wenig _____Interessantes_____ in unserem Dorf. (*interesting*)

7. Als Kind habe ich einmal etwas _____Schreckliches_____ gehört. (*terrible*)

**I.** Answer the following questions about your preferences, using any of the adjectives below. Pay attention to adjective endings.

BEISPIEL:  Was für Schokolade essen Sie gern?
       **Deutsche Schokolade.**

| | | | | |
|---|---|---|---|---|
| europäisch | amerikanisch | japanisch | deutsch | französisch |
| italienisch | englisch | russisch | kanadisch | österreichisch |

1. Was für ein Fahrrad würde Ihnen gefallen?

   **Ein** _____

2. Welche Bücher lesen Sie, wenn Sie Zeit haben?

   _____

3. Mit was für einem Wagen möchten Sie fahren?

   **Mit** _____

4. Welche Filme sehen Sie gern?

   _____

5. Von welcher Fußballmannschaft haben Sie schon mal gehört?

_Von_ _____

6. Welche Musik würden Sie gern kennenlernen?

_____

7. In was für einem Restaurant möchten Sie mal essen?

_In_ _____

**J.** Find the *opposites* and write them in the blanks. This exercise includes vocabulary from **Wortschatz 2.**

| offen | auswandern | antworten | glücklich | nachher | unruhig | finden |
| gesund | aufwachen | verschieden | reich | schwach | ankommen | sich auszuziehen |

1. voher — _nachher_
2. ruhig — _unruhig_
3. stark — _schwach_
4. unglücklich — _glücklich_
5. arm — _reich_
6. krank — _gesund_
7. verlieren — _finden_

8. sich anziehen — _sich ausziehen_
9. abfahren — _ankommen_
10. fragen — _antworten_
11. einschlafen — _aufwachen_
12. geschlossen — _offen_
13. ähnlich — _verschieden_
14. einwandern — _auswandern_

**K.** Use the cues to write three short dialogues.

1. Zwei Freunde, Jens und Philipp, sprechen über Stefan.

   PHILIPP: wie / Stefan / sich fühlen / heute / ?

   _Wie fühlt sich Stefan heute_ ?

   JENS: ich / glauben // der Kopf / noch / weh tun / .

   _Ich glaube, der Kopf tut ihm noch weh._

2. Julia hat ihre Mutter zum Kaffee eingeladen.

   JULIA: sich setzen / bitte / Mutti / !

   _Setz dich bitte, Mutti_ !

   MUTTER: danke schön // ich / sich setzen / hier / an / das Fenster / .

   _Danke schön, ich setze mich hier ans Fenster._

3. Ursula freut sich und erzählt Birgit, warum.

BIRGIT: was / sein / los / ? // du / aussehen / so / glücklich / .

_Was ist los? Du siehst so glücklich aus._

URSULA: ja // ich / sich kaufen / heute / ein- / toll / Kamera / .

_Ja, ich kaufe ~~mir~~ mir heute eine tolle Kamera._

# KAPITEL 12

**A.** Supply the missing comparative and superlative forms of adjectives.

| *Comparative Form* | *Superlative Form* |
|---|---|

## *Nominative*

Das ist ein **billigerer** Mantel.  | Das ist der **schönste** Mantel.

Das ist eine ___billigere___ Jacke. | Das ist die ___schönste___ Jacke.

Das ist ein ___billigeres___ Hemd. | Das ist das ___schönste___ Hemd.

Das sind ___billigere___ Schuhe. | Das sind die ___schönsten___ Schuhe.

## *Accusative*

Dieser Laden hat . . . | Dieser Laden hat . . .

einen ___billigeren___ Mantel. | den ___schönsten___ Mantel.

eine ___billigere___ Jacke. | die ___schönste___ Jacke.

ein ___billigeres___ Hemd. | das ___schönste___ Hemd.

___billigere___ Schuhe. | die ___schönsten___ Schuhe.

## *Dative*

Ich kenne einen Laden . . . | Das ist der Laden . . .

mit einem ___billigeren___ Mantel. | mit dem ___schönsten___ Mantel.

mit einer ___billigeren___ Jacke. | mit der ___schönsten___ Jacke.

mit einem ___billigeren___ Hemd. | mit dem ___schönsten___ Hemd.

mit ___billigeren___ Schuhen. | mit den ___schönsten___ Schuhen.

**B. Werbetext** (*Advertising Slogans*). Add the words cued in English to complete the slogans.

1. „Bei uns gibt es die ___wärmsten___ Pullover!"
   (*warmest*)

2. „Wir haben die ___modernsten___ Maschinen!"
   (*most modern*)

3. „Hier bei uns finden Sie die ___intelligenteste___ Software!"
   (*most intelligent*)

4. „Suchen Sie ein ___besseres___ Telefon?"
   (*better*)

5. „Brauchen Sie einen ___größeren___ Wagen?"
   (*larger*)

6. „Hier an der Ostsee wird jeder Mensch ___gesünder___!"
   (*healthier*)

7. „Bei uns finden Sie die ___ältesten___ Weine!"
   (*oldest*)

8. „Jeder macht bei uns einen ___längeren___ Urlaub."
   (*longer*)

9. „Bei uns findet man nicht nur die ___teuersten___ Uhren."
   (*most expensive*)

10. „In unseren Turnschuhen laufen Sie ___am Schnellsten___!"
    (*the fastest*)

11. „Hier bei uns scheint die Sonne ___am stärksten___."
    (*the strongest*)

12. „Was essen Kinder ___am liebsten___?"
    (*like [to eat] best of all*)

**C. Im Gegenteil!** Respond to these questions by saying that the opposite is true. Use the antonym of the italicized adjective in your answer.

BEISPIEL:   Habt ihr die *ältere* Französin gefragt?
   Nein, wir haben die **jüngere** Französin gefragt.

1. Liest du den *längeren* Artikel?

   Nein, ___Ich lese den kürzeren Artikel.___

2. Kosten Lebensmittel immer *weniger* bei euch?

   Nein, ___sie kosten immer mehr___

3. Werden die Meere der Welt immer *kälter*?

   Nein, ___sie werden immer wärmer___

4. Ist das deine *ältere* Schwester?

   Nein, ___das ist ~~seine~~ meine jüngere Schwester.___

5. Sucht Marianne eine *kleinere* Kamera?

   Nein, _sie sucht eine größere Kamera_

6. Wird die Partei immer *stärker*?

   Nein, _sie wird immer schwächer._

**D.** Use **wie** or **als** to complete the comparisons.

   1. Diese Jacke ist fast so teuer __wie__ ein Mantel.

   2. Ich finde rot genau so schön __wie__ gelb.

   3. Das Kleid trage ich lieber __als__ den Rock.

   4. Das Hemd hat schönere Farben __als__ das T-Shirt.

   5. Diese Sonnenbrille ist weniger hübsch __als__ meine Brille.

   6. Die italienischen Schuhe sind mir nicht so bequem __wie__ die französischen.

   7. Die Kleider kosten hier fast genauso viel __wie__ im anderen Geschäft.

   8. Hier sind die Preise besser __als__ im anderen Geschäft.

   9. Niemand sieht so toll aus __wie__ wir!

**E. Was essen die Deutschen?** The following statements compare Germans' consumption of various foods. The information in the graph will help you choose the correct completion.

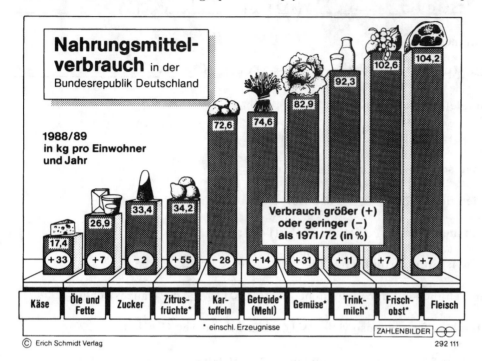

die Nahrungsmittel *foodstuff*
der Verbrauch *consumption*
Öle und Fette *oils and fats*
Zucker *sugar*

Zitrusfrüchte *citrus fruits*
Getreide *grain*
Mehl *flour*

1. In der BRD ißt man __weniger__ Öl und Fett als Zucker, aber __am wenigsten__

   ißt man Käse. (lieber, am wenigsten, weniger, mehr)

2. Sie essen viel Obst und __mehr__ Frischobst als Zitrusfrüchte. (weniger, genauso viel, mehr)

3. Sie essen fast __genauso viel__ Zucker wie Zitrusfrüchte. (weniger, genauso viel, mehr)

4. Sie trinken gern Milch, aber essen relativ __wenig__ Käse. (wenig, viel, mehr)

5. Von allen Nahrungsmitteln essen die Deutschen Fleisch __am meisten__.

   (am wenigsten, am meisten)

Nun schreiben Sie drei Sätze. Was essen *Sie* gern oder nicht so gern? Was essen Sie am liebsten?

Ich

**F.** Create your own advertisements, using the subjects and adjectives provided. The example is only a model. Do not follow it exactly, but be creative, using as many comparative and superlative forms as possible.

BEISPIEL:  (das Fahrrad—fahren / schnell, gut)

Wollen Sie **das schnellste** Fahrrad fahren?
Besitzen Ihre Freunde **schnellere** Fahrräder als Sie?
Oder ist Ihr Fahrrad vielleicht **genauso schnell wie** ihre Fahrräder?
Dann kaufen Sie unsere Fahrräder, denn jeder weiß, **je schneller desto besser!**

1. (der Wohnwagen [*mobile home*]—besitzen / groß, gut)

_____

_____

_____

_____

2. (der Computer—benutzen / modern, schnell)

_____

_____

_____

_____

**G.** Which word in the set does not have the same relationship to the base word as the others? Circle one.

1. **spielen:** Karten / Gepäck / Tennis / Musik

2. **das Gebäude:** Zimmer / Tür / Treppe / Kirche / Küche

3. **der Beruf:** Mechaniker / Bürger / Ärztin / Kellnerin

4. **die Fahrkarte:** Bus / Bahn / Fahrrad / Straßenbahn

5. **die Schreibmaschine:** Referat / Brief / Artikel / Typ

**H.** Complete each sentence with the correct relative pronoun.

BEISPIEL: Ich kenne den Film nicht, ___*den*___ du gestern gesehen hast.

1. Ist das der Film, ___*der*___ in Frankreich so bekannt ist?

2. Mein Großvater kennt viele Geschichten, ___*die*___ ich immer wieder gern höre.

3. Der Typ, ___*den*___ wir getroffen haben, ist Marias Verlobter.

4. Ist das die skandinavische Schriftstellerin, ___*deren*___ Romane sehr berühmt sind?

5. Es sind nicht nur arme Leute, ___*denen*___ der Staat helfen soll.

6. Das ist genau die Antwort, ___*die*___ ich hören wollte.

7. Hier ist eine Liste der Mitglieder, ___*deren*___ Namen Sie noch nicht kennen.

8. Wir suchen die Dame, ___*der*___ dieses Gepäck gehört.

9. Das Motorrad, ___*das*___ er verkaufen will, kann ich mir nicht leisten.

10. Der Schwimmer, ___*der*___ bei den Olympischen Spielen gewonnen hat, war mit mir auf der Schule.

**I.** Combine each pair of sentences, using the correct preposition followed by a relative clause.

BEISPIEL: Siehst du den Zug? (Wir wollen mit ihm fahren.)
Siehst du den Zug, **mit dem wir fahren wollen?**

1. Ist das die Lehrerin? (Du erinnerst dich an sie.)

   *Ist das die Lehrerin, an die du dich erinnerst?*

2. Kennt ihr den Politiker? (Wir sprechen über ihn.)

   *Kennt ihr den Politiker, über den wir sprechen?*

3. Hier ist ein Foto des jungen Politikers. (Alle reden von ihm.)

   *Hier ist ein Foto des jungen Politikers, von dem alle reden?*

4. Wie heißt die Frau? (Dein Bruder hat sich mit ihr verlobt.)

   *Wie heißt die Frau, mit der sich ~~hat~~ dein Bruder verlobt hat?*

5. Unser Großvater erzählt gern über die Stadt. (Er hat in dieser Stadt seine Kindheit verbracht.)

   *Unser Großvater erzählt gern über die Stadt, in der er seine Kindheit verbracht hat.*

**J.** Complete each sentence with a relative clause, using the words in parentheses and **was** as a relative pronoun.

BEISPIEL: Ist das alles, (Professor / von uns / verlangen)?
Ist das alles, **was der Professor von uns verlangt?**

1. Ist das das Schlimmste, (du / können / dir / vorstellen)?

    *Ist das schlimmste, was du dir vorstellen kännst?*

2. Alles, (wir / hören—*perfect tense*), war sehr positiv.

    *Alles, was wir gehört haben, war sehr positiv*

3. Nächste Woche haben wir endlich Semesterferien, (mich / sehr / freuen).

    *Nächste Woche haben wir endlich Semesterferien, was mich sehr freut.*

4. Ich habe damals viel gekauft, (ich / heute / nicht mehr / brauchen).

    *Ich habe damals viel gekauft, was ich heute nicht mehr brauche.*

5. Dorothea meint, es gibt nichts, (sie / nicht / können / lernen).

    *Dorothea meint, es gibt nichts, was ~~sie nicht~~ sie nicht lernen kann.*

6. Wir konnten kein gutes Lokal finden, (uns / enttäuschen—*perfect tense*).

    *Wir konnten kein gutes Lokal finden, was uns sehr enttäuscht hat.*

**K.** Use relative clauses to give definitions for the following vocabulary items.

BEISPIEL: Ein Schreibtisch **ist ein Tisch, an dem man sitzt und schreibt.**

1. Eine Thermosflasche _____

2. Ein Computertisch _____

3. Eine Schreibmaschine _____

4. Die Heimatstadt _____

5. Eine Straßenbahn _____

6. Ein Weinglas _____

7. Ein Wörterbuch _____

**L.** Give the English equivalent of the following sentences.

1. Du kannst deinen Regenschirm zu Hause lassen.

   *You can leave your umbrella at home.*

2. Meine Mutter ließ den Arzt kommen, wenn ich krank war.

   *My Mother had the doctor come when I was sick.*

3. Ich muß mein Auto bald waschen lassen.

   ~~Ich mach gac~~ *I have to get my car washed soon.*

4. Heute abend lassen wir die Kinder das Essen kochen.

   *Tonight we are having the children cook dinner.*

5. Die Frage ist nur, ob man mich allein arbeiten läßt.

   *The question is only whether they are going to let me work alone*

6. Laß mich doch den Kaffee bezahlen!

   *Let me pay for the coffee!*

**M.** Rewrite the sentences in the tense indicated.

1. Mein Vater läßt sein Auto nie reparieren. (*perfect*)

   *Mein Vater hat sein Auto nie reparieren lassen.*

2. Hast du deine Kamera zu Hause gelassen? (*present*)

   *Läßt du deine Kamera zu Hause?*

3. Wir ließen uns die Situation erklären. (*perfect*)

   *Wir haben uns die Situation erklären lassen.*

4. Unsere Professoren lassen dieses Semester viele Referate schreiben. (*simple past*)

   *Unsere Professoren ließen dieses Semester viele Referate schreiben.*

5. Ich lasse mein schweres Gepäck immer im Schließfach (*in a locker*). (*simple past*)

   *Ich ließ mein schweres Gepäck immer im Schließfach*

**N.** Complete the sentences with an appropriate phrase from the list. This exercise contains vocabulary from **Wortschatz 2**.

manchmal    das letzte Mal    diesmal    zum dritten Mal    zweimal    noch einmal    zigmal

1. Mein Freund und ich gehen _zweimal_ im Monat ins Kino.

2. Ich habe Sie nicht verstanden. Können Sie es mir bitte _noch einmal_ erklären?

3. In der Mensa ist es so laut, daß man _manchmal_ die eigene Stimme nicht hören kann.

4. Meine Familie fährt oft nach Europa. _das letzte Mal_ waren wir zwei Wochen in der Schweiz.

5. Diesen Film sehe ich jetzt schon _zum dritten Mal_!

6. Stell dir vor, wir haben das berühmte Gebäude schon _zigmal_ gesucht und nie gefunden!

7. Ich glaube, _diesmal_ nehmen wir den Stadtplan mit.

**O.** Put these expressions in the correct chronological order.

1. gestern morgen / vorgestern /

   morgen abend / übermorgen /

   heute morgen / morgen früh /

   heute nachmittag / heute abend /

   gestern abend / morgenn achmittag

   **vorgestern**
   _gestern morgen_
   _gestern abend_
   _heute morgen_
   _heute nachmittag_
   _heute abend_
   _morgen früh_
   _morgen nachmittag_
   _morgen abend_
   _übermorgen_

2. Now answer the following questions. Use **vor** + *dative* or one of the expressions in the first part of this exercise.

   **Wenn heute der 15. November ist, wann ist (oder war) . . .**

   der 15. Oktober? **Vor einem Monat.**

   der 15. September? _Vor zwei Monaten_

   der 13. November? _vor zwei Tagen_

   der 8. November? _vor einer Woche_

   der 17. November? _übermorgen_ ~~vor drei Tagen~~

   der 12. November? _vor drei Tagen_

   der 10. November? _vor fünf Tagen_

# Zusammenfassung und Wiederholung 3

*(Kapitel 9–12)*

## Forms

### 1. Verbs

A. Simple past tense

  1. Weak verbs p. 285

| *stem + -te + endings* | | | |
|---|---|---|---|
| ich | sag**te** | wir | sag**ten** |
| du | sag**test** | ihr | sag**tet** |
| er/es/sie | sag**te** | sie, Sie | sag**ten** |

| *stem ending in -t + -ete + endings* | | | |
|---|---|---|---|
| ich | arbeit**ete** | wir | arbeit**eten** |
| du | arbeit**etest** | ihr | arbeit**etet** |
| er/es/sie | arbeit**ete** | sie, Sie | arbeit**eten** |

  2. Mixed verbs p. 289

| *changed stem + -te + ending* wissen, **wußte**, hat gewußt | | | |
|---|---|---|---|
| ich | wuß**te** | wir | wuß**ten** |
| du | wuß**test** | ihr | wuß**tet** |
| er/es/sie | wuß**te** | sie, Sie | wuß**ten** |

Similarly:

| | | | | |
|---|---|---|---|---|
| bringen | → brachte | | nennen | → nannte |
| mitbringen | → brachte mit | | kennen | → kannte |
| verbringen | → verbrachte | | | |

and the modal verbs (*no umlaut in past stem*): p. 289

| | | | | |
|---|---|---|---|---|
| dürfen | → **durfte** | | müssen | → **mußte** |
| können | → **konnte** | | sollen | → **sollte** |
| mögen | → **mochte** | | wollen | → **wollte** |

3. Verbs **haben** and **werden** (*irregular in the simple past*)          p. 290

| haben, **hatte**, hat gehabt | | | |
|---|---|---|---|
| ich | hatt**e** | wir | hatt**en** |
| du | hatt**est** | ihr | hatt**et** |
| er/es/sie | hatt**e** | sie, Sie | hatt**en** |

| werden, **wurde**, ist geworden | | | |
|---|---|---|---|
| ich | wurd**e** | wir | wurd**en** |
| du | wurd**est** | ihr | wurd**et** |
| er/es/sie | wurd**e** | sie, Sie | wurd**en** |

4. Strong verbs          p. 286

changed stem + endings

| nehmen, **nahm,** hat genommen | | | |
|---|---|---|---|
| ich | nahm | wir | nahm**en** |
| du | nahm**st** | ihr | nahm**t** |
| er/es/sie | nahm | sie, Sie | nahm**en** |

The simple past tense of strong verbs will be found in the table on page 287 of your textbook. In **Kapitel 10–12**, you learned these additional strong verbs. Review their principal parts.          p. 286

| infinitive | 3rd sing. pres. | simple past | perfect |
|---|---|---|---|
| brechen | bricht | **brach** | hat gebrochen |
| lassen | läßt | **ließ** | hat gelassen |
| rufen | | **rief** | hat gerufen |
| schneiden | | **schnitt** | hat geschnitten |
| vergleichen | | **verglich** | hat verglichen |
| verschwinden | | **verschwand** | ist verschwunden |
| wachsen | wächst | **wuchs** | ist gewachsen |
| waschen | wäscht | **wusch** | hat gewaschen |

B. Past perfect tense          pp. 293–294

*simple past of the auxiliary + past participle*

Ich **hatte** das schon **gesagt**.                    *I had said it already.*
Sie **war** fünf Jahre da **gewesen**.            *She had been there for five years.*
Nachdem sie **gegessen hatten**, gingen     *After they had eaten, they went to*
   sie ins Theater.                                                   *the theater.*

C. The verb **lassen**

pp. 362–364

1. *to leave* (something or someone), *leave behind* (perfect tense: **hat gelassen**):

   **Lassen** Sie mich allein.
   **Hast** du deine Kamera im Hotel **gelassen**?

2. *to allow, let* (perfect tense: double infinitive):

   Sie **lassen** uns heute nacht hier schlafen.
   Sie haben uns bis neun Uhr **schlafen lassen**.

3. *to have or order something done* (perfect tense: double infinitive):

   Sie **läßt** den Arzt kommen.
   Sie **hat** den Arzt **kommen lassen**.

   A noun or pronoun in the dative indicates for whom the action is performed:

   Ich lasse **mir** das Essen bringen.

## 2. Reflexive verbs and pronouns

pp. 318–324

A. Accusative and dative reflexive pronouns

p. 318

|  | *sing.* | *plur.* |
|---|---|---|
| *1st person* | mich / mir | uns |
| *2nd person* | dich / dir | euch *(familiar)* |
|  | sich | sich *(formal)* |
| *3rd person* | sich | sich |

B. Accusative reflexives

pp. 319–321

The reflexive pronoun is *accusative* when the subject and direct object are the same person or thing.

| *subject* | | *acc. reflex. /* *dir. obj.* | |
|---|---|---|---|
| Ich | habe | **mich** | verletzt. |
| Wir | haben | **uns** | kennengelernt. |
| Stefan | muß | **sich** | beeilen. |

C. Dative reflexives

pp. 322–324

The reflexive pronoun is *dative* when the subject and indirect object are the same person or thing (something else is the direct object).

| *subject* | | *dat. reflex. /* *indir. obj.* | *dir. obj.* | |
|---|---|---|---|---|
| Ich | kaufte | **mir** | einen Hut. | |
| Du | bestellst | **dir** | ein Bier. | |
| Wir | sehen | **uns** | die Altstadt | an. |

D. Reflexive verbs

The following reflexive verbs have been introduced through **Kapitel 12**. Verbs preceded by an asterisk were introduced in **Situationen aus dem Alltag** and are not for active mastery unless your instructor indicates otherwise.

| | |
|---|---|
| sich ändern | *to change* |
| sich etwas ansehen | *to have a look at something* |
| sich anziehen | *to get dressed* |
| sich ausziehen | *to get undressed* |
| *sich baden | *to take a bath, bathe* |
| sich beeilen | *to hurry* |
| *sich duschen | *to take a shower* |
| sich erinnern an | *to remember* |
| sich erkälten | *to catch a cold* |
| sich freuen | *to be happy* |
| sich fühlen | *to feel* |
| *sich die Haare kämmen | *to comb one's hair* |
| sich etwas leisten können | *to be able to afford something* |
| *sich rasieren | *to shave* |
| *sich schminken | *to put on makeup* |
| sich setzen | *to sit down* |
| sich verletzen | *to hurt oneself* |
| sich verloben mit | *to get engaged to* |
| sich verspäten | *to be late* |
| sich etwas vorstellen | *to imagine something* |
| *sich die Zähne putzen | *to brush one's teeth* |

## 3. Relative pronouns and relative clauses

A. Relative pronouns

pp. 356–362

| | *masculine* | *neuter* | *feminine* | *plural* |
|---|---|---|---|---|
| *nominative* | der | das | die | die |
| *accusative* | den | das | die | die |
| *dative* | dem | dem | der | **denen** |
| *genitive* | **dessen** | **dessen** | **deren** | **deren** |

B. Rules for use

p. 358

1. The relative pronoun refers to an antecedent, a word that precedes it.

2. The relative pronoun agrees with its antecedent in number and gender.

3. The case of the relative pronoun is determined by its function in the relative clause.

4. Only a preposition may precede the relative pronoun in the relative clause.

5. The relative clause has verb-last word order.

|  | *antecedent* | *rel. pron.* | |
|---|---|---|---|
| Das ist | **der Film,** | **der** | jetzt läuft. |
| | | **an den** | ich mich nicht erinnern konnte. |
| | | **von dem** | sie sprachen. |
| | | **dessen** | Anfang mir so gut gefällt. |

C. **Was** as a relative pronoun pp. 361

**Was** is the relative pronoun when the antecedent is:

1. **etwas, nichts, viel, wenig, alles**

   Das war **alles, was** sie sagte.

2. a neuter adjectival noun

   Das war **das Schönste, was** ich je gesehen hatte.

3. an entire clause

   **Sie wollen jetzt schlafen, was** ich gut verstehen kann.

## 4. Adjectives and adverbs

A. Adjective endings pp. 257–263

1. Adjective endings following a **der**-word:

   When the **der**-word has the primary ending, the adjective has a secondary ending.

| | *masculine* | | | *neuter* | | | *feminine* | | | *plural* | | |
|---|---|---|---|---|---|---|---|---|---|---|---|---|
| *nom.* | dieser | junge | Mann | dieses | junge | Kind | diese | junge | Frau | diese | jungen | Leute |
| *acc.* | diesen | jungen | Mann | dieses | junge | Kind | diese | junge | Frau | diese | jungen | Leute |
| *dat.* | diesem | jungen | Mann | diesem | jungen | Kind | dieser | jungen | Frau | diesen | jungen | Leuten |
| *gen.* | dieses | jungen | Mannes | dieses | jungen | Kindes | dieser | jungen | Frau | dieser | jungen | Leute |

2. Adjective endings following an **ein**-word:

   When the **ein**-word has no ending, the adjective has the primary ending (highlighted forms).

| | *masculine* | | | *neuter* | | | *feminine* | | | *plural* | | |
|---|---|---|---|---|---|---|---|---|---|---|---|---|
| *nom.* | ein | junger | Mann | ein | junges | Kind | eine | junge | Frau | meine | jungen | Leute |
| *acc.* | einen | jungen | Mann | ein | junges | Kind | eine | junge | Frau | meine | jungen | Leute |
| *dat.* | einem | jungen | Mann | einem | jungen | Kind | einer | jungen | Frau | meinen | jungen | Leuten |
| *gen.* | eines | jungen | Mannes | eines | jungen | Kindes | einer | jungen | Frau | meiner | jungen | Leute |

3. Adjective endings without a limiting word:

The adjective has a primary ending except in masculine and neuter genitive (highlighted forms).

| | masculine | | neuter | | feminine | | plural | |
|---|---|---|---|---|---|---|---|---|
| **nom.** | kalt**er** | Wein | kalt**es** | Wasser | kalt**e** | Milch | kalt**e** | Suppen |
| **acc.** | kalt**en** | Wein | kalt**es** | Wasser | kalt**e** | Milch | kalt**e** | Suppen |
| **dat.** | kalt**em** | Wein | kalt**em** | Wasser | kalt**er** | Milch | kalt**en** | Suppen |
| **gen.** | kalt**en** | Wein**es** | kalt**en** | Wasser**s** | kalt**er** | Milch | kalt**er** | Suppen |

B. Adjectives and pronouns of indefinite number
pp. 326–327

| **wenige** | few | **andere** | other(s) |
|---|---|---|---|
| **einige** | some | **viele** | many |
| **mehrere** | several | | |

C. Adjectival nouns

Adjective nouns are capitalized and receive adjective endings.

1. Referring to people
pp. 327–328

Masculine and feminine singular and plural:

| *attributive adjective* | *vs.* | *adjectival noun* |
|---|---|---|
| unsere kleine Tochter | | **Unsere Kleine** ist heute krank. |
| | | *Our little girl is sick today.* |
| ein deutscher Student | | Dieser Student ist **Deutscher**. |
| | | *This student is a German.* |
| mit den alten Leuten | | Ich will mit **den Alten** arbeiten. |
| | | *I want to work with (the) old people.* |

The following words are *always* adjectival nouns:

| der / die **Bekannte*** | acquaintance, friend |
|---|---|
| der / die **Deutsche** | German |
| der / die **Verwandte** | relative |
| der **Beamte** | official (m.) |

(BUT: **die Beamtin** is not an adjectival noun)

2. Referring to qualities
pp. 329–330

Neuter, singular only:

| Das ist **das Schönste,** was ich je gesehen habe. | That's the most beautiful thing I've ever seen. |
|---|---|
| Haben Sie **etwas Billigeres**? | Do you have anything cheaper? |
| Ich habe **nichts Interessantes** gehört. | I have not heard anything interesting. |

---

*Note how the ending differs after an **ein**-word: ein Bekannt**er**, ein Deutsch**er**.

D. Comparison of adjectives and adverbs pp. 350–356

1. Basic forms

| positive degree | comparative degree (+ er) | superlative degree (am -(e)sten) |
|---|---|---|
| glücklich | glücklich**er** | **am** glücklich**sten** |
| interessant | interessant**er** | **am** interessant**esten** |

2. With adjective endings

| eine | glücklich**e** | Kindheit | *a happy childhood* |
|---|---|---|---|
| eine | glücklicher**e** | Kindheit | *a happier childhood* |
| die | glücklichst**e** | Kindheit | *the happiest childhood* |

| interessant**e** | Ideen | *interesting ideas* |
|---|---|---|
| interessanter**e** | Ideen | *more interesting ideas* |
| die interessantest**en** | Ideen | *the most interesting ideas* |

Note the two possibilities in the superlative of predicate adjectives:

Diese Ideen sind **am interessantesten**.
Diese Ideen sind **die interessantesten**.

3. Adjectives and adverbs with umlaut in the comparative and superlative pp. 353–354

| *old* | alt | älter | am ältesten |
|---|---|---|---|
| *young* | jung | jünger | am jüngsten |
| *dumb* | dumm | dümmer | am dümmsten |
| *smart* | klug | klüger | am klügsten |
| *cold* | kalt | kälter | am kältesten |
| *warm* | warm | wärmer | am wärmsten |
| *short* | kurz | kürzer | am kürzesten |
| *long* | lang | länger | am längsten |
| *strong* | stark | stärker | am stärksten |
| *weak* | schwach | schwächer | am schwächsten |
| *sick* | krank | kränker | am kränksten |
| *healthy* | gesund | gesünder | am gesündesten |
| *poor* | arm | ärmer | am ärmsten |
| *hard, harsh* | hart | härter | am härtesten |
| *often* | oft | öfter | am öftesten |
| *red* | rot | röter | am rötesten |
| *black* | schwarz | schwärzer | am schwärzesten |

4. Irregular comparatives and superlatives pp. 354–355

| *big* | **groß** | **größer** | **am größten** |
|---|---|---|---|
| *good, well* | **gut** | **besser** | **am besten** |
| *high* | **hoch, hoh-** | **höher** | **am höchsten** |
| *near* | **nahe** | **näher** | **am nächsten** |
| *much, many* | **viel** | **mehr** | **am meisten** |
| *gladly* | **gern** | **lieber** *(preferably, rather)* | **am liebsten** *(to like most of all to)* |

# Functions

## 1. Making Comparisons

p. 355–356

A. **genauso . . . wie** = *just as . . . as* (with positive degree)

   **nicht so . . . wie** = *not as . . . as*

   Die zweite Erzählung war **nicht so interessant wie** die erste.

B. **als** = *than* (with comparative degree)

   Jetzt sind die Preise **höher als** letztes Jahr.

C. **immer** + *comparative degree* indicates progressive change

   Im Frühling werden die Tage **immer länger**.

D. **je . . . desto** = *the . . . the . . .* (with comparative degree)

   **Je früher, desto besser.**
   **Je mehr** man lernt, **desto mehr** versteht man.

   Note that **je** requires verb-last word order, while **desto** requires verb-second word order.

## 2. Enumerating: ordinal numbers

From first to nineteenth: *cardinal number* + **-t-** + *adjective ending* (note irregular forms in boldface)

pp. 264–266

| der, das, die | | | | |
|---|---|---|---|---|
| **erste** | 1st | .elfte | 11th |
| zweite | 2nd | zwölfte | 12th |
| **dritte** | 3rd | dreizehnte | 13th |
| vierte | 4th | vierzehnte | 14th |
| fünfte | 5th | fünfzehnte | 15th |
| sechste | 6th | sechzehnte | 16th |
| **siebte** | 7th | siebzehnte | 17th |
| achte | 8th | achtzehnte | 18th |
| neunte | 9th | neunzehnte | 19th |
| zehnte | 10th | | |

Twentieth and above: *cardinal number* + **-st-** + *adjective ending*

| der, das, die | | |
|---|---|---|
| zwanzigste | 20th |
| einundzwanzigste | 21st |
| siebenundfünfzigste | 57th |

## 3. Specifying time

A. Dates, days, months, decades, and years

p. 266

1. Asking for the date

| *nom.* | **Der wievielte** ist heute?<br>Heute ist **der erste Februar**. | *What's today's date?* |
|---|---|---|
| *acc.* | **Den wievielten** haben wir heute?<br>Heute haben wir **den ersten Februar**. | *Today is February first.* |

2. In what part of the day?

p. 366

| | |
|---|---|
| **gestern abend** | *yesterday evening* |
| **heute abend** | *this evening* |
| **in der Nacht** | *at night* |
| **morgen früh** | *tomorrow morning* |
| **morgen nachmittag** | *tomorrow afternoon* |

3. On what day of the week? **am** . . .

Wann fährst du ab?
**Am Donnerstag.** Aber **am Montag** komme ich zurück.

4. On what day of the month? **am** . . .

p. 266

Wann ist er angekommen?
**Am 5. April.** (am fünften April)

Wann kommen Sie zurück?
Ich komme **am 11. Oktober** zurück. (am elften Oktober)

5. In what month? **im** . . .

Wann waren Sie in Rom?
**Im September.** Aber **im Dezember** war ich wieder zu Hause.

6. In what year?

p. 265

In welchem Jahr ist er gestorben?
Er ist **im Jahre 1955** gestorben. *or* Er ist **1955** gestorben.

7. In what decade? **die 30er (Dreißiger) Jahre** = the Thirties

p. 331

| | |
|---|---|
| **die goldenen 20er (Zwanziger) Jahre** | *the golden 20s (Twenties)* |
| **während der 60er Jahre** | *during the 60s* |
| **in den frühen 90er Jahren** | *in the early 90s* |

The number does not inflect as an adjective, regardless of case.

B. Other time expressions

1. *When? At what time?*

pp. 141–142

Wann warst du dort?
**Letzten Montag.** / **Letztes Jahr.** / **Letzte Woche.**

Wann machst du das?
**Nächsten Dienstag.** / **Nächstes Semester.** / **Nächste Woche.**

2. *How often?*

Wie oft machst du das?
**Jeden Tag.** / **Jedes Wochenende.** / **Jede Woche.**

3. *ago* = **vor** + *dative*

p. 295

Wann warst du in Rom?
Das war **vor drei Jahren**.

Wann ist der Unfall passiert?
**Vor einer Stunde.**

4. Expressing duration: *How long?*  pp. 141–142

   a.  time phrase in accusative case

     Ich habe **einen Tag** gewartet.

     Wie lange warst du dort?
     **Den ganzen Tag./Das ganze Jahr./Die ganze Woche.**

   b.  If an action ends in the past, use simple past or perfect tense:  pp. 295–296

     Ich **studierte** vier Semester in Berlin.
     Ich **habe** vier Semester in Berlin **studiert**. } *I studied in Berlin (for) four semesters.*

   c.  If an action is continuing in the present, use present tense plus **schon** or **seit**.  p. 296

     Ich **wohne schon ein Jahr** hier. } *I've been living here for a year.*
     Ich **wohne seit einem Jahr** hier.

5. Time phrases with **Mal**  pp. 364–365

   a.  **das Mal** = *time* (in the sense of "an occurrence")

     **das erste (zweite, dritte) Mal**   *the first (second, third) time*
     **zum ersten (zweiten) Mal**   *for the first (second) time*

   b.  cardinal number + **-mal** = *how many times*

     Ich bin **einmal** dort gewesen.   *I've been there once.*
     Den Film habe ich **dreimal** gesehen.   *I've seen the film three times.*
     Das habe ich schon **zigmal** gesagt.   *I've said that umpteen times.*

6. Equivalents of English *when*

   a.  **wann** = *at what time?*  p. 292

     **Wann** ist das passiert?
     Ich weiß nicht, **wann** das passiert ist.

   b.  **wenn**

     Conjunction = *when* (in the present or future)

     **Wenn** Sie uns besuchen, zeigen wir Ihnen die Stadt.

     Conjunction = *whenever* (in past or present)

     **Wenn** ich nach Berlin kam, haben wir uns immer gesehen.

     Conjunction = *if*

     **Wenn** ich kann, helfe ich dir gerne.

   c.  **als** = *when* (for a single event or period in the past—almost always used with simple past tense)

     **Als** ich jung war, durfte ich nicht allein in die Stadt.

## 4. Talking about clothing and parts of the body

pp. 324–325

German usually uses dative pronouns, not possessive adjectives, when talking about clothing and parts of the body.

| | |
|---|---|
| Meine Freundin schneidet **mir** die Haare. | *My girlfriend cuts **my** hair.* |
| Ziehen Sie **sich** den Mantel an. | *Put on **your** coat.* |
| Stefanie hat **sich** das Bein gebrochen. | *Stefanie broke **her** leg.* |
| Ich muß **mir** die Zähne putzen. | *I have to brush **my** teeth.* |

## 5. Specifying time, manner, and place: word order of adverbs

p. 264

Think of the adverbs as answering the following questions in alphabetical order:

| | *wann?* | *wie?* | *wo(hin)?* |
|---|---|---|---|
| Ich werde | **morgen** | **mit meinen Freunden** | **vor der Bibliothek** warten. |
| Gehen wir | **jetzt** | **schnell** | **zum Supermarkt!** |

## 6. Setting a scene with *bei*

p. 330

**bei** = *while . . . ing*, or *at* (an activity or someone's home or business)

Die laute Musik stört mich **beim Lesen.**
Marion ist heute **bei ihren Verwandten.**

# Useful Idioms and Expressions

You should be able to use all these idioms and expressions actively.

### 1. Requesting information

Was ist los?
Darf ich eine Frage stellen?
Was hast du zum Geburtstag bekommen?
Wieso?
Was ist aus ihm geworden?

### 2. Reactions and opinions

Das ist schade.
Das tut mir weh.
Na endlich!
Augenblick bitte!
Danke, gleichfalls!
So ein Mist!
Na und?
Ich habe keine Ahnung.
Viel Spaß!

### 3. Colloquialisms

Ich bin leider **knapp bei Kasse.**
Das war eine **dreckige** Arbeit!
Jemand hat mir den Geldbeutel **geklaut!**

# Test Your Progress

Check your answers with the Answer Key at the end of this Workbook / Laboratory Manual.

**A.** Complete these sentences with the appropriate reflexive phrase cued in English.

1. Ich höre, dein Vater hat _____ (*got hurt*).

2. Ja, aber Gott sei Dank _____ (*he already feels*) viel besser.

3. Stimmt es, daß Rita und Rudi _____ (*have gotten engaged*)?

4. Richtig, darum _____ (*they're happy*) so sehr.

5. Komm doch, wir müssen _____ (*hurry up*).

6. Hast du _____ (*already gotten dressed*)?

7. Noch nicht, die Zeitung möchte ich _____ (*have a look at*).

**B.** Complete this paragraph with the appropriate word or phrase cued in English. Don't forget the adjective endings!

(1) Wenn man _____ (*this*) Monat ins (2) _____

(*old*) Landesmuseum geht, sieht man (3) _____ (*a new*) Ausstellung über

(4) _____ (*German*) Geschichte in (5) _____ (*our*)

Jahrhundert. Dort kann man sich (6) _____ (*various interesting*)

Plakate ansehen und (7) _____ (*the political*) Kunst in der Zeit der

(8) _____ (*first German*) Republik studieren. Man sieht auf

(9) _____ (*these old*) Plakaten, wie die (10) _____

(*many*) Parteien versucht haben, die Ängste (11) _____ (*of the*

*German people*) zu manipulieren. Das (12) _____ (*first*) Bild ist ein

(13) _____ (*good*) Beispiel für (14) _____ (*political*)

Plakate während (15) _____ (*this important*) Epoche. Es zeigt

(16) _____ (*a „strong*) Mann". Natürlich sollten die

(17) _____ (*unemployed Germans*) an einen „Führer" denken.

**C.** Fill in the blanks with **wenn**, **wann**, or **als** as appropriate.

(1) _____ ich jung war, wollte ich Fußballspieler werden. (2) _____ mein Vater mich jeden Samstag zum Spiel mitnahm, habe ich mich immer gefreut. (3) „_____ darf ich einen Fußball haben?" fragte ich immer. Vater sagte: (4) „_____ du sechs bist." (5) _____ ich aber sechs wurde, wollte ich Cowboy werden. Ich kann mich nicht erinnern, (6) _____ ich Arzt werden wollte. (7) _____ ich Ihnen jetzt sage, was ich bin, glauben Sie es mir nicht: Ich bin doch Fußballspieler geworden!

**D.** Use the verb **lassen** in the German equivalents of these sentences.

1. Please let me stay!

_____

2. Did you leave your luggage in the car?

_____

3. I'm having the food brought to me.

_____

4. Did you have the doctor come? (*use perfect tense*)

_____

5. Leave your coat on the chair.

_____

6. Can we let the children play for another hour?

_____

**E.** Restate each sentence, putting the adjective or adverb into the comparative and then into the superlative.

BEISPIEL:   Unsere Kusine ist *eine gute* Schülerin.
　　　　　　Unsere Kusine ist *eine bessere* Schülerin.
　　　　　　Unsere Kusine ist *die beste* Schülerin.

1. Ich würde *gern* deutschen Wein trinken.

_____

_____

2. Die Menschen aus dieser Gegend sind *arm*.

    _____

    _____

3. Zum Frühstück esse ich *oft* Brot.

    _____

    _____

4. Das ist ja *ein starker* Kaffee.

    _____

    _____

5. Schmidts haben *viele* Kinder.

    _____

    _____

6. Mein Mantel ist *warm*.

    _____

    _____

7. Man hat hier *große* Gebäude gebaut.

    _____

    _____

8. *Viele* Menschen verstehen mich nicht.

    _____

    _____

9. Wer fand diese Geschichte *interessant*?

    _____

    _____

10. Du scheinst *ein kluges* Kind zu sein.

    _____

    _____

**F.** Fill in the blanks with the appropriate relative pronoun.

1. Wie heißt der Chef, für _____ Sie arbeiten?

2. Er heißt Kurt Martens, und sein Sohn, mit _____ ich zur Schule ging, heißt Knut.

3. Ist das nicht der Junge, _____ (whose) Foto in der Zeitung stand?

4. Ja, die Fußballmannschaft, für _____ er spielt, hat letzte Woche gewonnen.

5. 1994 war das letzte Jahr, _____ ich in Deutschland verbracht habe.

6. Was war das Schönste, _____ du dort gemacht hast?

7. Ich habe gute Freunde kennengelernt, mit _____ ich über alles reden konnte.

8. Die Professorin, bei _____ ich ein Seminar über deutsche Literatur belegte, hat mir wirklich geholfen.

9. Die deutschen Studenten, _____ im Studentenwohnheim wohnten, waren auch sehr sympathisch.

10. Ja, das war etwas, _____ ich nie vergessen kann.

**G.** Insert a phrase with **Mal** or **-mal** into these sentences.

1. Das war _____ (the last time), daß ich sie gesehen habe.

2. Ich werde ihn _____ (one more time) fragen.

3. Seid ihr mehr als _____ (three times) in der Schweiz gewesen?

4. Ja, das _____ (second time) war ich erst elf Jahre alt.

5. Aber _____ (back then) konnte ich noch nicht so gut Deutsch wie jetzt.

6. Nächsten Sommer fahre ich _____ (for the fourth time) nach Zürich.

**H.** Wie sagt man das auf deutsch?

1. What kind of a car do you have?

   _____

2. I broke my arm a month ago.

   _____

3. He drove to Berlin this morning.

_____

4. When you came home you disturbed me.

_____

5. How long have you been learning German?

_____

6. Those are the students whose names I've forgotten.

_____

7. I went to the station with them the day before yesterday.

_____

8. The blue shirt was the most expensive.

_____

9. After we had eaten, we went to the movies.

_____

10. Back then we lived in a small apartment.

_____

11. He is a friend of mine.

_____

12. My sister is younger than I am.

_____

**KAPITEL**

**13**

**A.** Complete each sentence with the preposition that complements the verb.

BEISPIEL:    Ich interessiere mich ____**für**____ diese Schriftstellerin.

1. Warten die anderen ___*auf*___ uns?

2. Wir können diesen Beamten ___*um*___ Auskunft bitten.

3. Niemand hat sich bis jetzt ___*auf*___ die Klausur vorbereitet.

4. Es ist wirklich schwierig, sich ___*an*___ die langen Vorlesungen zu gewöhnen.

5. Es lohnt sich nicht mehr, ___*über*___ das Problem zu sprechen.

6. Wir kümmern uns jetzt mehr ___*um*___ unsere Verwandten.

7. Darf ich Sie ___*an*___ unseren Termin erinnern?

**B.** Answer the following questions with the prepositional objects cued. Be sure to use the correct case.

BEISPIEL:    Wofür interessiert ihr euch?  (die Geschichte der Schweiz)
**Für die Geschichte der Schweiz.**

1. Woran erinnerst du dich gut?  (meine Schulklasse)

   *Am meine Schulklasse.*

2. Wofür interessiert sich Frau Brandt?  (die Geschichte der Partei)

   *Für die Geschichte der Partei*

3. Worauf wartet ihr denn?  (der nächste Zug)

   *Auf den nächsten Zug.*

4. Worauf bereiten Sie sich vor?  (meine Urlaubsreise)

   *Auf meine Urlaubsreise*

5. Woran müssen sich Irene und Thomas in den USA gewöhnen?  (das amerikanische Essen)

   *~~An die Essen~~ An das amerikanische Essen.*

6. Worum wollen wir den Lehrer bitten?  (etwas mehr Zeit)

   *Um etwas mehr Zeit*

**C.** Which forms are missing in the list below?

| worüber? | über | darüber |
|---|---|---|
|  | auf |  |
| worum? |  |  |
|  |  | dafür |
|  | an |  |
| wovor? |  |  |
|  |  | damit |
|  | in |  |

**D.** Now use the appropriate expression from the table above to complete the following dialogues.

1. „ _____ sprecht ihr?"

   „ _____ die Europäische Union."

   „ _____ möchte ich auch gern sprechen."

2. „ _____ freust du dich so?"

   „ _____ unsere Reise nach Basel."

   „ _____ freuen wir uns auch schon lange!"

3. „ _____ kümmert sich Jens jetzt so sehr?"

   „ _____ die Umweltverschmutzung."

   „ _____ sollen wir uns alle kümmern!"

4. „ _____ interessiert sich der neue Mitbewohner?"

   „ _____ politische Diskussionen."

   „Wirklich? _____ interessiere ich mich gar nicht."

5. „Du siehst schrecklich aus! Was ist los?"

   „Ich habe Angst."

   „ _____ denn?"

   „ _____ der Klausur, die ich morgen schreibe."

   „ _____ brauchst du wirklich keine Angst zu haben."

**E.** Review separable-prefix verbs. Choose the best verb from the list below to complete the sentences. Remember that in the present tense and the imperative, the separable prefix is placed at the end of the clause.

| | | | |
|---|---|---|---|
| vorhaben | sich auskennen | sich vorbereiten | aufräumen |
| wiedersehen | mitmachen | zuhören | sich anziehen |

1. _____ doch bitte deinen Schreibtisch _____, bevor du gehst!

2. Was _____ ihr heute abend _____? Geht ihr mit uns essen?

3. _____ du dich in dieser Gegend _____, oder soll ich am

   Informationsschalter fragen?

4. _____ mir bitte gut _____, denn ich muß dir etwas

   Wichtiges erzählen.

5. Vielen Dank für den schönen Abend, Frau Meyer. Ich hoffe, ich _____

   Sie bald _____.

6. Warum hast du dir keine Handschuhe _____?

7. Du mußt das Essen nicht allein kochen. Ich _____ gern _____.

8. Wir haben uns gestern abend auf die Klassendiskussion gut _____.

**F.** Assume that you have not understood what has just been said. Ask for clarification as in the examples. Use a **wo**-compound or a *preposition + pronoun* as appropriate.

BEISPIELE: Rolf spielt mit seinem neuen Computer.
**Womit** spielt er? _____

Rolf spielt heute Fußball mit Kirsten.
**Mit wem** spielt er? _____

1. Unsere Klasse hat heute über eine interessante Erzählung gesprochen.

   _____?

2. Wir haben mit einem Glas Wein angefangen.

   _____?

3. Ich habe mich plötzlich wieder an meine französischen Bekannten erinnert.

   _____?

4. Ich mußte mich an das Klima gewöhnen.

_____?

5. Ich interessiere mich seit Jahren für das Mittelalter.

_____?

**G.** Answer the questions negatively with a **da**-compound or a preposition + pronoun.

BEISPIELE:   Spielt Ralph mit seinem neuen Computer?
<u>Nein, er spielt **nicht damit**.</u>

Spielt Hans-Peter Fußball mit Kirsten?
<u>Nein, er spielt **nicht mit ihr**.</u>

1. Redet Peter jedes Wochenende mit seinen Eltern?

**Nein,** _____

2. Interessierst du dich auch für die Geschichte Rußlands?

_____

3. Gewöhnt sich deine Schwester an das Stadtleben?

_____

4. Wartet ihr schon lange auf uns?

_____

5. Erinnern Sie sich gern an Ihre Kindheit?

_____

**H.** You belong to a group of students just taking off for a semester of study in Zürich, Switzerland. Describe your situation. Use the _future tense_ to construct sentences with the cues provided.

BEISPIEL:   wir / studieren / nächstes Semester / Zürich / .
**Wir werden nächstes Semester in Zürich studieren.**

1. wir / nicht / gut / auskennen / in der Stadt / .

_____

2. zuerst / ich / sich kaufen / einen guten Stadtplan von Zürich / .

_____

3. David / versuchen // ein Zimmer bei einer Familie zu bekommen / .

_____

4. Beth / belegen / einen Sprachkurs für Ausländer / .

_____

5. wir / kaufen / sofort / Monatskarte / für / Straßenbahn / .

_____

6. wir / müssen / sich gewöhnen an / das Schweizerdeutsch / .

_____

**I.** Wie sagt man das auf deutsch? (Use **möchten** or **wollen** with a **daß**-clause construction.)

1. They want us to help them.

_____

2. I would like him to write a letter.

_____

3. I want you to listen to me.

_____

4. Do you want me to do that?

_____

5. I don't want you to say anything.

_____

**J.** Complete the following sentences with **nach, zu,** or **bei**. Form a contraction with the definite article where necessary. Refer to textbook p. 235 to review.

BEISPIEL:   Gehst du mit _____ Hauptbahnhof?
            Gehst du mit **zum** Hauptbahnhof?

1. Meine Eltern sind _____ unseren Verwandten aus Basel gefahren.

2. Um neun fahre ich _____ Uni.

3. Meine Schwester wohnt noch _____ Hause und arbeitet _____ Bäcker.

4. Wann fährst du _____ Europa?

5. Will er mit dem Rad _____ Zürich fahren?

6. Heute abend gehen wir _____ Manfred.

7. Heute muß ich _____ Post.

8. Stör mich bitte nicht _____ Lesen!

9. Gehst du bitte _____ Schalter mit?

10. Ich wohne nicht mehr _____ meiner Tante in Karlsruhe, sondern bin _____

    Heidelberg umgezogen.

**K.** Complete the following dialogues with the appropriate vocabulary. This exercise includes vocabulary from **Wortschatz 2**.

| | | | |
|---|---|---|---|
| stolz auf | sich wundern | antworten auf | Angst haben vor |
| denken an | sich etwas überlegen | verantwortlich für | sich ärgern |

1. —Ich bin mit meinem Referat endlich fertig und bin sehr _____ darauf!

   —Wie lang ist es geworden?

   —Du wirst dich _____! Fünfunddreißig Seiten lang!

2. —Hast du wirklich _____ _____ der Reaktion deiner

   Chefin?

   —Ja, sie wird sich _____, daß ich noch nicht _____ diesen Brief

   _____ habe.

   —Bist du denn _____ alles _____?

   —Ja, wenn sie nicht da ist.

3. —Warum bist du so müde.

   —Ich weiß nicht. Das muß ich _____ _____. Vielleicht kann ich

   mehr Sport treiben.

   —Ja! _____ nicht nur _____ deine Arbeit, sondern tue auch etwas

   für die Gesundheit!

# KAPITEL 14

**A.** Fill in the missing verb forms, using the person indicated for each verb.

| Present | Past | Perfect | General Subjunctive (present tense) |
|---------|------|---------|------------------------------------|
| sie liest | | | |
| | | du hast gehabt | |
| | sie war | | |
| | | ich bin gefahren | |
| er läuft | | | |
| | sie lagen | | |
| | | sie ist ausgestiegen | |
| | ich ging | | |
| ihr werdet | | | |
| | | sie hat getan | |
| sie weiß | | | |
| | er sprach | | |
| | | wir haben gearbeitet | |
| | ich aß | | |
| sie halten | | | |

**B.** The first sentence gives the facts. Make wishes contrary to these facts using the general subjunctive. Don't forget to change negative to positive and vice versa. Replace nouns with pronouns whenever possible.

BEISPIEL:  Wir haben keine Zeit.
**Wenn wir nur Zeit hätten!**

1. Du bist immer so pessimistisch.

Wenn _____!

2. Ich habe Angst.

Wenn _____!

3. Unsere Gäste kommen nicht.

Wenn _____!

4. Meine Schwester macht heute nicht mit.

Wenn _____!

5. Unsere Großmutter fühlt sich schlecht.

Wenn _____!

6. Uwe will nicht Direktor werden.

Wenn _____!

7. Daran kann ich mich nicht erinnern.

Wenn _____!

8. Mein Mann interessiert sich nicht dafür.

Wenn _____!

**C.** Your friends are describing their problems to you. Give them advice by using **können** or **sollen** in the subjunctive and the cue provided.

BEISPIEL:  Jeden Tag komme ich zu spät zur Deutschstunde.  (etwas früher aufstehen)
**Du solltest etwas früher aufstehen.**
or:
**Du könntest etwas früher aufstehen.**

1. Auf der letzten Reise hat man unser Geld gestohlen.  (das nächste Mal / Reiseschecks mitnehmen)

_____

2. Mir tun heute abend die Beine so weh!  (ein warmes Bad nehmen)

_____

3. Ich werde nachmittags immer so müde.  (abends früher schlafen gehen)

_____

4. Mein Mann und ich können nur schlecht Englisch.  (Englischstunden nehmen)

_____

5. Ich kann meine Sachen nie finden.  (Zimmer aufräumen)

_____

6. Ich komme oft zu spät zu meiner ersten Stunde.  (das Haus früher verlassen)

_____

). The first two sentences give the facts. Write conditions contrary to these facts, using **würde** in the conclusion clause.

BEISPIEL:   Ich habe wenig Zeit. Ich helfe Ihnen nicht.
**Wenn ich Zeit hätte, würde ich Ihnen helfen.**

1. Ich habe im Moment keinen Durst. Ich bestelle nichts.

_____

2. Wir haben ein Auto. Wir fahren nie mit der Straßenbahn.

_____

3. Meine Freunde interessieren sich nicht für Politik. Wir sprechen nicht viel darüber.

_____

_____

4. Ich bin schlechter Laune. Ich gehe heute abend nicht aus.

_____

5. Er hört mir nicht zu. Er unterbricht mich immer.

_____

6. Udo hat wenig Geld. Er kauft sich keinen Computer.

_____

**E.** Review noun and verb combinations. Supply the direct objects for each verb cued in English. Put the article in the accusative case. Some words may be used more than once.

**Was kann man alles aufmachen?**

eine Tür _____    (*a door*)

_____    (*a window*)

_____    (*a suitcase*)

_____   aufmachen   (*a store*)

_____    (*a bottle*)

_____    (*a letter*)

**Was kann man verstehen?**

_____    (*the language*)

_____    (*the book*)

_____    (*the people*)

_____    (*the movie*)

_____   verstehen   (*the question*)

_____    (*the answer*)

_____    (*the German language*)

_____    (*the letter*)

**Was kann man lernen?**

_____    (*a new word*)

_____   lernen   (*a foreign language*)

_____    (*a song*)

**Was kann man waschen?**

_____    (*the car*)

_____   waschen   (*the dog*)

_____    (*a shirt*)

**Was kann man (sich) putzen?**

_____ ⎫
_____ ⎬ putzen
_____ ⎭

(*the nose*)

(*the shoes*)

(*the teeth*)

**Was kann man erwarten?**

_____ ⎫
_____ ⎬ erwarten
_____ ⎭

(*an answer*)

(*a letter*)

(*a visit*)

**F.** Complete these contrary-to-fact conditions with clauses in the subjunctive. You may find some of the phrases from Übung E useful.

BEISPIEL: Wenn es nicht so spät wäre, **putzte ich mir die Zähne.** _____

1. Wenn ich mehr Fremdsprachen könnte, _____

_____

2. Wenn ich einen neuen Sportwagen hätte, _____

_____

3. Wenn ich nur fünf Mark hätte, _____

_____

4. Wenn ich großen Hunger hätte, _____

_____

5. Wenn wir jetzt Ferien hätten, _____

_____

**G.** First read the facts. Then imagine what you could do if the opposite were true. Begin with a **wenn**-clause and invent your own conclusion. You may find some of the phrases from Übung E useful.

BEISPIEL: Ich wohne nicht in Wien.
**Wenn ich in Wien wohnte, könnte ich jeden Tag guten Kaffee trinken.**

1. Ich habe keine Zeit.

_____

2. Es regnet.

_____

3. Meine neue Stelle gefällt mir.

_____

4. Meine Freundin kommt heute leider nicht.

_____

5. Mir ist es heute zu kalt.

_____

6. Ich arbeite nicht gern mit dem Computer.

_____

7. Ich kann kein Chinesisch.

_____

8. Wir haben kein Zimmer frei.

_____

**H.** Using a time expression from the left-hand column and a verb phrase from the right-hand column, explain how you might live your life differently if you could.

| | |
|---|---|
| immer | allein sein |
| meistens | viel reisen |
| oft | noch studieren |
| manchmal | Besuch haben |
| morgens | einen Ausflug machen |
| nachmittags | faul sein |
| abends | frühstücken |
| jeden Tag | Musik hören |
| jede Woche | sich auf die Arbeit konzentrieren |
| stundenlang | lachen und froh sein |
| eine Zeitlang | |

BEISPIEL: Ich wünschte, **ich könnte abends gemütlich sitzen.**

1. Ich wünschte, ich müßte nicht _____

2. Ich wünschte, ich dürfte _____

3. Ich würde gern _____

4. Ich wünschte, ich könnte _____

5. Ich wünschte, _____

**I.** Rewrite each question below in the subjunctive to express politeness.

BEISPIEL: Kann ich noch ein Stück Kuchen haben?
**Könnte ich noch ein Stück Kuchen haben?** _____

1. Darf ich mir die Wohnung ansehen?

_____?

2. Können Sie bitte langsamer reden?

_____?

3. Machen Sie bitte ein Foto von uns? (würde)

_____?

4. Hast du jetzt noch etwas Zeit?

_____?

5. Bringen Sie mir bitte auch ein Bier? (würde)

_____?

**J.** Review time expressions. Answer the following questions with complete sentences. Begin your answer with the time expression cued in English.

BEISPIEL: Wann werden Sie diesen Artikel schreiben? (*next week*)
**Nächste Woche** werde ich ihn schreiben. _____

1. Wann werden Sie wieder Deutsch belegen? (*next year*)

_____

2. Wann seid ihr zum letzten Mal zu Hause gewesen? (*last month*)

_____

3. Wann gehst du meistens schlafen? (*around twelve o'clock*)

_____

4. Wann wollen Sie mit Ihrem Rechtsanwalt sprechen? (*tomorrow morning*)

_____

5. Wie lange wird Jutta bei eurer Firma bleiben? (*a whole year*)

_____

6. Wie lange hatte er auf eine Antwort von der Firma gewartet? (*for weeks*)

_____

**K.** Which word does *not* belong to the set? This exercise includes vocabulary from **Wortschatz 2**.

BEISPIEL: die Nase, das Ohr, der Fuß,
der Mund, das Auge

**der Fuß**

1. das Haus, die Wohnung, das Zimmer,
die Heimat, die Auskunft, die Wohngemeinschaft

_____

2. die Geschichte, die Erzählung,
der Witz, der Spiegel

_____

3. selten, öfter, manchmal,
offen, zunächst

_____

4. montags, dienstags, mittags,
donnerstags, freitags

_____

5. schneien, die Mannschaft,
das Spiel, gewinnen

_____

6. anrufen, tanzen, erzählen,
berichten, fragen

_____

**L.** Fill in the blank with a noun or verb derived from the base word, or with the English equivalent.

1. fahren                                   *to drive*

   **die Fahrkarte**                        *ticket*

   _____        *to ski*

   _____        *bicycle*

   _____        *to depart*

2. das Zimmer                               *room*

   _____        *bathroom*

   das Eßzimmer           =  _____

   das Wohnzimmer         =  _____

   das Schlafzimmer       =  _____

   _____        *single room*

3. das Buch                                 *book*

   _____        *bookstore*

   das Bücherregal        =  _____

4. fliegen                                    *to fly*

   der Flughafen                       = _____

   _____                  *airplane*

5. die Karte                                  *ticket*, *map*

   _____                  *postcard*

   die Landkarte                       = _____

   die Wanderkarte                     = _____

# KAPITEL
# 15

**A.** Give both the present and past general subjunctive forms of the following verb phrases.

| | *Present Subjunctive* | *Past Subjunctive* |
|---|---|---|
| ich gebe | ich gäbe | ich hätte gegeben |
| sie wird | | |
| er arbeitet | | |
| sie gehen | | |
| wir sind | | |
| sie sitzen | | |
| ich lasse | | |
| du weißt | | |
| ich tue | | |
| wir fahren | | |
| sie kommt | | |
| ich schreibe | | |

**B.** Below are some things the Ziegler family has done in recent months. Last week Herr Ziegler learned he's being transferred from Bonn to his company's office in Vancouver. Use the past subjunctive to say what they would have done differently if they had had more notice.

BEISPIEL:   Herr Ziegler hat im letzten Monat viel im Haus repariert.
**Er hätte nicht so viel repariert.**

1. Frau Ziegler hat bei einer neuen Firma angefangen.

_____

2. Sie haben sich einen Zweitwagen gekauft.

_____

3. Sie haben eine große Urlaubsreise geplant.

_____

4. Die Kinder haben in der Schule nur Französisch gelernt.

_____

5. Sie haben den Kindern ein Klavier gekauft.

_____

6. Sie haben ihre Verwandten in Thüringen selten besucht.

_____

**C.** Complete the following sentences, using the cues in parentheses to form subjunctive clauses in the *past tense*.

BEISPIEL:   Ich wünschte, (ich / früher / Italienisch / lernen / können)
Ich wünschte, **ich hätte früher Italienisch lernen können.**

1. Maria wünschte, (sie / damals / ihr Beruf / wechseln / können)

_____

2. Der Arzt  (damals / meine Reaktion / verstehen / sollen)

_____

3. Ich wünschte,  (ich / in der Schweiz / skifahren / können)

_____

4. Die Kinder  (nicht / einfach / weggehen / dürfen)

_____

5. Meine Freundin wünschte,  (sie / eine Frage / stellen / können)

_____

**D.** Use the cues provided to explain under what conditions these things would have been possible.

BEISPIEL:   Habt ihr das Museum besucht?  (mehr Zeit haben)
Nein, aber **wir hätten es besucht, wenn wir mehr Zeit gehabt hätten**.

1. Seid ihr schwimmen gegangen?  (Wetter wärmer)

Nein, aber wir _____

_____

2. Hast du dir heute etwas gekocht?  (Lust haben)

Nein, aber ich _____

_____

3. Hast du eigentlich den Brief eingeworfen?  (zur Post gehen)

Nein, aber ich _____

_____

4. Haben Sie ein Doppelzimmer genommen?  (kein Einzelzimmer frei)

Nein, aber ich _____

_____

5. Hast du dein Auto selber repariert?  (Mechaniker zu teuer)

Nein, aber ich _____

_____

**E.** Supply the correct form of the verb **werden** to complete these passive sentences in the tense indicated.

1. Heute abend _____ viele junge Leute erwartet.  (*present*)

2. _____ du schon eingeladen _____?  (*perfect*)

3. Letztes Jahr _____ mein Geburtstag nicht gefeiert.  (*simple past*)

4. Ich glaube, ich _____ bald abgeholt.  (*present*)

5. Gestern abend _____ zwei Flaschen Rotwein getrunken.  (*simple past*)

6. Hoffentlich _____ ohne den Chef nichts geplant.  (*simple past*)

7. Die neuen Fahrräder _____ leider alle schon verkauft _____. (perfect)

8. Dieser Roman _____ letztes Jahr übersetzt _____. (past perfect)

**F.** Rewrite the sentences in the passive, making sure to use the same tense as in the active sentences. State the agent where appropriate.

BEISPIEL: Der Mechaniker reparierte das Auto in einem Tag.
**Das Auto wurde** in einem Tag **vom Mechaniker repariert.** _____

1. a. Die meisten Deutschen akzeptieren Ausländer in ihrem Land.

_____

_____

b. Heute braucht man weniger Arbeiter aus dem Ausland.

_____

_____

c. Nach der Vereinigung verlor man in den neuen Bundesländern viele Arbeitsstellen.

_____

_____

2. a. Man feierte gestern den neunzigsten Geburtstag meines Großvaters.

_____

_____

b. Man mußte das ganze Haus putzen.

_____

c. Man stellte Blumen auf den Tisch.

_____

d. Man hat alle Verwandten und Freunde meines Großvaters eingeladen.

_____

_____

e. Meine Tanten kochten ein tolles Essen.

_____

**G.** Complete each sentence with the correct form of **werden** and then give the English equivalent. The tense of each sentence is indicated in parentheses. *NOT* all of these sentences are passive.

BEISPIEL: Nach dem Studium _____ ich eine Stelle suchen müssen. (*future*)
Nach dem Studium **werde** ich eine Stelle suchen müssen.
***After college I will have to look for a job.***

1. Hans und Sonja _____ am 10. Juni umziehen. (*future*)

   _____

2. Gestern _____ ich einundzwanzig. (*simple past*)

   _____

3. Die Feier _____ im Juni stattfinden! (*future*)

   _____

4. Der Supermarkt _____ schon um sieben Uhr morgens aufgemacht. (*present*)

   _____

5. Seine Schwester _____ eine berühmte Schriftstellerin _____. (*perfect*)

   _____

6. Muß das Zimmer nicht irgendwann aufgeräumt _____? (*present*)

   _____

7. Viele Umweltprobleme _____ gestern abend diskutiert _____. (*perfect*)

   _____

**H.** Answer the following questions, using adjectives made from the present participles of the verbs in parentheses. Include the definite articles in the noun phrase.

BEISPIEL: Wen wollte die Mutter nicht stören? (schlafen / Kinder)
**Sie wollte die schlafenden Kinder nicht stören.**

1. Worüber schreiben die Journalisten? (über / steigen / Preise)

   _____

2. Wo kann ich etwas darüber lesen? (im / folgen / Artikel)

   _____

3. Wovon spricht der Professor? (von / wachsen / Gefahr)

   _____

4. Wann findet die große Demonstration statt? (am / kommen / Sonntag)

_____

**I.** Add the particle **hin** or **her** as appropriate.

1. —Können wir nicht _____-ausgehen? Das Wetter ist so warm!

   —Gern, aber nachher muß ich leider wieder _____-ein, weil ich Besuch erwarte.

2. —Kommt ihr zu mir _____-auf?

   —Nein, komm doch in fünf Minuten zu uns _____-unter!

**J.** Choose the appropriate German equivalent for *think* and write it in the correct blank.

denken an        halten für              meinen
glauben          sich etwas überlegen

1. Ich _____, man soll immer höflich sein. Was _____

   du dazu?

2. Mein Opa _____ gern _____ seine Jugend.

3. Ich muß _____ die Antwort genau _____.

4. Bernd und Marion _____, wir sollten noch ein paar Minuten auf sie warten.

   Vielleicht kommen sie doch.

5. Hannah _____ diesen Politiker _____ einen Esel.

**K.** Review the verb + preposition combinations. First write the correct preposition and the appropriate case for the prepositional object. (e.g., gehören **zu** + *dat.*, schreiben **über** + *acc.*)

auf    um    an    für    über    vor

halten _____ + _____          sich interessieren _____ + _____

sich aufregen _____ + _____    lachen _____ + _____

bitten _____ + _____          sich kümmern _____ + _____

sich gewöhnen _____ + _____    sich erinnern _____ + _____

sich freuen _____ + _____      sich vorbereiten _____ + _____

warten _____ + _____          sich konzentrieren _____ + _____

ankommen _____ + _____         Angst haben _____ + _____

**L.** Use at least 6 of the 14 verbs in Übung K to write the conversation taking place in the picture below. Remember to use **wo**-compounds and **da**-compounds as appropriate.

BEISPIEL:   „Woran denkst du im Moment?"
„Ich denke an meine Urlaubspläne."
„Ja, daran denke ich auch gerade."

_____

_____

_____

_____

_____

_____

_____

# KAPITEL

## 16

**A.** Answer the following questions, using **als ob** and the cues in English.

BEISPIEL: Wie sahen Müllers aus? *(as though they had recovered)*
**Sie sahen aus, als ob sie sich erholt hätten.**

1. Wie sah das Auto aus? *(as though it were new)*

    _____

2. Wie sah Claudias Wohnung aus? *(as though Claudia had tidied up)*

    _____

3. Wie gut sprach Horst Englisch? *(as though he were an American)*

    _____

4. Was war Karls Reaktion? *(acted as though he had not heard me)*

    _____

**B.** Give both the general and special subjunctive forms of these verbs in the present tense.

|  | *General Subjunctive* | *Special Subjunctive* |
|---|---|---|
| es ist | | |
| sie hat | | |
| er wird | | |
| sie muß | | |
| sie will | | |
| er weiß | | |
| sie sind | | |

**C.** Rewrite the following quotations in indirect speech, using the *special subjunctive* without **daß** (or general subjunctive as needed). You may also need to change pronouns and possessive adjectives.

BEISPIEL:　　Der Politiker sagte:　　„Die Verkehrsmittel in der Schweiz **sind** ausgezeichnet. Viele Leute **fahren** lieber mit der Bahn als mit dem eigenen Wagen."

Der Politiker sagte, die Verkehrsmittel in der Schweiz **seien** ausgezeichnet. Viele Leute **führen** lieber mit der Bahn als mit dem eigenen Wagen."

1. Der Deutsche sagte: „In meinem Land ist die Arbeitslosigkeit heute auch ein Problem."

 

2. Die Professorin meinte: „Da spielt die Angst eine große Rolle."

 

3. In der Zeitung steht: „Im Jahre 1995 hat man 10.200 mehr Autos gestohlen als vor einem Jahr."

 

4. Die Wissenschaftler berichteten: „Wir werden den Schwarzwald noch retten können."

 

5. Ich habe im Radio gehört: „Die Chemieindustrie verbraucht heute weniger Öl als vor fünf Jahren."

 

6. Die Chefin sagte mir: „Ich weiß nicht, ob ich Sie im Moment brauchen kann."

 

7. Eine Feministin meinte: „Schon vor Jahren haben Frauen dieses Thema diskutiert."

 

8. Mein Vater erinnerte sich: „Damals redete man nur vom Frieden."

 

**D.** Rewrite the following directly quoted questions and commands in indirect quotation. Use *special subjunctive or general subjunctive*, as needed.

BEISPIELE: Er fragte mich: „Waren Sie schon beim Arzt?"
Er fragte mich, **ob ich schon beim Arzt gewesen sei.** _____

Sie sagte dem Patienten: „Machen Sie einen neuen Termin!"
Sie sagte dem Patienten, **er solle einen neuen Termin machen.** _____

1. Die Professorin fragte die Studenten: „Wie viele von Ihnen haben in den Semesterferien gearbeitet?"

_____

_____

2. Sie sagte einer Studentin: „Erzählen Sie von Ihren Erfahrungen."

_____

_____

3. Eine Studentin fragte die anderen: „Könnt ihr euch vorstellen, arbeitslos zu sein?"

_____

_____

4. Ein Student wollte wissen: „Gibt es auch Arbeitslose in der Schweiz?"

_____

_____

5. Meine Mitarbeiterin fragte: „Wird sich nächstes Jahr sehr viel ändern?"

_____

_____

6. Jemand sagte: „Reden wir über ein neues Thema!"

_____

_____

**E.** Reconstruct the interview with Liselotte Funcke in direct quotation from the following newspaper report in indirect quotation. Write the direct quotation of each speaker in the *Interviewprotokoll* on the next page.

**Ausländer in Deutschland: Immer noch ganz unten°**

Am 26. März 1991 gab Liselotte Funcke von der Bundesregierung in einem Interview folgendes Bild.

Die Situation der Ausländer in Deutschland **sei** in den letzten 20 Jahren schlimmer geworden. Mehr als 70 Prozent der ausländischen Arbeitnehmer° **würden** schon länger als zehn Jahre in Deutschland **leben**. Sie **hätten** meistens schwere, aber schlecht bezahlte Jobs und **würden** zu denen **gehören**, die zuerst entlassen° werden.

Es **gebe** in der Bundesrepublik ungefähr° fünf Millionen Ausländer, also 6,6 Prozent der Gesamtbevölkerung°. Jeder dritte Ausländer in Deutschland **sei** ein Türke. 13 Prozent der Ausländer **seien** Jugoslawen, 11 Prozent Italiener, 6 Prozent Griechen und 5 Prozent Polen. In den neuen Bundesländern **würden** nur ungefähr 120.000 Ausländer **leben**, davon **sei** ein Drittel Vietnamesen, die als Gastarbeiter damals in die DDR geholt worden waren. Die anderen zwei Drittel **seien** Mosambikaner, Kubaner, Russen, Polen und Ungarn.

Frau Funke **sehe** für die Zukunft in Deutschland eine Wanderbewegung von Osten nach Westen und von Norden nach Süden wegen der Suche nach Arbeitsplätzen.

*(adapted from: "Deutschland Nachrichten" 3/29/91)*

° at the bottom

° = *Arbeiter*

° fired
° about

° total population

*Interviewprotokoll:*

INTERVIEWER: Wie ist die Situation der Ausländer in der BRD?

FRAU FUNCKE: _____

_____

_____

_____

_____

INTERVIEWER: Wieviele Ausländer leben in der Bundesrepublik?

FRAU FUNCKE: _____

_____

_____

_____

_____

_____

INTERVIEWER: Wird sich die Situation der ausländischen Arbeitnehmer in Zukunft ändern?

FRAU FUNCKE: _____

_____

_____

**F.** What is happening Saturday afternoon in this apartment house? (Use the passive voice in your answers.)

1. **Hier wird gesungen.** _____

2. _____

3. _____

4. _____

5. _____

6. _____

7. _____

8. _____

9. _____

10. _____

**G.** Rewrite each sentence in the active voice, using **man** as the subject. Keep the tense of the original sentence.

BEISPIEL: Die Kinder sind nicht eingeladen worden.
**Man hat die Kinder nicht eingeladen.**

1. Es wurde wochenlang gefeiert.

   _____

2. Deutscher Wein wurde getrunken.

   _____

3. Das darf nicht vergessen werden.

   _____

4. Mir wurde keine Antwort gegeben.

   _____

5. Seine Erzählung ist unterbrochen worden.

   _____

6. Hoffentlich kann ihre Adresse gefunden werden.

   _____

**H.** The following sentences use the impersonal passive construction. Give an English equivalent for each one. There are several possible answers.

1. Es wird viel über die Wirtschaft berichtet.

   _____

2. An der Kasse wird gezahlt.

   _____

3. Hoffentlich wird mir geholfen.

   _____

4. Warum wurde nicht über dieses Problem gesprochen?

   _____

5. Bei uns wird oft bis zwei Uhr getanzt.

   _____

6. An der Uni wird viel über Politik geredet.

_____

**I.** Vocabulary review. For each sentence choose the best equivalent.

1. *Was meinst du dazu?*

   a. Was bedeutet das?

   b. Welche Person meinst du?

   c. Was sagst du zu unserem Plan?

2. *Ich finde dieses Einzelzimmer nicht schlecht.*

   a. Ich habe keine Schwierigkeiten, ein Zimmer zu finden.

   b. Dieses Zimmer gefällt mir.

   c. Ich kann das Zimmer nicht finden.

3. *Lieber nicht in die Mensa!*

   a. Ich sitze gern in der Mensa.

   b. Ich möchte heute nicht essen.

   c. Gehen wir doch ins Restaurant.

4. *Sie haben schon recht!*

   a. Es stimmt schon, was Sie sagen.

   b. Das haben Sie früher schon gesagt.

   c. Sie sagen es richtig.

5. *Was für eine Briefmarke ist das?*

   a. Was ist denn „eine Briefmarke"?

   b. Wo kommt die Briefmarke her?

   c. Ist die Briefmarke für mich?

6. *Zeig mal her!*

   a. Das möchte ich auch mal sehen.

   b. Das gehört mir.

   c. Gib es mir bitte zurück.

**J.** What is the meaning of **sollen** and **wollen** in the following sentences? Circle the most probable equivalent in English and then write out each sentence in English.

1. Ihre neue Wohnung soll gemütlich sein.  (*should / is said to*)

   _____

2. Ich will für die Zukunft planen.  (*claim to / want to*)

   _____

3. Zuerst wollen wir alles bezahlen.  (*claim to / want to*)

   _____

4. Sie sollen im schönsten Viertel der Stadt leben.  (*should / are said to*)

   _____

5. Dieser Typ will ein bekannter Künstler sein.  (*claims to / wants to*)

   _____

**K.** Match the appropriate complements with the verbs. Then write a sentence using each verb and its complement. More than one combination may be possible. This exercise includes vocabulary from **Wortschatz 2**.

| | | | |
|---|---|---|---|
| die ganze Hausarbeit | gleichberechtigt | auf unsere Koffer | die Wahlen |
| an der Diskussion | eine Alternative | um mehr Geld | den Zug |
| seit zwei Jahren | | | das Essen |

1. _gleichberechtigt_ _____ sein

   **Meinst du, daß alle Menschen gleichberechtigt sind?** _____

2. _____ teilnehmen

   _____

3. _____ bezahlen

   _____

4. _____ erledigen

   _____

5. _____ bitten

   _____

6. _____ verheiratet sein

_____

7. _____ bieten

_____

8. _____ aufpassen

_____

9. _____ verpassen

_____

10. _____ stattfinden

_____

# Zusammenfassung und Wiederholung 4

*(Kapitel 13–16)*

## Forms

### 1. Future tense

Inflected form of **werden** + infinitive                      pp. 390–391

| *auxiliary* | *infinitive* |
|---|---|

Ich **werde** das am Montag **erledigen.**
Sie **wird** dich nicht **verstehen.**

### 2. General subjunctive                      pp. 409–418

A. Present tense of general subjunctive

   1. Weak verbs

      Present subjunctive has the same form as past indicative:                      p. 409

| wenn ich wohn**te** | *if I lived* | wenn wir wohn**ten** | *if we lived* |
|---|---|---|---|
| wenn du wohn**test** | *if you lived* | wenn ihr wohn**tet** | *if you lived* |
| wenn sie wohn**te** | *if she lived* | wenn sie, Sie wohn**ten** | *if they, you lived* |

   2. Strong verbs

      Present subjunctive = simple past stem (**fuhr-**) + umlaut whenever possible
      (**führ-**) + subjunctive endings:                      pp. 410—411

| wenn ich **führe** | *if I drove* | wenn wir **führen** | *if we drove* |
|---|---|---|---|
| wenn du **führest** | *if you drove* | wenn ihr **führet** | *if you drove* |
| wenn er **führe** | *if he drove* | wenn sie, Sie **führen** | *if they, you drove* |

   3. Modal verbs                      pp. 411–412

      Present subjunctive = past indicative (**ich sollte, ich durfte**) + umlaut when
      infinitive has umlaut (**ich sollte, ich dürfte**):

| ich **dürfte** | *I would be allowed* | ich **müßte** | *I would have to* |
|---|---|---|---|
| ich **könnte** | *I could* | ich **sollte** | *I ought to* |
| ich **möchte** | *I would like to* | ich **wollte** | *I would want to* |

### 4. **haben, werden, wissen**

p. 413

Present subjunctive = past indicative (**ich hatte, wurde, wußte**) + umlaut
(**ich hätte, würde, wüßte**):

| | | | |
|---|---|---|---|
| wenn ich **hätte** | *if I had* | wenn wir **hätten** | *if we had* |
| wenn du **hättest** | *if you had* | wenn ihr **hättet** | *if you had* |
| wenn sie **hätte** | *if she had* | wenn sie, Sie **hätten** | *if they, you had* |

| | | | |
|---|---|---|---|
| wenn ich **würde** | *if I became* | wenn wir **würden** | *if we became* |
| wenn du **würdest** | *if you became* | wenn ihr **würdet** | *if you became* |
| wenn er **würde** | *if he became* | wenn sie, Sie **würden** | *if they, you became* |

| | | | |
|---|---|---|---|
| wenn ich **wüßte** | *if I knew* | wenn wir **wüßten** | *if we knew* |
| wenn du **wüßtest** | *if you knew* | wenn ihr **wüßtet** | *if you knew* |
| wenn sie **wüßte** | *if she knew* | wenn sie, Sie **wüßten** | *if they, you knew* |

### 5. Present subjunctive with **würden**

p. 414

| | | | |
|---|---|---|---|
| ich **würde kommen** | *I would come* | wir **würden kommen** | *we would come* |
| du **würdest kommen** | *you would come* | ihr **würdet kommen** | *you would come* |
| er **würde kommen** | *he would come* | sie, Sie **würden kommen** | *they, you would come* |

### B. Past tense of general subjunctive

pp. 439–442

#### 1. Without a modal verb

Present subjunctive of **sein** or **haben** + past participle

| | |
|---|---|
| Ich **hätte** auf dich **gewartet.** | *I **would have waited** for you.* |
| Wir **wären** gestern abend **gekommen.** | *We **would have come** yesterday evening.* |

#### 2. With a modal verb

p. 441

Present subjunctive of **haben** + double infinitive

| | |
|---|---|
| Ihr **hättet** länger **warten sollen.** | *You **should have waited** longer.* |
| Sie **hätte** auch **mitkommen dürfen.** | *She **would have been allowed to come along** too.* |

## 3. Special subjunctive (for indirect quotation)

pp. 468–472

### A. Present tense of special subjunctive

Infinitive stem + subjunctive endings

| | |
|---|---|
| Der Kanzler sagte, er **wisse** das schon. | *The Chancellor said he already **knew** that.* |
| Frau Braun meint, daß sie das verstehen **könne.** | *Mrs. Braun says that she **can** understand that.* |

B. Future tense of special subjunctive                               p. 470

Present special subjunctive of **werden** + infinitive

Laura fragte, ob er bald **zurückkommen**          *Laura asked if he **would come back***
  **werde**.                                         *soon.*

C. Past tense of special subjunctive                                 p. 470

Present special subjunctive of **haben** or **sein** + past participle

Richard sagt, er **habe** das nicht **getan**.      *Richard says he **didn't do** that.*
Marie fragte, ob er schon **angekommen sei**.       *Marie asked whether he*
                                                     ***had** already **arrived**.*

## 4. Passive voice                                              pp. 442–447

A. Basic conjugation

| Inflected Form of **werden** + *past participle* | | | |
|---|---|---|---|
| *passive infinitive* | | gesehen werden | *to be seen* |
| *present* | Er wird | gesehen. | *He is seen.* |
| *past* | Er wurde | gesehen. | *He was seen.* |
| *future* | Er wird | gesehen werden. | *He will be seen.* |
| *perfect* | Er ist | gesehen worden. | *He has been seen.* or *He was seen.* |
| *past perfect* | Er war | gesehen worden. | *He had been seen.* |

B. Passive with a modal verb                                     pp. 445–446

| Inflected modal + *passive infinitive* | | | |
|---|---|---|---|
| *present* | Das **muß** | geändert werden. | *That must be changed.* |
| *past* | Das **mußte** | geändert werden. | *That had to be changed.* |
| *future* | Das **wird** | geändert werden müssen. | *That will have to be changed.* |
| *perfect* | Das **hat** | geändert werden müssen. | *That had to be changed.* |
| *past perf.* | Das **hatte** | geändert werden müssen. | *That had had to be changed.* |

C. Impersonal passive construction (for human activities)        pp. 473–474

The verb is *always* third-person singular. There is no expressed subject.

Hier **wird** oft **getanzt**.                      ***There's** often **dancing** here.*

Impersonal **es** begins the sentence if no other element occupies first position.

**Es** wird hier oft getanzt.

## 5. Verbs with prepositional complements

pp. 384–390

A. Here is a list of all the verbs with prepositional complements that you have learned.

| | |
|---|---|
| **Angst haben vor** (+ *dat.*) | *to be afraid of* |
| **antworten auf** (+ *acc.*) | *to answer something* |
| **sich ärgern über** (+ *acc.*) | *to get annoyed at, be annoyed about* |
| **aufpassen auf** (+ *acc.*) | *to look after; pay attention to* |
| **sich aufregen über** (+ *acc.*) | *to get upset, excited about* |
| **bitten um** | *to ask for, request* |
| **denken an** (+ *acc.*) | *to think of* |
| **sich erholen von** | *to recover from* |
| **erinnern an** (+ *acc.*) | *to remind of* |
| **sich erinnern an** (+ *acc.*) | *to remember* |
| **sich freuen auf** (+ *acc.*) | *to look forward to* |
| **gehören zu** | *to be part of, be one of* |
| **sich gewöhnen an** (+ *acc.*) | *to get used to* |
| **halten für** | *to take for, regard as, think X is* |
| **sich interessieren für** | *to be interested in* |
| **sich konzentrieren auf** (+ *acc.*) | *to concentrate on* |
| **sich kümmern um** | *to look after, take care of, deal with* |
| **reagieren auf** (+ *acc.*) | *to react to* |
| **sprechen (schreiben, lesen, lachen usw.) über** (+ *acc.*) | *to talk (write, read, laugh, etc.) about* |
| **teilnehmen an** (+ *dat.*) | *to take part in* |
| **sich verloben mit** | *to become engaged to* |
| **sich vorbereiten auf** (+ *acc.*) | *to prepare for* |
| **warten auf** (+ *acc.*) | *to wait for* |
| **sich wundern über** (+ *acc.*) | *to be surprised, amazed at* |

B. **da-** and **wo-**compounds

pp. 387–390

Use a **da-** or **wo-**compound instead of *preposition + pronoun* when the prepositional object is an inanimate noun.

| *animate noun object* | *pronoun object* |
|---|---|
| Er dachte **an seine Freundin.** | Er dachte **an sie**. |
| Sie interessiert sich **für Goethe.** | **Für wen** interessiert sie sich? |

| *inanimate noun object* | **da-** *or* **wo-***compound* |
|---|---|
| Er dachte an **die Deutschstunde.** | Er dachte **daran**. |
| Sie interessiert sich **für Geschichte.** | **Wofür** interessiert sie sich? |

## 6. Participles

p. 448

A. Present participles as adjectives and adverbs

*infinitive* + **-d**

schlafen + **-d** → **schlafend** *sleeping*
spielen + **-d** → **spielend** *playing*

As an adjective, the present participle takes the usual adjective endings.

| | |
|---|---|
| Stört das **schlafende** Mädchen nicht. | *Don't disturb the **sleeping** girl.* |
| **Spielende** Kinder sind manchmal laut. | ***Playing** children are sometimes loud.* |

B. Past participles as adjectives                                                p. 333

Gut **vorbereitete** Studenten              *Well-**prepared** students*
   lernen am meisten.                           *learn the most.*
Ich muß meinen **reparierten**              *I have to pick up my*
   Wagen heute abholen.                         ***repaired** car today.*


# Functions

## 1. Making wishes and stating conditions contrary to fact: general subjunctive

A.  Conditions contrary to fact                                              pp. 415–416

*condition*                        *conclusion*

**Wenn** . . . (subjunctive verb),    (subjunctive verb) . . .
**Wenn** ich Zeit **hätte,**          **würde** ich Ihnen helfen.

*conclusion*                       *condition*

. . . (subjunctive verb),          **wenn** . . . (subjunctive verb).
Ich **würde** Ihnen helfen,        **wenn** ich Zeit **hätte.**

B.  Wishes contrary to fact                                                  pp. 416–417

1. **wenn . . . nur . . .** (subjunctive verb)!

   **Wenn** du **nur** näher **wohntest!**    *If only you lived closer!*

2. **Ich wünschte, / Ich wollte, . . .** (subjunctive verb) . . .

   Ich **wünschte,** ich **könnte** mir     *I wish I could afford*
      etwas Besseres leisten.                  *something better.*

## 2. Making polite requests: general subjunctive                            p. 418

Use general subjunctive for polite requests. Note the difference in tone between
indicative and subjunctive.

Können Sie nicht aufhören?          *Can't you stop?*
**Könnten** Sie bitte aufhören?     *Could you please stop?*

Haben Sie ein Zimmer frei?          *Do you have a room free?*
**Hätten** Sie ein Zimmer frei?     *Would you have a room free?*

## 3. Describing with *als ob*: general subjunctive                          p. 467

**Es war,**
**Er tut,**          } **als ob** . . . (subjunctive verb).
**Sie sah aus,**

Sie sehen aus, **als ob** Sie       *You look as if you had slept badly.*
   schlecht **geschlafen hätten**.

Sie spricht Deutsch, **als ob**     *She speaks German as though it*
   es ihre Muttersprache **wäre**.    *were her native language.*

## 4. Quoting indirectly: special subjunctive

pp. 468–473

A. When special subjunctive is required

Formal German (such as journalistic reporting and research papers) requires special subjunctive for indirect quotation. In everyday conversation, most Germans use general subjunctive or indicative for indirect quotation.

B. Tenses in indirect quotation

p. 471

The tense of the indirect quote is the same as the tense of the direct quote from which it derives.

|  | *Direct quotation* | *Indirect quotation* |  |
|---|---|---|---|
| *present* | „Ich **bin** müde.“ | Luise sagte, sie **sei** müde. | *present* |
| *past* | „Ich **war** mude.“ | Luise sagte, sie **sei** müde **gewesen**. | *past* |
| *perfect* | „Ich **bin** müde **gewesen**.“ | | |
| *future* | „Ich **werde** müde **sein**.“ | Luise sagte, sie **werde** müde **sein**. | *future* |

C. Yes / no questions in indirect quotation begin with **ob**.

p. 472

„Hast du Zeit?“ → Sie fragte, **ob** ich Zeit hätte.

D. Commands in indirect quotation use the verb **sollen**.

p. 472

„Denk daran!“ → Johann sagte, ich **sollte** daran denken.

## 5. Indicating direction

pp. 448–450

A. Away from the speaker: **hin**

B. Toward the speaker: **her**

## 6. Indicating possibility, probability, hearsay, and doubt with modal verbs

p. 475

A. Possibility: **mögen**

Die Arbeit **mag** hart sein, aber sie muß trotzdem gemacht werden.

*The work may be hard, but it has to be done anyway.*

B. Strong probability: **müssen**

Sie **muß** schon in Europa sein.

*She must be in Europe already.*

C. Hearsay: **sollen**

Schmidts **sollen** doch so glücklich sein.

*The Schmidts are supposed to be so happy.*

D. Fairly strong possibility: **können**

Er **kann** noch berühmt werden.

*He may yet become famous.*

E. Doubting a claim: **wollen**

Was? Dieser Politiker **will** ehrlich sein?

*What? This politician claims to be honest?*

## 7. Wanting X to do Y

pp. 391–392

Use **möchten** or **wollen** followed by a **daß**-clause.

Wollen Sie, **daß** ich später vorbeikomme?
Nein, **ich möchte, daß** wir jetzt kurz zusammen reden.

*Do you want me to come by later?*
*No, I'd like us to talk briefly together right now.*

# Useful Idioms and Expressions

You should be able to use all these idioms and expressions actively.

1. **Specifying time**

    **In Zukunft** werde ich mehr Geld brauchen.
    **Eines Tages** müssen wir das erledigen.
    Wir haben **jahrelang** darauf gewartet.

    Ich habe **eine Zeitlang** in der Türkei gearbeitet.
    **Höchste Zeit!**

2. **Requesting information**

    Kennen Sie sich hier aus?
    Darf ich Sie um Auskunft bitten?

    Wie komme ich dahin?
    Worum geht es in dem Buch, das du liest?

3. **Expressing reactions and opinions**

    Das kann ich nicht ernst nehmen.
    Kein Wunder!
    Das mag sein.
    Was sagen (meinen) Sie dazu?
    Verflixt nochmal!

    Sagenhaft!
    Ich bin baff!
    Das muß ich mir überlegen.
    Es kommt darauf an.

4. **Making requests and commands**

    Hören Sie gut zu!
    Sei mir bitte nicht böse!

    Passen Sie auf!
    Zeig mal her.

5. **Introducing people**

    Darf ich meinen Freund Jan vorstellen?
    Darf ich mich vorstellen?
    Angenehm. / Freut mich. / Sehr erfreut.

# Test Your Progress

Check your answers with the Answer Key at the end of this Workbook / Laboratory Manual.

**A.** Provide the German prepositional phrase cued in English. Note that in some cases the English equivalent may not contain a preposition.

1. Wie lange warten Sie schon (*for something new*)?

    _____

2. Wie habt ihr (*to her idea*) reagiert?

    _____

3. Ich kann mich sehr gut (*my childhood*) erinnern.

    _____

4. Wir müssen uns (*for the test*) vorbereiten.

_____

5. Kannst du dich bei diesem Wetter (*on your work*) konzentrieren?

_____

6. Ich kümmere mich gar nicht (*with the test*).

_____

7. Willst du (*in the discussion*) teilnehmen?

_____

8. Nein, ich interessiere mich nicht (*in such problems*).

_____

9. Ich kann mich nicht (*to your friends*) gewöhnen.

_____

10. Denkt Rolf noch (*of me*)?

_____

11. Natürlich. Er bat mich (*for your address*).

_____

12. Meine Schwester hat sich (*to a German*) verlobt.

_____

13. (*About this topic*) haben sich die Studenten sehr aufgeregt.

_____

14. Er erinnert mich (*of his father*).

_____

**B.** Answer the following questions affirmatively. Replace the prepositional phrase with a **da**-compound or the personal object with a pronoun.

BEISPIEL: Bereiten Sie sich auf Ihre Reise vor?
Ja, wir bereiten uns darauf vor.
(*oder*)
Erinnern Sie sich noch an meine ältere Schwester?
Ja, ich erinnere mich noch an sie.

1. Haben Sie auf seinen Brief geantwortet?

   _____

2. Interessieren Sie sich für klassische Musik?

   _____

3. Kannst du dich an diesen Typ gewöhnen?

   _____

4. Hat Sabina sich um ihren Bruder gekümmert?

   _____

5. Hast du dich über seine Reaktion gewundert?

   _____

6. Habt ihr auch an die anderen Studenten gedacht?

   _____

**C.** Read the facts below and write conditional sentences contrary to these facts.

BEISPIEL:   Weil du viel Tennis spielst, bist du fit.
            Wenn du nicht viel Tennis spieltest, wärest du nicht fit.

1. Weil du nicht arbeitest, haben wir nicht genug Geld.

   _____

2. Wir haben nichts gekauft, weil der Laden noch nicht auf war.

   _____

3. Weil er nicht freundlich ist, kann man nicht leicht mit ihm reden.

   _____

4. Weil die Straßenbahn nicht weiter fährt, müssen wir jetzt laufen.

   _____

5. Ich habe ihr nicht gratuliert, weil ich nicht wußte, daß sie heute Geburtstag hat.

   _____

**D.** Read the facts below and use the subjunctive to write wishes contrary to these facts. Use **Wenn . . . nur . . .** or **Ich wünschte . . .** as indicated.

BEISPIEL: Wir haben nicht genug Zeit. (wenn . . . nur)
Wenn wir nur genug Zeit hätten!

1. Wir sind noch nicht angekommen. (wenn . . . nur)

_____

2. Heute morgen haben wir die Wohnung nicht aufgeräumt. (ich wünschte)

_____

3. In der Altstadt gibt es kein Café. (ich wünschte)

_____

4. Leider habe ich meine Reiseschecks vergessen. (wenn . . . nur)

_____

5. Die Preise sind gestiegen. (ich wünschte)

_____

**E.** Respond to each sentence by saying that the persons under discussion only *look* as though something were the case.

BEISPIEL: Ist Rolf wirklich so optimistisch?
Nein, er sieht nur aus, als ob er optimistisch wäre.

1. Sind deine Mitbewohner wirklich so ordentlich?

_____

2. Haben deine Freunde wirklich so viel Geld?

_____

3. Ist Jutta wirklich so konservativ geworden?

_____

4. Ist Frank wirklich gerade aus den Ferien zurückgekommen?

_____

**F.** Make these requests more polite by putting them into the subjunctive.

1. Können Sie mir helfen?

_____

2. Darf ich eine Frage stellen?

_____

3. Werden Sie mir das Gepäck tragen?

_____

4. Haben Sie ein Zimmer mit Bad?

_____

5. Wann soll ich das für Sie machen?

_____

**G.** Restate the following sentences in the passive. Keep the same tense as the active sentence.

BEISPIEL:   Max baut dieses Haus.
                 Dieses Haus wird von Max gebaut.

1. Karl hat diesen Brief geschrieben.

_____

2. Hinter dem Dom baute die Stadt eine neue Schule.

_____

3. Professor Müller hält die Vorlesung.

_____

4. Viele Studenten haben diese Zeitung gelesen.

_____

5. Mein Freund wird diese Arbeit erledigen.

_____

**H.** Restate the sentences in the passive.

BEISPIEL:   Wer soll diese Arbeit machen?
                 Von wem soll diese Arbeit gemacht werden?

1. Das kann der Chef eines Tages erledigen.

_____

2. Das ganze Buch muß man bis Donnerstag lesen.

_____

3. Unsren Zweitwagen müssen wir leider verkaufen.

   _____

4. Ein solches Klischee kann man nicht ernst nehmen.

   _____

5. Können alle Schüler die Frage verstehen?

   _____

**I.** Replace the verb in parentheses with an adjective formed from its present or past participle. Don't forget adjective endings.

BEISPIEL:   Wann werden die _____ (bestellen) Bücher endlich ankommen?
Wann werden die bestellten Bücher endlich ankommen?

1. Ich kann bei _____ (schließen) Fenstern nicht schlafen.

2. Gott sei Dank habe ich das _____ (verlieren) Geld wieder gefunden.

3. Der Verkehr auf der Straße hat die _____ (schlafen) Gäste gestört.

4. Dieser Historiker hat viele _____ (vergessen) Namen genannt.

5. Der gerade _____ (abfahren) Zug fährt nach Madrid.

**J.** Wie sagt man das auf deutsch?

1. What are you thinking of?

   _____

2. I thought the book was very interesting.

   _____

3. I have to think about that for a while.

   _____

4. We could go to Grinzing. What do *you* think?

   _____

5. I think that's a good answer.

   _____

**K.** Restate the following sentences using the appropriate subjective modal.

BEISPIEL:   Es ist unglaublich, daß sie Ausländer sind.
        Sie können keine Ausländer sein.

1. Ich bin sicher, daß das unser alter Lehrer ist.

   _____

2. Man sagt, die Preise im Ausland seien niedriger.

   _____

3. Es ist möglich, daß das stimmt.

   _____

4. Vielleicht ist er schon dreißig.

   _____

5. Sie sagt, sie sei eine gute Künstlerin, aber ich glaube ihr nicht.

   _____

**L.** Report what Gabi said to you, using special subjunctive.

1. Ich war gestern in der Mensa. (Gabi sagte, sie . . . )

   _____

2. Das Essen hat mir gut geschmeckt.

   _____

3. Ich bereite mich jetzt auf eine Klausur vor.

   _____

4. Hat dich Heinz angerufen?

   _____

5. Ich bin jetzt ziemlich müde.

   _____

6. Zeig mir dein Referat über Kafka.

   _____

# LABORATORY MANUAL

## EINFÜHRUNG
### (INTRODUCTION)

In this introductory chapter you will learn the alphabet, the sounds of German, and some phrases that you will hear in short dialogues. Later on, you may return to this section of the tape program in order to review the sounds of German that you find difficult to understand or say.

The first cassette begins with short dialogues from the Introductory Chapter of your textbook in **Stufe 1**. Please listen carefully to the voices you will hear and repeat after the pauses. You may refer to the printed text of the dialogues in your textbook.

## Stufe 1, page 3

Dialogues 1–13
The Days of the Week

## Stufe 2, page 9

The Alphabet
Dialogues 1–11

## Stufe 3, page 15

The Numbers from 0–20
Dialogues 1–3
The Months

## The Sounds of German

The following descriptions are meant as an introduction to the sounds of German you will practice with the cassette. For some of the sounds you will hear a comparison between the pronunciation of a word in English and a word in German which sound similar, but do not necessarily have the same meaning. You should practice by listening carefully to the cassette while you follow the lists of words here in the Lab Manual. Then, in the pauses, try to imitate what you have heard.

### Vowels

German vowels, unlike English vowels, are "pure," that is, they do not glide off into another sound at the end. The English *o* in *flow*, for instance, glides off to *u*. The *a* in *bait* glides off to *ee*. Compare:

| *English* | *German* |
|-----------|----------|
| flow      | Floh     |
| bait      | Beet     |

German has both long and short vowels. Short vowels are tenser and of much shorter duration than long vowels.

German spelling is a much better indication of pronunciation than is English spelling. German vowels are long when they are:

1. followed by an unpronounced **h**: **Sohn, lehnen**

2. doubled: **Beet, Saat**

3. followed by a single consonant (in most cases): **Wesen, Blume**

German vowels are generally short if they are followed by double or multiple consonants: **bitte, offen, links.**

**a**   Long **a** sounds like English *a* in *Ma* and *Pa*.

Short **a** sounds the same, but is tenser and shorter. Notice that the following pairs of words are identical except for the length of the vowels.

| long a | short a |
|--------|---------|
| Wahn | wann |
| Bahn | Bann |
| Kahn | kann |
| Schafe | schaffe |

**e**   Long **e** sounds like English *ay* in *hay*, but without gliding off to *ee*. Short **e** sounds like English *e* in *let*.

| long e | short e |
|--------|---------|
| den | denn |
| wen | wenn |
| Beet | Bett |
| stehlen | stellen |

**i**   Long **i** (usually spelled **ie**) sounds like English *ee* in *free*. Short **i** sounds like English *i* in *fit*, but is shorter and tenser.

| long i | short i |
|--------|---------|
| bieten | bitten |
| Miete | Mitte |
| ihn | in |
| Bienen | binnen |

**o**   Long **o** sounds like English *o* in *so*, but without gliding off to *u*. Short **o** sounds like English *au* in *caught*, but is tenser and shorter. Short **o** is a difficult sound for English speakers and will need extensive practice.

| long o | short o |
|--------|---------|
| wohne | Wonne |
| Ofen | offen |
| Sohle | solle |
| Ton | Tonne |
| Sohn | Sonne |

Be sure to distinguish among long **a**, short **a**, and short **o**.

| long a | short a | short o |
|--------|---------|---------|
| Bahn | Bann | Bonn |
| kam | Kamm | komm |
| fahl | Fall | voll |
| Haken | hacken | hocken |
| Gas | Gassen | gossen |

**u**   Long **u** sounds like English *oo* in *soon*, but the lips are more rounded and there is no off-glide.

Short **u** sounds like English *u* in *put*.

| long u | short u |
|--------|---------|
| Mus | muß |
| Ruhm | Rum |
| Buhle | Bulle |
| Huhn | Hunne |

**Vowels with Umlaut: ä, ö, ü**   German spelling adds a diacritical mark called an umlaut to three vowels: **ä, ö**, and **ü**. In the speech of most Germans, **ä** is the equivalent of **e**, both long and short, but **ö** and **ü** represent sounds different from **o** and **u**.

**ö**   The sound represented by **ö** has no English equivalent. To make long **ö**, round your lips to say German long **o**, freeze them in that position, and say German long **e** instead. Short **ö** is pronounced in the same way, except that it is shorter and tenser.

| long o | long ö | short o | short ö |
|--------|--------|---------|---------|
| Ton | Töne | Gott | Götter |
| Sohn | Söhne | konnte | könnte |
| Lohn | Löhne | Topf | Töpfe |
| Floh | Flöhe | Bock | Böcke |
| Bogen | Bögen | Dorf | Dörfer |

**ü**   The sound represented by **ü** (also spelled **y**) has no English equivalent. To make long **ü**, round your lips to say German long **u**, freeze them in that position, and say German long **i** instead. Short **ü** is pronounced in the same way, except that it is shorter and tenser.

| long u | long ü | short u | short ü |
|--------|--------|---------|---------|
| gut | Güte | Mutter | Mütter |
| Mut | Mythos | Kunst | Künste |
| Fuß | Füße | Bund | Bünde |
| Zug | Züge | Kuß | Küsse |
| Schub | Schübe | Busch | Büsche |

**Unstressed -e and -er**   It is important to distinguish between two unstressed vowel sounds occurring at the end of words and syllables.

Unstressed **-e** sounds like English *a* in *sofa* (the so-called "schwa"). Unstressed **-er** is a vowel sound that resembles the *u* in English *but*. The difference between **träge** and **Träger**, for instance, is that in the latter, the tongue is quickly retracted at the end of the word.

| *unstressed -e* | *unstressed -er* |
|---|---|
| träge | Träger |
| Liebe | lieber |
| lese | Leser |
| bitte | bitter |
| Wunde | Wunder |

## Diphthongs

Diphthongs are combinations of two vowel sounds. There are three of them in German: The diphthong **au** sounds like English *ow* in *cow:* **Haus.** The diphthong **ei** (also spelled **ai**) sounds like English *ei* in *height:* **leid.**

The diphthong **eu** (also spelled **äu**) sounds like English *oi* in *oily:* **Leute, läuten.**

| *au* | *ei (ai)* | *eu (äu)* |
|---|---|---|
| Laus | leise | Läuse |
| aus | Eis | äußern |
| Frau | frei | Freude |
| laut | leiten | läuten |
| baut | beide | Beute |

The sound spelled **ie** is not a diphthong, but simply a long German **i.**

## Consonants

**ch**  After the "back" vowels **a, o, u,** and **au,** the sound represented by **ch** sounds like Scots *ch* in *Loch Ness.*

| Bach | Loch | Tuch | auch |
|---|---|---|---|

After other vowels and consonants, **ch** sounds like English *h* in *Hugh* or *huge,* if you draw out this sound before saying the **u.**

| echt | Milch |
|---|---|
| Bäche | durch |
| ich | fürchten |
| Teich | manchmal |
| Löcher | |

Contrast back **ch** and front **ch:**

| Bach | Bäche |
|---|---|
| Loch | Löcher |
| Buch | Bücher |
| Brauch | Bräuche |

**-ig**  When **-ig** ends a word, it is pronounced as if it were spelled **-ich.** When it is followed by an ending, it is pronounced **-ig.**

| *-ich* | *-ig-* |
|---|---|
| König | Könige |
| Pfennig | Pfennige |
| fertig | fertige |
| artig | artige |

**chs**   The combination **chs** is pronounced **ks.**

| | |
|---|---|
| sechs | Fuchs |
| Wachs | wuchs |

**l**   German **l** is pronounced with the top of the tongue against the upper gum ridge and with the tongue flat from front to back, not dipped in the middle and raised at the back, like an American *l*. The American *l* in initial position is closer to the German **l** than is the American *l* when it comes in the middle or at the end of a word.

| *English* | *German* |
|---|---|
| leaf | lief |
| light | Leid |
| late | lädt |
| built | Bild |
| plots | Platz |
| feel | fiel |
| hell | hell |
| pole | Pol |

**r**   German never uses the American *r*, in which the tip of the tongue curves backward. Some Germans tongue-trill the **r**, but most use the uvular **r** (the back of the tongue is raised toward the uvula, the small flap of tissue hanging down at the back of your mouth) and it is the one you should learn. Uvular **r** is similar to the back **ch**, except that the **r** is voiced (the vocal cords vibrate). In order to locate this position in your mouth, practice pronouncing the following sequence of three words. Keep your vocal cords vibrating on the **r** in **waren: wach, wachen, waren.**

| | | |
|---|---|---|
| Beere | Frau | Rede |
| ihre | frei | rot |
| Ohren | Trauer | richtig |
| lehren | grün | Raum |

When **r** is not followed by a vowel, it usually becomes a vowel sound like English *u* in *but*.

| *consonantal r* | *vocalic r* |
|---|---|
| Ehre | er |
| ihre | ihr |
| führe | für |
| studiere | studiert |
| bittere | bitter |
| höre | hört |

**b, d, g**   The letters **b, d,** and **g** are pronounced as in English. The German **g** is usually "hard" as in English *go:* **gehen.**

| | | |
|---|---|---|
| Bube | Bude | Tage |
| leben | leiden | legen |

When **b, d,** and **g** come at the end of a word or syllable, or before **s** or **t,** they become "unvoiced," that is, the vocal cords do not vibrate and **b** thus sounds like **p, d** sounds like **t,** and **g** like **k.**

| voiced (b, d, g) | unvoiced (p, t, k) |
|---|---|
| Diebe | Dieb |
| leben | lebt |
| schieben | schiebst |
| Lieder | Lied |
| Fäden | fad |
| Kriege | Krieg |
| legen | legt |
| liegen | liegst |

**j**   The letter **j** is pronounced like English *y.*

ja                          jagen                          jung                          je

**qu**   The letters **qu** stand for the consonant combination **kv.**

Qualität                    quer                          Quark                        Quatsch

**s**   Before vowels, **s** is voiced like English *z* in *zeal.* In all other positions, **s** is unvoiced like English *s* in *seal.*

| voiced s | unvoiced s |
|---|---|
| so | es |
| lesen | ist |
| Gänse | Thomas |

**ss, ß**   The letters **ss** and **ß** (the latter called "ess-tsett" in German and "digraph s" in English) stand for unvoiced **s** (as in English *seal*).

| essen | ißt |
|---|---|
| müssen | muß |
| messen | Maß |

**v**   The letter **v** usually stands for the same sound as **f.** In words of foreign origin, however, it is pronounced like English *v* (i.e., voiced).

| v = f | voiced v |
|---|---|
| Vetter | Vera |
| vier | Vase |
| voll | Universität |

**w**   The letter **w** stands for the sound spelled *v* in English.

| wir | Wetter |
|---|---|
| Wasser | Wagen |

**y**   The letter **y** occurs only in words of foreign origin is is most commonly pronounced like **ü.**

Physik
Gymnasium
Symphonie

**z, tz**   Both **z** and **tz** are pronounced like *ts* in English *its*. This sound can come at the beginning of a word in German, not just in the middle and at the end as in English.

Zoo
zehn
sitzen
Zug
Satz

## Consonant Clusters:  *gn, kn, pf, ps*

Be careful to pronounce both elements of the following consonant clusters, especially when they occur at the beginning of a word or syllable.

| *gn* | *kn* | *pf* | *ps* |
|------|------|------|------|
| Gnade | Knie | Apfel | Psalm |
| Vergnügen | Knabe | Pfanne | Psychologie |
| Gnom | Knall | Pferd | Psychiater |

**ng**   In German, the letters **ng** always stand for the sound in English *singer*, never for the sound in English *finger*.

| | |
|---|---|
| Sänger | Achtung |
| Finger | Hunger |
| Ring | |

**sch, st-, sp-**   The German sound spelled **sch** is like the English sound spelled *sh*, but with more pronounced lip-rounding:

| | |
|---|---|
| Schiff | Schule |
| Asche | schön |
| rasch | schwer |

The combinations **st-** and **sp-** at the beginning of a word or syllable are pronounced **scht-** or **schp-**.

| | |
|---|---|
| spielen | spüren |
| Stein | versprechen |
| aufstehen | |

**-tion**   This combination is always pronounced **-tsion**, with the primary word stress on the last syllable.

Nation
Zivilisation
Tradition

## Glottal stop

The glottal stop is used more frequently in German than in English. It is the brief closing of the vocal cords one hears between the words of the phrase "Utica Avenue." It is the way we distinguish between "a nice man" and "an iceman." In German, it occurs before all words and syllables beginning with a vowel.

er ist es                ich arbeite oft
eine alte Adresse        in einer Oper


## Useful Classroom Expressions

You will now hear some expressions that will be useful in class. Repeat each one after the speaker. Try to imitate the rhythm and intonation as well as the pronunciation.

| | |
|---|---|
| Wie sagt man „the book" auf deutsch? | How do you say "the book" in German? |
| Man sagt „das Buch". | You say "das Buch." |
| Übersetzen Sie bitte. | Please translate. |
| Wiederholen Sie bitte. | Please repeat. |
| Üben wir! | Let's practice! |
| Machen Sie Nummer drei, bitte. | Please do number three. |
| Alle zusammen, bitte. | All together, please. |
| Sie sprechen zu leise. | You're speaking too softly. |
| Sprechen Sie bitte lauter. | Please speak more loudly. |
| Sie sprechern zu schnell. | You're speaking too fast. |
| Sprechen Sie bitte langsamer. | Please speak more slowly. |
| Wie bitte? | I beg your pardon? What did you say? |
| Antworten Sie bitte auf deutsch! | Please answer in German. |
| Das ist richtig. | That's correct. |
| Das ist falsch. | That's incorrect. |
| Verstehen Sie das? | Do you understand that? |

**KAPITEL**

**1**

## Dialoge (p. 25)

Turn to page 25 in your textbook. You will hear each dialogue twice. The first time, the speakers will be talking at normal speed. The second time, they will pause after each phrase so you can repeat aloud what they have just said. Each dialogue is followed by an exercise that tests your comprehension.

Following each dialogue you will hear a series of statements. Decide whether each statement is true or false (**richtig oder falsch**) and mark the answer below. You can check your answers with the Lab Manual Answer Key.

### Fragen zu den Dialogen (*Questions on the dialogues*)

**Dialog 1: *In Eile***

    1. R  F                         3. R  F

    2. R  F                         4. R  F

**Dialog 2: *Die Mensa***

    1. R  F                         4. R  F

    2. R  F                         5. R  F

    3. R  F

**Dialog 3: *Typisch für September***

    1. R  F                         4. R  F

    2. R  F                         5. R  F

    3. R  F

## Hören Sie gut zu! (*Listen carefully!*)

Listen to the dialogue as many times as necessary. Then answer the questions you will hear. Respond in English for now. In later chapters you'll be using German. You can check your answers with the Lab Manual Answer Key. This dialogue is *not* printed in your textbook.

    1. _____

    2. _____

    3. _____

    4. _____

## Übung zur Aussprache (*Pronunciation practice*)

Practice the difference between the front **ch** that follows **e, i, ie, ei, ö, ü, eu,** and **äu** and the back **ch** after **a, o, u,** and **au.**

When a noun with **ch** takes an umlaut in the plural, the sound of **ch** automatically shifts from back to front.

Repeat each word pair after the speaker.

| **back ch** (*singular*) | **front ch** (*plural*) |
|---|---|
| Buch (*book*) | Bücher |
| Bach (*brook*) | Bäche |
| Loch (*hole*) | Löcher |
| Brauch (*custom*) | Bräuche |
| Tuch (*cloth*) | Tücher |
| Dach (*roof*) | Dächer |
| Koch (*cook*) | Köche |
| Schlauch (*hose*) | Schläuche |

In the sentences below, pay attention to the difference between front and back **ch.** Remember that final **-ig** is pronounced as though it were spelled **-ich.** Listen as the speaker reads each sentence, then repeat it in the pause provided.

1. Was machst du heute abend?

2. Ich gehe zu Friedrich. Du auch?

3. Natürlich!

4. Fliegst du am Mittwoch nach Zürich?

5. Vielleicht.

6. Ich nicht. Das Wetter ist zu schlecht.

## Lyrik zum Vorlesen (*Poetry for reading aloud*) (p. 29): Kinderreime

Practice saying the poems you will hear. Stop your tape recorder after each verse or line and read aloud. Try to imitate the rhythm and intonation as well as the pronunciation. The poems are printed in your textbook.

## Üben wir! (*Let's practice!*) (pp. 30–40)

The exercises in this section of the tape program are designed to give you additional practice with the grammatical structures and the vocabulary you are learning. Each exercise is referred to by the number of the corresponding grammar exercise in your textbook. Listen to the directions and respond in the pauses.

## Übung 1: *Wer kommt morgen?*

Use the pronoun you hear to say who is coming tomorrow.

> BEISPIEL:  ich
> **Ich komme** morgen.

## Variation zur Übung 1

Use the pronoun you hear to say who is doing a lot.

> BEISPIEL:  ich
> **Ich mache** viel.

## Übung 3: *Wer arbeitet heute?*

Use the pronoun you hear to say who is working today.

> BEISPIEL:  wir
> **Wir arbeiten** heute.

## Variationen zur Übung 3

**A.** Use the subject you hear to say who is in a hurry.

> BEISPIEL:  *Er* ist in Eile. (ich)
> **Ich bin** in Eile.

**B.** Tell who will be back on Wednesday.

> BEISPIEL:  Am Mittwoch ist Tanja wieder zurück.  (ich)
> Am Mittwoch **bin ich** wieder zurück.

## Übung 5

Answer the questions affirmatively. Use a pronoun.

> BEISPIEL:  Ist Rolf heute guter Laune?
> Ja, **er** ist heute guter Laune.

## Variation zur Übung 5

Answer the questions using the appropriate pronoun and verb form.

> BEISPIELE:  Ist das die Tafel?
> Ja, das ist **sie.**
>
> Sind das die Türen?
> Ja, das **sind sie.**

## Übung 7

Give the singular and plural forms of the nouns you will hear with their articles.

> BEISPIEL:  das Kind
> **das Kind, die Kinder**

## Übung 8

Make the subject plural and change the verb accordingly.

> BEISPIEL: Der Herr kommt um elf.
> **Die Herren kommen** um elf.

## Variation zum Gruppenspiel 10

Replace the subject with the new word you hear. Be sure to use the correct article and verb form.

> BEISPIELE: Wie ist *die Suppe* heute? (Wetter)
> Wie ist **das Wetter** heute?
>
> Wann kommen *die Herren* zurück? (Frau)
> Wann **kommt die Frau** zurück?

## Übung 12

Change these statements to yes/no questions.

> BEISPIEL: Stefan arbeitet in Stuttgart.
> **Arbeitet Stefan** in Stuttgart?

## Übung zur Betonung  (*Practice with stress*)

Listen to each word or phrase as it is spoken. Repeat it in the pause provided, and then underline the stressed syllable or syllables in the list below. Check your answers with the Lab Manual Answer Key.

| | |
|---|---|
| na tür lich | zu rück |
| ty pisch | Ent schul di gung |
| Sep tem ber | im  Mo ment |
| ar bei ten | for mell |
| ü bri gens | die  So li da ri tät |
| die  Sup pe | der  Stu dent |
| al so | der  Tou rist |
| a ber | der  A me ri ka ner |
| viel leicht | wahr schein lich |
| wa rum | zum  Bei spiel |

## Lesestück (p. 43):  *Wie sagt man you auf deutsch*

Listen to the reading as you follow the text on p. 43 in your textbook. Pay attention to the speaker's pronunciation and sentence intonation.

## Diktat (*Dictation*)

You will hear each sentence twice. After the first reading, try to write all that you have heard in the space below. After the second reading, fill in what you have missed. (The dictation contains material from all of Chapter 1. You should study the **Grammatik** and the **Lesestück** before doing it.)

1. _____

_____

2. _____

_____

3. _____

_____

4. _____

_____

5. _____

_____

6. _____

_____

7. _____

_____

8. _____

_____

9. _____

_____

10. _____

_____

# KAPITEL 2

## Dialoge (p. 49)

Turn to page 49 in your textbook. You will hear each dialogue twice. The first time, the speakers will be talking at normal speed. The second time, they will pause after each phrase so you can repeat aloud what they have just said. Each dialogue is followed by an exercise that tests your comprehension.

Following each dialogue you will hear a series of statements. Decide whether each statement is true or false (**richtig oder falsch**) and mark the answer below. You can check your answers with the Lab Manual Answer Key.

### Fragen zu den Dialogen

**Dialog 1:  *Wer liest die Zeitung?***

1. R F

2. R F

3. R F

4. R F

**Dialog 2:  *Ich hab' eine Frage***

1. R F

2. R F

3. R F

4. R F

**Dialog 3:  *Georg sucht ein Zimmer***

1. R F

2. R F

3. R F

4. R F

5. R F

## Hören Sie gut zu!

Listen to the dialogue as many times as necessary. Then answer in English the questions you will hear. You can check your answers with the Lab Manual Answer Key. This dialogue is *not* printed in your textbook.

1. _____

2. _____

3. _____

4. _____

## Übung zur Aussprache

In the following pairs, the first word begins with the letter **z** (pronounced like **ts**), the second word begins with the letter **s** (pronounced as a voiced **s** like English **z**). Practice the difference between the two sounds as you repeat each word pair after the speaker.

| | | | |
|---|---|---|---|
| Zone | Sohn | zagen | sagen |
| Zeit | seit | Ziege | Siege |
| zog | Sog | Zoo | so |

Now listen to the following sentences and repeat them in the pauses provided.

1. Ist meine **Z**eitung hier im **Z**immer? Ich **s**uche **s**ie.

2. Du **s**agst, du **s**iehst die **Z**eitung nicht? Ich le**s**e **s**ie.

3. Das ist **z**iemlich typi**s**ch.

4. **S**ie gibt die **Z**eitung **z**urück.

## Lyrik zum Vorlesen (p. 52): *Du bist mein*

Practice saying the poem you will hear. Stop your tape recorder after each verse or line and read aloud. Try to imitate the rhythm and intonation as well as the pronunciation. The poem is printed in your textbook.

## Üben wir! (pp. 53–61)

The exercises in this section of the tape program are designed to give you additional practice with the grammatical structures and the vocabulary you are learning. Each exercise is referred to by the number of the corresponding grammar exercise in your textbook. Listen to the directions and respond in the pauses.

### Variation zur Übung 2

Rephrase the question as a statement, using the accusative case for the subject. Pay attention to the gender of the noun.

> BEISPIEL: Wo ist **ein** Stuhl?
> Ich suche **einen** Stuhl.

### Variation zur Kettenreaktion 3

Say you have the items your roommate is looking for. Be sure to use the accusative case for the object.

> BEISPIEL: Wo ist der Artikel?
> Ich habe **den Artikel.**

### Variation zur Übung 5

Respond to the following sentences substituting an accusative pronoun for the direct object noun.

BEISPIEL:   Vater kennt Katrin.
Ich kenne **sie** auch.

### Variation zur Kettenreaktion 7

Tell who is doing what. (sehen, sprechen, nehmen, lesen, essen)

BEISPIEL:   Ich sehe das Haus.  (Katrin)
**Katrin sieht** das Haus.

### Variation zur Übung 9

Tell who has the newspaper.

BEISPIEL:   Wer hat die Zeitung?  (Michael)
**Michael hat** sie.

### Variationen zur Übung 10

**A.** Your friend is looking for various things and people, and you say that they're not here.

BEISPIEL:   Ich suche meine Zeitung.
**Sie** ist nicht hier.

**B.** Replace the direct object with the new one you will hear.

BEISPIEL:   Ich kenne nur deine Schwester.  (ihren Bruder)
Ich kenne nur **ihren Bruder.**

### Variation zur Übung 11

Answer the questions according to the example.

BEISPIEL:   Kennst du meinen Bruder?
Ja, ich kenne **deinen Bruder.**

## Übung zur Betonung

Listen to each word or phrase as it is spoken. Repeat it in the pause provided, and then underline the stressed syllable or syllables in the list below. Check your answers with the Lab Manual Answer Key.

| | | | |
|---|---|---|---|
| Nord a me ri ka | zu  Hau se | der  Kon flikt | der  Fern seh er |
| der  Ar ti kel | die  Al ter na ti ve | nor mal | das  Bü ro |
| die  Leu te | die  Dis kus si on | das  Pro blem | so gar |
| die  Zei tung | we nig stens | re la tiv | be rufs tä tig |
| al le | ü ber all | so zi al | |
| vie len  Dank | die  Fa mi li e | tra di ti o nell | |

## Lesestück (p. 64):  *Die Familie heute*

Listen to the reading as you follow the text on p. 64 in your textbook. Pay attention to the speaker's pronunciation and sentence intonation.

## Diktat

You will hear each sentence twice. After the first reading, try to write all that you have heard in the space below. After the second reading, fill in what you have missed. (The dictation contains material from all of Chapter 2. You should study the **Grammatik** and the **Lesestück** before doing it.)

1. _____

   _____

2. _____

   _____

3. _____

   _____

4. _____

   _____

5. _____

   _____

6. _____

   _____

7. _____

   _____

8. _____

   _____

9. _____

   _____

10. _____

    _____

## Dialoge (p. 75)

Turn to page 75 in your textbook. You will hear each dialogue twice. The first time, the speakers will be talking at normal speed. The second time, they will pause after each phrase so you can repeat aloud what they have just said. Each dialogue is followed by an exercise that tests your comprehension.

Following the first two dialogues you will hear a series of statements. Decide whether each statement is true or false (**richtig oder falsch**) and mark the answer below. For the third dialogue, choose the best answer to the questions you will hear. You can check your answers with the *Lab Manual Answer Key*.

### Fragen zu den Dialogen

#### Dialog 1: *Du hast es gut!*

1. R  F          3. R  F

2. R  F          4. R  F

#### Dialog 2: *Eine Pause*

1. R  F          3. R  F

2. R  F          4. R  F

#### Dialog 3: *Heute habe ich leider keinen Wagen*

1. a. Er hat kein Geld.
   b. Er hat keinen Wagen.
   c. Er muß noch arbeiten.

2. a. Seine Freundin fährt heute den Wagen.
   b. Sein Mitbewohner hat ihn.
   c. Sein Wagen steht zu Hause.

3. a. Es ist schon zwölf Uhr.
   b. Es ist halb elf.
   c. Es ist schon halb zwölf.

## Hören Sie gut zu!

Listen to the dialogue as many times as necessary. Then answer the questions you will hear. You can check your answers with the *Lab Manual Answer Key*. This dialogue is *not* printed in your textbook.

1. _____

2. _____

3. _____

4. _____

5. _____

## Übung zur Aussprache

Practice the difference between long **o** and long **ö,** short **o** and short **ö.** (In some proper names, **ö** is spelled **oe.**)
Repeat each word pair after the speaker.

| Long o | Long ö | Short o | Short ö |
|--------|--------|---------|---------|
| Gote | Goethe | Gott | Götter |
| Ton | Töne | konnte | könnte |
| Sohn | Söhne | Bock | Böcke |
| schon | schön | Kopf | Köpfe |
| Ostern | Österreich | Stock | Stöcke |

Now repeat each sentence after the speaker, paying particular attention to **ö.**

1. Hatte G**oe**the viele S**ö**hne?

2. Das m**ö**chte ich auch wissen. Ich weiß nur, er hatte keine T**ö**chter.

3. K**ö**nnen wir im Oktober K**ö**ln besuchen?

4. Hoffentlich. Im Oktober ist es in K**ö**ln sehr sch**ö**n.

## Lyrik zum Vorlesen (p. 78): *Bruder Jakob* und *Rätsel*

Practice saying the song and rhyming riddles you will hear. Stop your tape recorder after each verse or line and read aloud. Try to imitate the rhythm and intonation as well as the pronunciation. The texts are printed in your textbook.

## Üben wir! (pp. 79–89)

The exercises in this section of the tape program are designed to give you additional practice with the grammatical structures and the vocabulary you are learning. Each exercise is referred to by the number of the corresponding grammar exercise in your textbook. Listen to the directions and respond in the pauses.

### Variationen zur Übung 1

**A.** Replace the dependent infinitive with the one you will hear.

BEISPIEL:  Ich möchte ein bißchen laufen.  (arbeiten)
Ich möchte ein bißchen **arbeiten.**

**B.** Replace the modal verb in second position with the one you will hear.

BEISPIEL:  Heute muß ich arbeiten.  (will)
Heute **will** ich arbeiten.

**C.** Replace the infinitive in the question with the one you hear.

> BEISPIEL:   Sollen wir jetzt lesen?  (kochen)
> Sollen wir jetzt **kochen**?

**D.** Replace the verb phrase with the one you will hear.

> BEISPIEL:   Wir können hier bleiben.  (Klaus fragen)
> Wir können **Klaus fragen.**

**E.** Restate the sentence, using the correct form of the modal verb you hear.

> BEISPIEL:   Ich mache meine Arbeit.
> Ich **will** meine Arbeit **machen**.

## Variation zur Partnerarbeit 4

Restate the question, using the modal verb without the infinitive.

> BEISPIEL:   Wann kommen Sie nach Berlin?  (können)
> Wann **können** Sie nach Berlin?

## Variation zur Kettenreaktion 5

Use the new subject you hear and change the verb accordingly.

> BEISPIEL:   Ich fahre heute nach Frankfurt.  (Birgit)
> **Birgit fährt** heute nach Frankfurt.

## Übung 8

Negate these sentences by adding **nicht.**

> BEISPIEL:   Kurt besucht seinen Bruder.
> Kurt besucht seinen Bruder **nicht.**

## Übung 9

Negate these sentences by adding **nicht.**

> BEISPIEL:   Das Wetter ist schön.
> Das Wetter ist **nicht** schön.

## Variation zur Übung 11

Replace the direct object with the one you hear.

> BEISPIEL:   Ich habe leider im Moment kein Geld.  (keinen Wagen)
> Ich habe leider im Moment **keinen Wagen.**

## Übung 11

Negate these sentences with the correct form of **kein.**

> BEISPIEL:   Meine Familie besitzt einen Wagen.
> Meine Familie besitzt **keinen** Wagen.

Contradict the following negative statements and questions, beginning your answer with a stressed **doch.**

BEISPIEL:  Besuchst du mich nicht?
**Doch,** ich besuche dich.

## Übung zur Betonung

Listen to each word or phrase as it is spoken. Repeat it in the pause provided, and then underline the stressed syllable or syllables in the list below. Check your answers with the Lab Manual Answer Key.

| | |
|---|---|
| in ter na ti o nal | Pull o ver |
| op ti mis tisch | ent schei den |
| ehr lich | da rum |
| lang wei lig | dort  drü ben |
| re la tiv | die  Mu sik |
| in te res sant | das  Sy stem |
| lang sam | das  Schul sy stem |
| die  Freun din | die  Haus auf ga be |
| die  Deutsch stun de | die  Fremd spra che |
| ein  biß chen | a me ri ka nisch |
| Eu ro pa | die  A me ri ka ner |
| die  Eu ro pä er in | ei gent lich |
| ge nug | der  Mit be woh ner |

## Lesestück (p. 92):  *Eine Klassendiskussion*

Listen to the reading as you follow the text on pp. 92–93 in your textbook. Pay attention to the speaker's pronunciation and sentence intonation.

# Diktat

You will hear each sentence twice. After the first reading, try to write all that you have heard in the space below. After the second reading, fill in what you have missed. (The dictation contains material from all of Chapter 3. You should study the **Grammatik** and the **Lesestück** before doing it.)

1. _____

   _____

2. _____

   _____

3. _____

   _____

4. _____

   _____

5. _____

   _____

6. _____

   _____

7. _____

   _____

8. _____

   _____

9. _____

   _____

10. _____

    _____

**KAPITEL**

**4**

## Dialoge (p. 101)

Turn to page 101 in your textbook. You will hear each dialogue twice. The first time, the speakers will be talking at normal speed. The second time, they will pause after each phrase so you can repeat aloud what they have just said. Each dialogue is followed by an exercise that tests your comprehension.

Following the first and third dialogues you will hear a series of statements. Decide whether each statement is true or false (**richtig oder falsch**) and mark the answer below. For the second dialogue, choose the best answer to the questions you will hear. You can check your answers with the Lab Manual Answer Key.

### Fragen zu den Dialogen

#### Dialog 1: *Am See*

  1. R  F

  2. R  F

  3. R  F

#### Dialog 2: *Winterurlaub*

  1. a. Am See.
     b. In München.
     c. In Kitzbühel.

  2. a. Im Januar.
     b. Im Sommer.
     c. Morgen.

  3. a. Nein, nicht im Januar.
     b. Das wissen sie noch nicht.
     c. Ja, nur im Januar.

  4. a. . . . eine Stadt in Deutschland.
     b. . . . ein Berg.
     c. . . . eine Stadt in Österreich.

#### Dialog 3: *Morgens um halb zehn*

  1. R  F

  2. R  F

  3. R  F

  4. R  F

## Hören Sie gut zu!

Listen to the dialogue as many times as necessary. Then answer the questions you will hear. You can check your answers with the Lab Manual Answer Key. This dialogue is *not* printed in your textbook.

  1. _____

  2. _____

  3. _____

  4. _____

  5. _____

## Übung zur Aussprache

Notice the difference between the German uvular **r** before a vowel and the vocalic **r** at the end of a word or syllable, or before a consonant. Repeat each group of three words after the speaker.

| | | |
|---|---|---|
| rieb | Bier | führt |
| Rat | Haar | Fahrt |
| rot | Tor | bohrt |
| Ruhm | fuhr | Furcht |
| Reh | er | ehrt |

Repeat each sentence after the speaker.

1. Wir brauchen einen riesengroßen Regenschirm.

2. Du hast recht. Groß genug für drei.

3. Ist der Pullover für mich?

4. Natürlich ist er für dich!

5. Wir brauchen eine Straßenkarte von Österreich.

6. Wir fahren im Winter nach Innsbruck.

## Lyrik zum Vorlesen (p. 104): *Die Jahreszeiten*

Practice saying the poem you will hear. Stop your tape recorder after each verse or line and read aloud. Try to imitate the rhythm and intonation as well as the pronunciation. The poem is printed in your textbook.

## Üben wir! (pp. 104–115)

The exercises in this section of the tape program are designed to give you additional practice with the grammatical structures and the vocabulary you are learning. Each exercise is referred to by the number of the corresponding grammar exercise in your textbook. Listen to the directions and respond in the pauses.

### Variation zur Übung 2

Respond positively to these questions, using the appropriate accusative pronoun.

BEISPIEL: Fahren wir ohne *Hans*?
Ja, wir fahren ohne **ihn.**

### Übung 5: *Machen Sie das doch!*

Encourage other people to go ahead with their plans. Use the **Sie**-imperative and the flavoring particle **doch**.

> BEISPIEL:   Ich möchte eine Reise machen.
> **Machen Sie doch** eine Reise!

### Variation zur Übung 6

Now tell other people *not* to do certain things.

> BEISPIELE:   Soll ich eine Reise machen?
> Nein, machen Sie **keine** Reise!
>
> Soll ich zu Hause bleiben?
> Nein, bleiben Sie **nicht** zu Hause!

### Variation zur Übung 7

Now use the **wir**-imperative to suggest that you and a friend both do these things.

> BEISPIEL:   Ich möchte eine Reise machen.
> Ich auch! **Machen wir** eine Reise!

### Variation zur Übung 9

Your friend Beate wonders whether she should do certain things. Tell her to go ahead. Use the flavoring particle **doch**.

> BEISPIEL:   Soll ich bleiben?
> Ja, bleib doch!

### Variation zur Partnerarbeit 10

Now tell Beate what *not* to do.

> BEISPIEL:   Soll ich bleiben?
> Nein, bleib **nicht**.

### Übung 11: *Sollen wir das machen?*

**A.** Tell the children what to do. Use the **ihr**-imperative.

> BEISPIEL:   Sollen wir bald nach Hause kommen?
> Ja, **kommt** doch bald nach Hause!

**B.** Now tell them what *not* to do.

> BEISPIEL:   Sollen wir nach Hause kommen?
> Nein, kommt **nicht** nach Hause!

### Variation zur Übung 12

Tell the following people not to be so pessimistic.

> BEISPIEL:   Heinrich
> **Sei** doch nicht so pessimistisch.

### Übung 16: *Nein, noch nicht*

Answer the following questions about Katrin Berger negatively, saying that things haven't happened yet.

> BEISPIEL:  Ist Katrin *schon* da?
> Nein, sie ist **noch nicht** da.

### Übung 17

Say that you don't have any of these things yet.

> BEISPIEL:  Haben Sie *schon* Kinder?
> Nein, ich habe **noch keine** Kinder.

### Übung 18

Answer the questions negatively.

> BEISPIEL:  Wohnen Sie *noch* zu Hause?
> Nein, ich wohne **nicht mehr** zu Hause.

### Übung 19

Answer the questions negatively.

> BEISPIEL:  Hat er *noch* Arbeit?
> Nein, er hat **keine** Arbeit **mehr.**

### Variation zu Übungen 18 und 19

Answer the questions, using **nicht mehr** or **kein mehr.**

> BEISPIEL:  Sind deine Eltern noch jung?
> Nein, sie sind **nicht mehr** jung.

### Variation zur Partnerarbeit 20

An acquaintance suggests some activities. Respond by saying you like to do them.

> BEISPIEL:  Wollen wir schwimmen?
> O ja, ich schwimme **gern.**

### Variation zur Übung 22

Tell who likes vegetables.

> BEISPIEL:  Wer mag Gemüse?  (die Schüler)
> **Die Schüler mögen** Gemüse.

### Variation zur Übung 25

Begin these sentences with the adverb you hear, placing the verb in second position.

> BEISPIEL:  Er ist noch nicht da.  (sicher)
> **Sicher** ist er noch nicht da.

## Übung zur Betonung

Listen to each word or phrase as it is spoken. Repeat it and underline the stressed syllable or syllables in the list below. You can check your answers with the Lab Manual Answer Key.

| | |
|---|---|
| die   Ge o gra phie | Ös ter reich |
| die   Ko lo nie | das   Se mi nar |
| die   Kul tur | noch   nicht |
| der   Ur laub | im mer   noch |
| hof fent lich | Gott   sei   Dank! |
| zu sam men | selbst ver ständ lich |
| noch   ein mal | mo dern |
| die   Haupt rol le | nach her |
| un ter wegs | die   Re gi on |
| der   Kon trast | I ta li en |
| das   Kli  ma | |

## Lesestück (p. 118): *Geographie und Klima*

Listen to the reading as you follow the text on pp. 118–119 in your textbook. Pay attention to the speaker's pronunciation and sentence intonation.

# Diktat

You will hear each sentence twice. After the first reading, try to write all that you have heard in the space below. After the second reading, fill in what you have missed. (The dictation contains material from all of Chapter 4. You should study the **Grammatik** and the **Lesestück** before doing it.)

1. _____

_____

2. _____

_____

3. _____

_____

4. _____

_____

5. _____

_____

6. _____

_____

7. _____

_____

8. _____

_____

9. _____

_____

10. _____

_____

# KAPITEL 5

## Dialoge (p. 127)

Turn to page 127 in your textbook. You will hear each dialogue twice. The first time, the speakers will be talking at normal speed. The second time, they will pause after each phrase so you can repeat aloud what they have just said. Each dialogue is followed by an exercise that tests your comprehension.

Following the first two dialogues you will hear a series of questions. Choose the best answer. After the third dialogue you will hear a series of statements. Decide whether each statement is true or false (**richtig oder falsch**) and mark the answer below. You can check your answers with the Lab Manual Answer Key.

### Fragen zu den Dialogen

#### Dialog 1: *Der neue Bäckerlehrling kommt an*

1. a. Er heißt Markus.
   b. Er heißt Georg.
   c. Er heißt Martin.

2. a. Nein, morgen.
   b. Ja, gleich.
   c. Ja, um zwölf.

3. a. Seit einem Jahr.
   b. Seit Freitag.
   c. Seit vier Jahren.

4. a. Sie arbeiten jetzt.
   b. Sie gehen einkaufen.
   c. Georg zeigt Martin den Laden.

#### Dialog 2: *Beim Bäcker*

1. a. Ein Bauernbrot und drei Brötchen.
   b. Zwei Bauernbrote und vier Brötchen.
   c. Ein Bauernbrot und sechs Brötchen.

2. a. Ja, von heute morgen.
   b. Ja, von Montag.
   c. Ja, von gestern.

3. a. Sechs Stück.
   b. Sechzehn.
   c. Acht Stück.

4. a. Sechs Mark zwanzig.
   b. Acht Mark achtzig.
   c. Sechs Mark achtzig.

#### Dialog 3: *Schule oder Beruf*

1. R F

2. R F

3. R F

4. R F

5. R F

## Hören Sie gut zu!

Listen to the dialogue as many times as necessary. Then answer the questions you will hear. You can check your answers with the Lab Manual Answer Key. This dialogue is *not* printed in your textbook.

1. _____
2. _____
3. _____
4. _____

## Übung zur Aussprache

In the following exercises, you will practice the sound of the German l. Pronounce the German l like the l in the English word "*leaf.*"

Repeat each word after the speakers.

| | |
|---|---|
| laut | bald |
| Lied | Zoll |
| Lob | Zahl |
| hilft | wohl |
| half | Wolle |

Listen as the speaker reads each sentence, then repeat it in the pause provided.

1. Lina, warum willst du nicht in der Schule bleiben?

2. Ich finde die Schule langweilig. Ich will in einem Laden arbeiten.

3. Verlaß die Schule nicht, Lina! Du hast noch viel zu lernen.

## Lyrik zum Vorlesen (p. 131): *Der Arbeitsmann*

Practice saying the poem you will hear. Stop your tape recorder after each verse or line and read aloud. Try to imitate the rhythm and intonation as well as the pronunciation. The poem is printed in your textbook.

## Üben wir! (pp. 132–142)

The exercises in this section of the tape program are designed to give you additional practice with the grammatical structures and the vocabulary you are learning. Each exercise is referred to by the number of the corresponding grammar exercise in your textbook.

Listen to the directions and respond in the pauses.

### Variationen zur Übung 2

**A.** Beate has some extra tickets. Use the cue to tell her whom to give them to.

> BEISPIEL:  Wem soll ich die Karten geben?  (Lehrer)
> Gib sie **dem Lehrer.**

**B.** Tell Beate whom you are buying a motorcycle for.

> BEISPIEL:  Wem kaufst du das Motorrad?  (Freund)
> Ich kaufe es **meinem Freund.**

### Variation zur Partnerarbeit 6

People are asking you to do various things, and you agree to do them. Use a dative pronoun in your answer.

> BEISPIEL:  Kannst du Christine das Buch geben?
> Ja, ich kann **ihr** das Buch geben.

### Variationen zur Übung 7

**A.** Answer the questions affirmatively. Replace the direct object with a pronoun.

> BEISPIEL:  Wem schenkst du *das Motorrad?* Deiner Schwester?
> Ja, ich schenke **es** meiner Schwester.

**B.** Your housemate is asking when you are going to do certain things. Say that you'll do them tomorrow. Use two pronouns in your answer.

> BEISPIEL:  Wann gibst du Hermann das Buch?
> Ich gebe **es ihm** morgen.

### Variationen zur Übung 8

**A.** Replace the prepositional phrase with the one you will hear.

> BEISPIEL:  Ich arbeite heute bei euch.  (bei Ihnen)
> Ich arbeite heute **bei Ihnen**.

**B.** Replace the dative prepositional objects with the new ones you will hear.

> BEISPIEL:  Wir sehen euch nach der Deutschstunde.  (Essen)
> Wir sehen euch nach **dem Essen.**

**C.** In the following sentences the cue is in the nominative case. You must change it to the dative case.

**D.** In the following sentences the cue is in the nominative case. You must change it to the dative case.

## Variationen zur Übung 11

**A.** Substitute the new element that you hear for the appropriate word in the model sentence.

> BEISPIEL:  Ich fange *heute* bei euch an.  (morgen)
> Ich fange **morgen** bei euch an.

**B.** Replace the subject with the new one you will hear.

> BEISPIEL:  Er steht bald auf.  (ich)
> **Ich stehe** bald auf.

**C.** Replace the verb with the new one you will hear.

> BEISPIEL:  Ich fange heute abend an.  (aufhören)
> Ich **höre** heute abend **auf.**

## Variationen zur Übung 12

**A.** Restate the sentence without the modal verb.

> BEISPIEL:  Anton muß um sieben Uhr aufstehen.
> Anton **steht** um sieben Uhr **auf.**

**B.** You will hear a command or suggestion. Repeat it, using the form of the imperative appropriate to the person cued.

> BEISPIEL:  Stehen Sie bitte bald auf!  (du)
> **Steh** bitte bald auf!

**C.** Say that you cannot do what you are told to do.

> BEISPIEL:  Fang am Mittwoch an!
> Ich **kann** am Mittwoch **nicht anfangen.**

**D.** Add the elements you will hear one by one to the sentence.

> BEISPIEL:  Du stehst auf.  (morgen)
> Du stehst **morgen** auf.  (um zehn Uhr)
> Du stehst morgen **um zehn Uhr** auf.

## Exercise on Professions

Replace the noun with the one you will hear and change the subject accordingly. Refer to Übung E on page 152 of your textbook.

> BEISPIEL:  Er möchte Automechaniker werden.  (Professorin)
> Sie möchte **Professorin** werden.

## Übung zur Betonung

Listen to each word or phrase as it is spoken. Repeat it and underline the stressed syllable or syllables in the list below. You can check your answers with the Lab Manual Answer Key.

| | |
|---|---|
| ak tu ell | weg ge hen |
| die In du strie | ken nen ler nen |
| der Kor res pon dent | ver las sen |
| re a lis tisch | fern seh en |
| heu te mor gen | der Jour na list |
| an fan gen | der Au to me chan i ker |
| auf hö ren | die Ar bei te rin |
| die Le bens mit tel | die Fa brik |
| die Bäc ke rei | das Mit tag es sen |
| das A bi tur | die U ni ver si tät |
| ein kau fen | ein ver stan den |
| spa zie ren ge hen | Sonst noch et was? |
| vor bei kom men | der Stadt plan |

## Lesestück (p. 146): *Drei Deutsche bei der Arbeit*

Listen to the reading as you follow the text on pp. 146–148 in your textbook. Pay attention to the speaker's pronunciation of words and sentence intonation.

# Diktat

You will hear each sentence twice. After the first reading, try to write all that you have heard in the space below. After the second reading, fill in what you have missed. (The dictation contains material from all of Chapter 5. You should study the **Grammatik** and the **Lesestück** before doing it.)

1. _____

_____

2. _____

_____

3. _____

_____

4. _____

_____

5. _____

_____

6. _____

_____

7. _____

_____

8. _____

_____

9. _____

_____

10. _____

_____

## Dialoge (p. 157)

Turn to page 157 in your textbook. You will hear each dialogue twice. The first time, the speakers will be talking at normal speed. The second time, they will pause after each phrase so you can repeat aloud what they have just said. Each dialogue is followed by an exercise that tests your comprehension.

Following the first and third dialogues you will hear a series of statements. Decide whether each statement is true or false (**richtig oder falsch**) and mark the answer below. For the second dialogue choose the best answer to the questions you will hear. You can check your answers with the Lab Manual Answer Key.

### Fragen zu den Dialogen

#### Dialog 1: *Karin sucht ein Zimmer*

1. R F

2. R F

3. R F

4. R F

#### Dialog 2: *Am Semesteranfang*

1. a. In der Bibliothek und später in der Buchhandlung.
   b. Im Studentenwohnheim.
   c. Zu Hause.

2. a. Ein Buch.
   b. Eine Vorlesung.
   c. Ein Vorlesungsverzeichnis.

3. a. Unter dem Schreibtisch.
   b. Unter der Zeitung.
   c. Auf der Zeitung.

4. a. Vier Mark vierzig.
   b. Fünf Mark vierzig.
   c. Vier Mark fünfzig.

#### Dialog 3: *An der Uni in Tübingen*

1. R F

2. R F

3. R F

4. R F

## Hören Sie gut zu!

Listen to the dialogue as many times as necessary. Then answer the questions you will hear. You can check your answers with the Lab Manual Answer Key. This dialogue is *not* printed in your textbook.

1. _____

2. _____

3. _____

4. _____

## Übung zur Aussprache

In the following pairs of words **b, d,** and **g** are pronounced unvoiced as [p], [t], and [k] at the end of a word or syllable, or before **s** or **t.** Repeat each word pair after the speaker.

| b > p | | d > t | | g > k | |
|---|---|---|---|---|---|
| Diebe | Dieb | Seide | seid | fliegen | flieg |
| Weiber | Weib | leide | Leid | Wege | Weg |
| sieben | Sieb | Lieder | Lied | steigen | steig |
| schoben | schob | Tode | Tod | sagen | sag |
| schieben | schiebt | Gestade | Stadt | fragen | fragt |

Now repeat each sentence after the speaker.

1. Wann seid ihr endlich gefahren?

2. Im Herbst, und ihr?

3. Wir sind im Winter gefahren, wir und unsere Freunde.

4. Was hat dein Freund gesagt?

5. Er fragt, ob ihr das Kind gesehen habt.

6. Sag ihm, wir haben es leider nicht gesehen.

## Lyrik zum Vorlesen (p. 160): *Wanderers Nachtlied*

Practice saying the poem you will hear. Stop your tape recorder after each verse or line and read aloud. Try to imitate the rhythm and intonation as well as the pronunciation. The poem is printed in your textbook.

## Üben wir! (pp. 161–173)

The exercises in this section of the tape program are designed to give you additional practice with the grammatical structures and the vocabulary you are learning. Each exercise is referred to by the number of the corresponding grammar exercise in your textbook. Listen to the directions and respond in the pauses.

### Variation zur Übung 1

Substitute the new subject you will hear.

BEISPIEL: *Wir* waren gestern bei Freunden. (ich)
**Ich war** gestern bei Freunden.

## Variationen zur Übung 2

**A.** Replace the last word in each sentence with the new word you will hear.

    BEISPIEL:   Das hat sie gestern gesagt. (gehabt)
                   Das hat sie gestern **gehabt.**

**B.** A friend tells you what she has done. Respond that you would like to do the same.

    BEISPIEL:   Ich habe in Berlin gewohnt.
                   Ich **möchte** auch in Berlin **wohnen.**

**C.** Restate the sentences with the new subjects provided.

    BEISPIEL:   *Ich* habe gestern einen Schreibtisch gekauft. (Clara)
                   **Clara hat** gestern einen Schreibtisch gekauft.

## Variation zur Übung 4

Restate the sentences with the new subjects provided.

    BEISPIEL:   *Ich* habe ihnen Geld gegeben. (Richard)
                   **Richard hat** ihnen Geld gegeben.

## Variation zur Kettenreaktion 6

Restate the sentences with the new subjects provided.

    BEISPIEL:   *Wir* sind gestern nach Berlin geflogen. (diese Herren)
                   **Diese Herren sind** gestern nach Berlin geflogen.

## Variationen zur Übung 8

**A.** Replace the last word in each sentence with the new one you will hear.

    BEISPIEL:   Hast du es schon gesungen? (gegessen)
                   Hast du es schon **gegessen?**

**B.** Restate the following sentences in the perfect.

    BEISPIEL:   Emma liest die Zeitung.
                   Emma **hat** die Zeitung **gelesen.**

## Variationen zur Übung 9

**A.** Restate the sentence with the new subject you will hear.

    BEISPIEL:   *Ich* habe um drei Uhr aufgehört. (wir)
                   **Wir haben** um drei Uhr aufgehört.

**B.** Restate the following sentences in the perfect tense.

    BEISPIEL:   Sie macht die Tür auf.
                   Sie **hat** die Tür **aufgemacht.**

### Variationen zur Übung 10

**A.** Restate the sentence with the new subject you will hear.

> BEISPIEL: *Christian* hat alles vergessen. (Herr Bender)
> **Herr Bender hat** alles vergessen.

**B.** Restate the following sentences in the perfect tense.

> BEISPIEL: Ich besuche seine Vorlesung.
> Ich **habe** seine Vorlesung **besucht.**

### Variation zur Übung 11

Change the following sentences to the perfect tense.

> BEISPIEL: Kennst du dieses Buch schon?
> **Hast du** dieses Buch schon **gekannt?**

### Variation zur Gruppenarbeit 16

Substitute the new verb you will hear and change the article if necessary.

> BEISPIEL: Georg wartet vor dem Geschäft. (fahren)
> Georg **fährt** vor **das Geschäft.**

### Variation zur Partnerarbeit 19

Substitute the new nouns you will hear.

> BEISPIEL: Kennen Sie den Herrn? (Tourist)
> Kennen Sie **den Touristen?**

## Übung zur Betonung

Listen to each word or phrase as it is spoken. Repeat it in the pause provided, and then underline the stressed syllable or syllables in the list below. Check your answers with the Lab Manual Answer Key.

die   Phi lo so phie
der   Stu den ten aus weis
das   Haupt fach
die   Ge schich te
das   The a ter
En de   Fe bru ar
so fort
die   U ni ver si tät
mit brin gen
eine   Ka ta stro phe
das   Vor le sungs ver zeich nis

das   Stu den ten wohn heim
ge ra de
aus ge ben
un mög lich
die   Se mes ter fe ri en
das   Re fe rat
ent täu schen
die   Wohn ge mein schaft
die   Klau sur
kos ten los
ver ant wort lich

das   Pro gramm
pri vat
das   Kon zert
fi nan zie ren

## Lesestück (p. 177): *Ein Brief aus Freiburg*

Listen to the reading as you follow the text on pp. 177–178 in your textbook. Pay attention to the speaker's pronunciation and sentence intonation.

## Diktat

You will hear each sentence twice. After the first reading, try to write all that you have heard in the space below. After the second reading, fill in what you have missed. (The dictation contains material from all of Chapter 6. You should study the **Grammatik** and the **Lesestück** before doing it.)

1. _____

_____

2. _____

_____

3. _____

_____

4. _____

_____

5. _____

_____

6. _____

_____

7. _____

_____

8. _____

_____

9. _____

_____

10. _____

_____

# KAPITEL 7

## Dialoge (p. 191)

Turn to page 191 in your textbook. You will hear each dialogue twice. The first time, the speakers will be talking at normal speed. The second time, they will pause after each phrase so you can repeat aloud what they have just said. Each dialogue is followed by an exercise that tests your comprehension.

Following the first two dialogues you will hear a series of statements. Decide whether each statement is true or false (**richtig oder falsch**) and mark the answer below. After the third dialogue you will hear a series of questions. Choose the best answer. You can check your answers with the Lab Manual Answer Key.

### Fragen zu den Dialogen

**Dialog 1:  *Am Bahnhof***

    1. R  F                                3. R  F

    2. R  F                                4. R  F

**Dialog 2:  *Vor der Urlaubsreise***

    1. R  F                                4. R  F

    2. R  F                                5. R  F

    3. R  F

**Dialog 3:  *Am Telefon***

    1. a. Er hat gearbeitet.
       b. Er hat geschlafen.
       c. Er hat gegessen.

    2. a. Auf dem Bett
       b. Auf dem Sofa.
       c. Draußen.

    3. a. Nein, er ist sehr müde.
       b. Ja, er will nicht mehr schlafen.
       c. Nein, er will jetzt wieder ins Bett.

    4. a. Seine Frau ist allein gereist.
       b. Seine Tochter hat mit Freunden eine Reise gemacht.
       c. Sein Sohn ist allein gereist.

## Hören Sie gut zu!

Listen to the dialogue as many times as necessary. Then answer the questions you will hear. You can check your answers with the Lab Manual Answer Key. This dialogue is *not* printed in your textbook.

1. _____
2. _____
3. _____
4. _____
5. _____

## Übung zur Aussprache

Practice the pronunciation of the sound represented by **ü** and occasionally by **y.** You will hear word pairs contrasting long **u** and long **ü**; long **i** and long **ü**; and long **ü** and short **ü**. Repeat each pair of words after the speaker.

| long u | long ü | long i | long ü | long ü | short ü |
|--------|--------|--------|--------|--------|---------|
| fuhr | für | vier | für | Hüte | Hütte |
| Schnur | Schnüre | Tier | Tür | Mühle | Müller |
| Hut | Hüte | Mieder | müder | Mythe | Mütter |
| Mut | Mythe | sieden | Süden | Düne | dünner |
| gut | Güte | Kiel | kühl | | |

Now practice the sentences below.

1. Günther kommt aus Lübeck und kennt den Süden nicht.

2. Müssen wir schnell machen?

3. Ja, wir müssen früh da sein. Später gibt es keine Züge mehr nach München.

## Lyrik zum Vorlesen (p. 194): *Wanderschaft*

Practice saying the poem you will hear. Stop your tape recorder after each verse or line and read aloud. Try to imitate the rhythm and intonation as well as the pronunciation. The poem is printed in your textbook.

## Üben wir! (pp. 195–206)

Listen to the directions and respond in the pauses.

### Übung 2

Respond to each statement as in the example.

> BEISPIEL:  Dieser Berg ist steil.
> **Ja, aber nicht jeder Berg ist steil.**

### Variation zur Partnerarbeit 4

Join the following sentences together with the coordinating conjunctions you will hear.

> BEISPIEL:  Ich lese gern. Ich habe nie genug Zeit.  (aber)
> Ich lese gern, **aber** ich habe nie genug Zeit.

1. Das Telefon hat geklingelt. Du warst nicht zu Hause.

2. Ich kann im Studentenwohnheim kochen. Ich muß nicht viel Geld fürs Essen ausgeben.

3. Ich mache das Fenster auf. Es ist wirklich sehr warm.

4. Müssen Sie morgen abfahren? Können Sie vielleicht noch einen Tag bleiben?

5. Ich ziehe nicht aus. Mein Freund zieht ein.

6. Es tut mir leid. Ich kann dir nicht helfen.

7. Für diesen Kurs schreibe ich keine Klausur. Ich schreibe ein Referat.

8. Ich bin im Seminar. Die Diskussion finde ich uninteressant.

### Übung 5:  Aber *oder* sondern?

Listen to each pair of sentences and then connect them with **aber** or **sondern.** Use ellipsis where possible.

> BEISPIEL:  Sie fliegt nach Italien. Ihr Mann fährt mit dem Zug.
> Sie fliegt nach Italien, **aber** ihr Mann fährt mit dem Zug.

### Variationen zur Übung 7

**A.** Substitute each new item you will hear.

> BEISPIEL:  Der Koffer gefällt mir.  (dieser Hut)
> **Dieser Hut** gefällt mir.

**B.** Substitute the new dative objects cued in English.

> BEISPIEL:  Bernd soll uns helfen.  (me)
> Bernd soll **mir** helfen.

## Variation zur Übung 11

Answer the following questions affirmatively. Use dative pronouns in your response.

BEISPIEL:  Geht es Luise besser?
Ja, es geht **ihr** besser.

## Übung 16

Change these sentences from present to perfect tense.

BEISPIEL:  Wir dürfen nicht laut singen.
Wir **haben** nicht laut singen **dürfen**.

1. Ich will meinen Stadtplan finden.

2. Meine Freundin muß ich heute anrufen.

3. Sie muß viel Geld ausgeben.

4. Ich kann den Bahnhof nicht finden.

5. Darf man Fotos machen?

6. Ich muß kein Referat schreiben.

7. Ich will dich nicht enttäuschen.

## Übung 17:  *Wieviel Uhr ist es?*

Answer the questions you hear according to the times you see printed below. Use the official 24-hour clock.

BEISPIEL:  Wieviel Uhr ist es?
11:20 P.M.
**Es ist dreiundzwanzig Uhr zwanzig.**

1. 1:55 P.M.

2. 6:02 P.M.

3. 11:31 A.M.

4. 9:47 P.M.

5. 10:52 P.M.

6. 2:25 A.M.

## Übung zur Betonung

Listen to each word or phrase as it is spoken. Repeat it in the pause provided, and then underline the stressed syllable or syllables in the list below. Check your answers with the Lab Manual Answer Key.

der   Ho ri zont            ab fah ren

die   Wan der lust          ge fal len

wun der bar                 spon tan

ver bring en                mit neh men

ü ber nach ten              das   Rei se ziel

am   A bend                 das   Ge päck

das   In stru ment          Das   macht   nichts.

die   Ka me ra              Das   ist   mir   e gal.

die   Ju gend her ber ge     so wie so

tram pen                    be quem

sym pa thisch               re ser vie ren

aus stei gen                das   Flug zeug

I ta li en                  ver rückt

ant wor ten

## Lesestück (p. 208):  *Unterwegs per Autostop oder mit der Bahn*

Listen to the reading as you follow the text on pp. 208–210 in your textbook. Pay attention to the speaker's pronunciation and sentence intonation.

## Diktat

You will hear each sentence twice. After the first reading, try to write all that you have heard in the space below. After the second reading, fill in what you have missed. (The dictation contains material from all of Chapter 7. You should study the **Grammatik** and the **Lesestück** before doing it.)

1. _____

_____

2. _____

_____

3. _____

_____

4. _____

_____

5. _____

_____

6. _____

_____

7. _____

_____

8. _____

_____

9. _____

_____

10. _____

_____

## Dialoge (p. 219)

Turn to page 219 in your textbook. You will hear each dialogue twice. The first time, the speakers will be talking at normal speed. The second time, they will pause after each phrase so you can repeat aloud what they have just said. Each dialogue is followed by an exercise that tests your comprehension.

For the first dialogue choose the best answer to the questions you will hear. Following the second and third dialogues you will hear a series of statements. Decide whether each statement is true or false (**richtig oder falsch**) and mark the answer below. You can check your answers with the Lab Manual Answer Key.

### Fragen zu den Dialogen

#### Dialog 1: *Im Restaurant: Zahlen bitte!*

1. a. Er hat ein Schnitzel und eine Suppe gehabt.
   b. Er hat ein Schnitzel, aber kein Bier gehabt.
   c. Er hat ein Schnitzel und einen Salat gehabt.

2. a. Er möchte noch ein Bier bestellen.
   b. Er möchte noch eine Tasse Kaffee bestellen.
   c. Er möchte nichts mehr bestellen.

3. a. Es hat ihm ausgezeichnet geschmeckt.
   b. Das Essen hat ihm nicht geschmeckt.
   c. Es hat ihm ziemlich gut geschmeckt.

4. a. Es kostet achtzehn Mark fünfzig.
   b. Es kostet fünfundzwanzig Mark achtzig.
   c. Es kostet zweiundfünfzig Mark.

#### Dialog 2: *Was brauchen wir noch?*

1. R F

2. R F

3. R F

4. R F

#### Dialog 3: *Ein Stadtbummel*

1. R F

2. R F

3. R F

4. R F

## Hören Sie gut zu!

Listen to the dialogue as many times as necessary. Then answer the questions you will hear. You can check your answers with the Lab Manual Answer Key. This dialogue is *not* printed in your textbook.

1. _____

2. _____

3. _____

4. _____

## Übung zur Aussprache

In the following pairs of words notice the difference between the unstressed **-e** sound which sounds like English **a** in **sofa,** and the unstressed **-er** which resembles the **u** in English **but.** Practice the difference between the two sounds as you repeat each word pair after the speaker.

| **final -e** | **final -er** | **final -e** | **final -er** |
|---|---|---|---|
| schaue | Schauer | bitte | bitter |
| eine | einer | lose | loser |
| fahre | Fahrer | Wunde | Wunder |
| rede | Räder | gönne | Gönner |
| Liebe | lieber | müde | müder |

Now repeat the following sentences after the speaker:

1. Ist Walt**er** Fabrikarbeit**er?**

2. Ja, er arbeitet in ein**er** Fabrik in Hannov**er.** Seine Freundin heißt Susann**e** Müll**er.**

3. Ich glaub**e,** ich kenn**e** sie. Sie wohnt in ein**er** Stadt in der Näh**e** von Hannov**er.**

## Lyrik zum Vorlesen (p. 222): *Ich weiß nicht, was soll es bedeuten*

Practice saying the poem you will hear. Stop your tape recorder after each verse or line and read aloud. Try to imitate the rhythm and intonation as well as the pronunciation. The poem is printed in your textbook.

## Üben wir! (pp. 223–235)

Listen to the directions and respond in the pauses.

### Übung 1: *Ich weiß, daß . . .*

Expand the statements you will hear, as in the example.

> BEISPIEL:  Die Wurst ist teuer.
> **Ich weiß, daß** sie teuer **ist.**

### Übung 2: *Ich weiß nicht, ob . . .*

Respond to the following questions by saying that you don't know. Begin with „**Ich weiß nicht, ob . . .**"

> BEISPIEL:  Ist dieses Restaurant teuer?
> **Ich weiß nicht, ob** es teuer **ist.**

## Variation zur Partnerarbeit 3

Explain why you are staying home today. Change the sentence you will hear to a **weil**-clause. Remember to place the verb at the end of that clause.

BEISPIEL:   Das Wetter ist so schön.
Ich bleibe zu Hause, **weil** das Wetter so schön **ist.**

## Variation zur Übung 5

You don't know the answers to these questions about your friends' hitchhiking trip. Begin your response with the phrase „**Ich weiß nicht . . .**"

BEISPIEL:   Wer steht da?
Ich weiß nicht, **wer da steht.**

## Übung 7:  *Was hat sie gefragt?*

Say what someone has asked you.

BEISPIELE:   Wann stehen Sie auf?
**Sie hat gefragt,** wann ich **aufstehe.**

Kommt Bernd vorbei?
**Er hat gefragt, ob** Bernd **vorbeikommt.**

## Variation zur Übung 8

Reverse the order of the clauses in the sentences you will hear.

BEISPIEL:   Sie kann mir nicht sagen, wo sie wohnt.
**Wo sie wohnt, kann sie** mir nicht sagen.

## Variation zur Übung 10

Restate the sentences you will hear as infinitive phrases. Begin with the cued phrase, as in the example.

BEISPIEL:   Er schreibt den Brief. (Er hat Zeit . . .)
Er hat Zeit, **den Brief zu schreiben.**

## Variationen zur Übung 13

**A.** Tell why you have to go home. Replace the second sentence with an infinitive phrase plus **um . . . zu.**

BEISPIEL:   Ich muß nach Hause. Ich muß das Essen kochen.
Ich muß nach Hause, **um das Essen zu kochen.**

**B.** Tell why you are going to town. Use the cue you will hear.

BEISPIEL:   Ich gehe heute in die Stadt. Ich möchte einen Film sehen.
Ich gehe heute in die Stadt, **um einen Film zu sehen.**

## Übung 14

Combine these sentences, changing the second one to an **ohne . . . zu** phrase.

BEISPIEL:   Er hat den Koffer genommen. Er hat mich nicht gefragt.
Er hat den Koffer genommen, **ohne mich zu fragen.**

## Übung 15

Change these noun phrases from nominative to genitive case.

> BEISPIEL: der Zug
> der Zug, **des Zuges**

## Variation zur Übung 16

Whom do these things belong to? Use the genitive case in your answer.

> BEISPIEL: Gehört diese Uhr deiner Schwester?
> Ja, das ist die Uhr **meiner Schwester.**

## Übung zur Betonung

Listen to each word or phrase as it is spoken. Repeat it in the pause provided, and then underline the stressed syllable or syllables in the list below. Check your answers with the Lab Manual Answer Key.

| | |
|---|---|
| die Alt stadt | aus ge zeich net |
| die In du strie stadt | ein la den |
| der As pekt | noch et was |
| das Res tau rant | in der Nä he |
| e le gant | rad fah ren |
| das Lo kal | der Fuß gäng er |
| der Kaf fee | das Jahr hun dert |
| der Sa lat | das Fahr rad |
| die So zi al ar bei te rin | ge ra de aus |
| trotz dem | ob wohl |
| die Kar tof fel | zu erst |
| der Stadt bum mel | im Ge gen teil |
| zum A bend es sen | rie sen groß |
| das Ge bäu de | die Luft ver schmut zung |
| das Mu se um | |

## Lesestück (p. 237): *Aspekte der Großstadt*

Listen to the reading as you follow the text on pp. 237–239 in your textbook. Pay attention to the speaker's pronunciation and sentence intonation.

# Diktat

You will hear each sentence twice. After the first reading, try to write all that you have heard in the space below. After the second reading, fill in what you have missed. (The dictation contains material from all of Chapter 8. You should study the **Grammatik** and the **Lesestück** before doing it.)

1. _____

   _____

2. _____

   _____

3. _____

   _____

4. _____

   _____

5. _____

   _____

6. _____

   _____

7. _____

   _____

8. _____

   _____

9. _____

   _____

10. _____

   _____

**K A P I T E L**

# 9

## Dialoge (p. 253)

On the cassette you will hear each dialogue twice. The first time, the speakers talk at normal speed. The second time, they pause after each phrase so you can repeat aloud what they have just said.

Following the first and third dialogues you will hear a series of statements. Decide whether each statement is true or false (**richtig oder falsch**) and mark the answer below. For the second dialogue you will hear a series of questions. Mark the best answer. You can check your answers with the Lab Manual Answer Key.

### Fragen zu den Dialogen

#### Dialog 1: *Recycling in unserem Wohnhaus*

1. R  F                    3. R  F

2. R  F                    4. R  F

#### Dialog 2: *Ein umweltfreundliches Geburtstagsgeschenk*

1. a. Das Fahrrad war ein Geburtstagsgeschenk von seinen Eltern.
   b. Marianne hat es ihm geschenkt.
   c. Sein Freund hat ihm ein Rad statt eines Wagens geschenkt.

2. a. Sie besitzen immer noch einen Wagen.
   b. Nein, denn sie brauchen keinen Wagen mehr.
   c. Sie besitzen einen Wagen, aber er ist ziemlich kaputt.

3. a. Sie wohnen auf dem Land, aber sie wollen bald umziehen.
   b. Sie wohnen in der Stadt, aber sie wollen umziehen.
   c. Sie wohnen jetzt in der Stadt.

4. a. Wenn man Rad fährt, bleibt man fit.
   b. Mit einem Rad kommt man schnell in die Stadt.
   c. Ein Rad ist billig und macht keine Luftverschmutzung.

#### Dialog 3: *Treibst du Sport?*

1. R  F                    3. R  F

2. R  F                    4. R  F

## Hören Sie gut zu!

Listen to the dialogue as many times as necessary. Then answer the questions you will hear. You can check your answers with the Lab Manual Answer Key. This dialogue is *not* printed in your textbook.

1. _____

2. _____

3. _____

4. _____

5. _____

## Übung zur Aussprache

Starting with chapter 9 there will be no further drills on the sounds of German. It is a good idea to go back to the Introductory Chapter from time to time as you make further progress in German.

## Lyrik zum Vorlesen (p. 256): *Die Lorelei 1973*

Practice saying the poem you will hear. The poem is printed in your textbook.

## Üben wir! (pp. 257–266)

Listen to the directions and respond in the pauses.

### Variationen zur Übung 1

**A.** Substitute the new phrase you will hear.

> BEISPIEL:   Wo ist das neue Fahrrad?  (neue Buch)
> Wo ist das **neue Buch?**

**B.** Replace the noun with the new noun you will hear, making the necessary changes in adjective endings and the form of the verb.

> BEISPIEL:   Dieses schöne Geschenk gefällt mir.  (Geschenke)
> **Diese schönen Geschenke** gefallen mir.

**C.** Add each new adjective you will hear to the basic sentence, using the appropriate adjective ending.

> BEISPIEL:   Mir gefällt das Haus.  (schön)
> Mir gefällt das **schöne** Haus.  (alt)
> Mir gefällt das **schöne alte** Haus.

## Variationen zur Übung 3

**A.** Substitute the new phrase you will hear.

> BEISPIEL:   Wo ist mein neues Fahrrad?  (neues Auto)
> Wo ist **mein neues Auto?**

**B.** Replace the noun in the sentence with the new one you will hear. Use the correct adjective ending. First, replace the object.

> BEISPIEL:   Ich kenne einen interessanten *Mann*.  (Lehrerin)
> Ich kenne **eine interessante Lehrerin.**

**C.** Replace the subject with the new one you will hear.

> BEISPIEL:   Ihr neues *Rad* hat viel gekostet.  (Uhr)
> **Ihre neue Uhr** hat viel gekostet.

**D.** Replace the dative object with the new one you will hear.

> BEISPIEL:   Wir haben in einem schönen *Hotel* übernachtet.  (Wohnung)
> Wir haben in **einer schönen Wohnung** übernachtet.

**E.** Replace the genitive phrase with the new one you will hear.

> BEISPIEL:   Das ist das Rad meines kleinen *Bruders*.  (Schwester)
> Das ist das Rad **meiner kleinen Schwester.**

**F.** Replace the direct object with the new one you will hear.

> BEISPIEL:   Hier gibt es keine gute *Buchhandlung*.  (Restaurant)
> Hier gibt es **kein gutes Restaurant.**

**G.** Replace the dative object with the new one you will hear.

> BEISPIEL:   Wir gehen mit unserem deutschen *Freund* ins Kino.  (Freundin)
> Wir gehen mit **unserer deutschen Freundin** ins Kino.

**H.** Replace the subject with the new one you will hear.

> BEISPIEL:   Unsere kleine *Schwester* sagt das immer.  (Bruder)
> **Unser kleiner Bruder** sagt das immer.

## Variation zur Übung 5

Use **was für** to ask for more information, as in the example.

> BEISPIEL:   Peter hat sich einen Wagen gekauft.
> **Was für einen Wagen** hat er sich gekauft?

## Variation zur Übung 6

Answer the questions according to the example, saying you don't have any of the things you are asked about.

> BEISPIEL:   Ist der Wagen neu?
> Nein, wir haben **keinen neuen Wagen.**

**Übung 10**

Open your textbook to page 266, Übung 10. Answer the questions with the date given.

BEISPIELE: Der wievielte ist heute?
Heute ist der **dritte August.**

Den wievielten haben wir heute?
Heute haben wir den **fünften März.**

**Übung 11**

Say when each person is coming. Use the dates listed in Übung 11 of your textbook (page 266).

BEISPIEL: Wann kommt Frank?
Er kommt am **vierten Januar.**

## Übung zur Betonung

Listen to each word or phrase as it is spoken. Repeat it in the pause provided, and then underline the stressed syllable or syllables in the list below. Check your answers with the Lab Manual Answer Key.

| | | | |
|---|---|---|---|
| der | Ge burts tag | ra di kal | |
| das | A tom | nie drig | |
| der | Fort schritt | sor tie ren | |
| de mon strie ren | | na end lich! | |
| die | Luft ver schmut zung | der | Po li ti ker |
| die | E lek tri zi tät | die | Po li tik |
| be reit | | der | Un fall |
| die | E ner gie | die | Ge sell schaft |
| die | Kon se quenz | die | Par tei |
| die | Tech nik | die | Do se |
| pro du zie ren | | er staun lich | |
| das | Pro zent | die | Um welt |

## Lesestück (p. 270): *Unsere Umwelt in Gefahr*

Listen to the reading as you follow the text on pp. 270–271 in your textbook. Pay attention to the speaker's pronunciation and sentence intonation.

## Diktat

You will hear each sentence twice. After the first reading, try to write all that you have heard in the space below. After the second reading, fill in what you have missed. (The dictation contains material from all of Chapter 9. You should study the **Grammatik** and the **Lesestück** before doing it.)

1. _____

_____

2. _____

_____

3. _____

_____

4. _____

_____

5. _____

_____

6. _____

_____

7. _____

_____

8. _____

_____

9. _____

_____

10. _____

_____

# KAPITEL 10

## Dialoge (p. 281)

On the cassette you will hear each dialogue twice. The first time, the speakers talk at normal speed. The second time, they pause after each phrase so you can repeat aloud what they have just said.

For the first and third dialogues decide whether statements you will hear are true or false (**richtig oder falsch**) and mark the correct answers. Following the second dialogue you will hear a series of questions. Mark the best answer below. You can check your answers with the Lab Manual Answer Key.

### Fragen zu den Dialogen

**Dialog 1:** *Damals*

1. R  F          3. R  F

2. R  F          4. R  F

**Dialog 2:** *Was ist denn los?*

1. a. Heinz hat seine Tasche verloren.
   b. Barbara hat seinen Kassettenrecorder verloren.
   c. Wahrscheinlich hat er Barbaras Kassettenrecorder verloren.

2. a. Vor zwei Wochen.
   b. Vor zehn Minuten.
   c. Vor zwei Minuten.

3. a. Heinz hat Jürgen getroffen.
   b. Heinz konnte den Kassettenrecorder nicht finden.
   c. Jemand hat seinen Geldbeutel geklaut.

4. a. Er ist in Heinz' Tasche.
   b. Jemand hat ihn geklaut.
   c. Wir wissen es nicht.

**Dialog 3:** *Schlimme Zeiten*

1. R  F          3. R  F

2. R  F          4. R  F

# Hören Sie gut zu!

Listen to the dialogue as many times as necessary. Then answer the questions you will hear. You can check your answers with the Lab Manual Answer Key. This dialogue is *not* printed in your textbook.

1. _____

2. _____

3. _____

4. _____

5. _____

# Lyrik zum Vorlesen (p. 284): *Mein junger Sohn fragt mich*

Practice saying the poem you will hear. The poem is printed in your textbook.

# Üben wir! (pp. 285–297)

Listen to the directions and respond in the pauses.

### Variationen zur Übung 1

**A.** Substitute the new subjects you will hear.

BEISPIEL:   Ich wohnte damals in Wien.  (du)
**Du wohntest** damals in Wien.

**B.** In the following account of Birgit's day, change the sentences from present to simple past tense.

BEISPIEL:   Birgit braucht Lebensmittel.
**Birgit brauchte** Lebensmittel.

### Variationen zur Übung 2

**A.** Substitute the new subjects you will hear and change the verb accordingly.

BEISPIEL:   Wir schliefen bis halb zehn. (ich)
**Ich schlief** bis halb zehn.

**B.** Change the following sentences from present to simple past.

BEISPIEL:   Mir gefällt sein neues Auto.
**Mir gefiel** sein neues Auto.

## Variation zur Übung 4

Substitute the new subjects you will hear.

> BEISPIEL:  Ich konnte den Bahnhof nicht finden.  (du)
> **Du konntest den Bahnhof** nicht finden.

## Variationen zur Übung 5

**A.**  Substitute the new subjects you will hear.

> BEISPIEL:  Ich kannte Hans sehr gut.  (du)
> **Du kanntest** Hans sehr gut.

**B.**  Substitute the new subjects you will hear.

> BEISPIEL:  Wir wurden schnell müde.  (ich)
> **Ich wurde** schnell müde.

**C.**  Change the following narrative from present to simple past tense.

> BEISPIEL:  Wo bist du denn?
> Wo **warst** du denn?

## Variation zur Übung 6

Say that it was already late when the following things happened.

> BEISPIEL:  Ich kam nach Hause.
> Es war schon spät, **als ich nach Hause kam.**

## Variation zur Übung 10

Say what you had already done when Thomas came home.

> BEISPIEL:  alles eingekauft
> Als Thomas nach Hause kam, **hatte ich schon alles eingekauft.**

## Übung 13:  *Wie lange schon?*

Say that you have been doing the following things for two years. Use the word **schon** in your answer.

> BEISPIEL:  Wie lange arbeiten Sie schon hier?
> Ich arbeite **schon zwei Jahre** hier.

Now use the word **seit** in your answer.

> BEISPIEL:  Ich arbeite **seit zwei Jahren** hier.

## Übung zur Betonung

Listen to each word or phrase as it is spoken. Repeat it in the pause provided, and then underline the stressed syllable or syllables in the list below. Check your answers with the Lab Manual Answer Key.

| | |
|---|---|
| die   De mo kra tie | die   Re pub lik |
| vor her | die   Si tu a ti on |
| in ter view en | ter ro ris tisch |
| pas sie ren | er klä ren |
| ex trem | der   An ti sem i tis mus |
| am   Nach mit tag | un ter bre chen |
| der   Se ni or | die   Ar beits lo sig keit |
| der   Di rek tor | die   I dee |
| die   E po che | die   Schrift stel le rin |
| il le gal | ar beits los |
| die   In fla ti on | un ru hig |
| ma ni pu lie ren | nach dem |
| die   Mo nar chie | aus län disch |
| die   Me tho de | der   Kom mu nis mus |
| die   Op po si ti on | |

## Lesestück (p. 299): *Eine Ausstellung historischer Plakate aus der Weimarer Republik*

Listen to the reading as you follow the text on pp. 299–302 in your textbook. Pay attention to the speaker's pronunciation and sentence intonation.

## Diktat

You will hear each sentence twice. After the first reading, try to write all that you have heard in the space below. After the second reading, fill in what you have missed. (The dictation contains material from all of Chapter 10. You should study the **Grammatik** and the **Lesestück** before doing it.)

1. _____

_____

2. _____

_____

3. _____

_____

4. _____

_____

5. _____

_____

6. _____

_____

7. _____

_____

8. _____

_____

9. _____

_____

10. _____

_____

# KAPITEL 11

## Dialoge (p. 313)

On the cassette you will hear each dialogue twice. The first time, the speakers talk at normal speed. The second time, they pause after each phrase so you can repeat aloud what they have just said.

Following the first two dialogues you will hear a series of statements. Decide whether each statement is true or false (**richtig oder falsch**) and mark the answer. For the third dialogue choose the best answer to the questions you will hear. You can check your answers with the Lab Manual Answer Key.

### Fragen zu den Dialogen

**Dialog 1:** *Am Brandenburger Tor*

1. R F

2. R F

3. R F

4. R F

**Dialog 2:** *Ein Unfall: Stefan bricht sich das Bein*

1. R F

2. R F

3. R F

4. R F

**Dialog 3:** *Anna besucht Stefan im Krankenhaus*

1. a. Sie sprechen am Telefon.
   b. Sie sind an der Uni.
   c. Sie sprechen zusammen im Krankenhaus.

2. a. Nein, der Arm tut ihm weh.
   b. Nein, das Bein tut ihm noch sehr weh.
   c. Ja, das Bein tut ihm nicht sehr weh.

3. a. Er darf sich schon selber waschen.
   b. Er darf sich schon anziehen.
   c. Er darf schon aufstehen.

4. a. Sie hat ihm eine Zeitung mitgebracht.
   b. Sie hat ihm nur Blumen mitgebracht.
   c. Sie hat ihm zwei Geschenke mitgebracht.

## Hören Sie gut zu!

Listen to the dialogue as many times as necessary. Then answer the questions you will hear. You can check your answers with the Lab Manual Answer Key. This dialogue is *not* printed in your textbook.

1. _____

2. _____

3. _____

4. _____

5. _____

## Lyrik zum Vorlesen (pp. 316–317): *Das Lied der Deutschen*

Practice saying the poem you will hear. The poem is printed in your textbook.

## Üben wir! (pp. 318–331)

Listen to the directions and respond in the pauses.

### Variation zur Übung 1

Substitute the new subject you will hear and make other necessary changes.

> BEISPIEL:   Ich kenne mich gut.  (du)
> **Du kennst dich** gut.

### Variation zur Gruppenarbeit 5

Respond as in the examples.

> BEISPIELE:   Soll ich mich beeilen?
> **Ja, beeile dich!**
>
> Sollen wir uns freuen?
> **Ja, freut euch!**
>
> Soll ich mich anziehen?
> **Ja, ziehen Sie sich an!**

### Variation zur Übung 8

Answer the following questions, saying that the person is doing something for herself or himself. Add the dative reflexive pronoun.

> BEISPIEL:   Kauft sie heute einen Pulli?
> Ja, sie kauft **sich** heute einen Pulli.

### Variation zur Partnerarbeit 10

Substitute the new subjects you will hear and make all other necessary changes.

> BEISPIEL:   Was will er sich ansehen?  (wir)
> Was **wollen wir uns** ansehen?

### Variation zur Übung 12

Substitute the new subjects you will hear and make other necessary changes.

> BEISPIEL:   Wie hat er sich das Bein gebrochen?  (ich)
> Wie **habe ich mir** das Bein gebrochen?

### Variation zur Übung 15

Add each new word you will hear to the sentence, giving it the correct ending.

> BEISPIEL: Geben Sie mir Blumen, bitte. (einige)
> Geben Sie mir **einige** Blumen, bitte. (rote)
> Geben Sie mir **einige rote** Blumen, bitte.

### Übung 17

Open your textbook to Chapter 11, p. 328, Übung 17. Complete each sentence you will hear with the appropriate form of the adjectival noun.

> BEISPIEL: (mein Bekannter)
> Das ist _____.
> Das ist **mein Bekannter.**

### Variation zur Übung 19

Restate the subordinate clauses as phrases with **bei.**

> BEISPIEL: Ich habe Angst, wenn ich radfahre.
> Ich habe Angst **beim Radfahren.**

## Übung zur Betonung

Listen to each word or phrase as it is spoken. Repeat it in the pause provided, and then underline the stressed syllable or syllables in the list below. Check your answers with the Lab Manual Answer Key.

die   Be am tin

die   Scho ko la de

Gu te   Bes se rung!

das   Ge sicht

die   I ta li e ne rin

i ta li e nisch

fran zö sisch

der   Fran zo se

Frank reich

die   De mo stra ti o nen

der   Pro test

mo der ni sie ren

ex is tie ren

ei ne   Mil li on

das   Sym bol

se pa rat

zen tral

der   Nach bar

das   Mit glied

die   Sow jet un i on

die   Re vo lu ti on

die   Zo ne

der   Ka pi ta lis mus

der   Kom mu nis mus

der   Un ter schied

ver schie den

eu ro pä isch

die   Ver ei ni gung

be rühmt

die   Zu kunft

die   Ver gang en heit

aus wan dern

## Lesestück (p. 334): *Deutschland im europäischen Haus*

Listen to the reading as you follow the text on pp. 334–336 in your textbook. Pay attention to the speaker's pronunciation of sentence intonation.

## Diktat

You will hear each sentence twice. After the first reading, try to write all that you have heard in the space below. After the second reading, fill in what you have missed. (The dictation contains material from all of Chapter 11. You should study the **Grammatik** and the **Lesestück** before doing it.)

1. _____

_____

2. _____

_____

3. _____

_____

4. _____

_____

5. _____

_____

6. _____

_____

7. _____

_____

8. _____

_____

9. _____

_____

10. _____

_____

## Dialoge (p. 345)

On the cassette you will hear each dialogue twice. The first time, the speakers talk at normal speed. The second time, they pause after each phrase so you can repeat aloud what they have just said.

Following the first dialogue you will hear a series of questions. Choose the best answer from the statements below. For the second and third dialogues decide whether each statement is true or false (**richtig oder falsch**) and mark the answer below. You can check your answers with the Lab Manual Answer Key.

### Fragen zu den Dialogen

**Dialog 1:** *Schreibmaschine oder Computer?*

1. a. Das Buch gehört der Frau.
   b. Das Buch gehört dem Mann.
   c. Die Frau hat das Buch von der Bibliothek.

2. a. Das Buch ist bei der Frau zu Hause.
   b. Die Frau kann das Buch leider nicht finden.
   c. Das Buch ist bei dem Mann zu Hause.

3. a. Sie will das Buch einem Freund leihen.
   b. Sie braucht das Buch für ihre Arbeit.
   c. Sie liest sehr langsam.

4. a. Sie will es mit der Schreibmaschine schreiben.
   b. Sie will es auf englisch schreiben.
   c. Sie versucht, es auf dem Computer zu schreiben.

**Dialog 2:** *Klatsch*

1. R  F              3. R  F

2. R  F              4. R  F

**Dialog 3:** *Vor der Haustür*

1. R  F              3. R  F

2. R  F              4. R  F

## Hören Sie gut zu!

Listen to the dialogue as many times as necessary. Then answer the questions you will hear. You can check your answers with the Lab Manual Answer Key. This dialogue is *not* printed in your textbook.

1. _____

2. _____

3. _____

4. _____

5. _____

## Lyrik zum Vorlesen (p. 349): *Heimweh*

Practice saying the poem you will hear. The poem is printed in your textbook.

## Üben wir! (pp. 350–366)

Listen to the directions and respond in the pauses.

### Übung 1

Your friend is praising Jörg, but you respond that you are *more* everything than he is.

BEISPIEL:   Jörg ist interessant.
Aber ich bin **interessanter** als er.

### Variation zur Übung 3

You are a salesclerk. Respond to customers' comments as in the example.

BEISPIEL:   Diese Schuhe sind mir nicht elegant genug.
Hier haben wir **elegantere** Schuhe.

### Variation zur Übung 4

Your friend compares herself to Gisela; you respond by praising yourself in the superlative.

BEISPIEL:   Gisela läuft schneller als ich.
Aber ich laufe **am schnellsten.**

### Variation zur Übung 6

In the sentence you will hear, put the adjective in the superlative.

BEISPIEL:   Ich sage dir die wichtigen Namen.
Ich sage dir die **wichtigsten** Namen.

## Variation zur Gruppenarbeit 7

Respond as in the example.

BEISPIEL: Ihre Haare sind lang.
Meine Haare sind **länger,** aber seine Haare sind **am längsten**.

## Variation zur Übung 8

Compare the cities Hamburg, Salzburg, and Frankfurt as in the example.

BEISPIEL: Frankfurt ist schön. Und Hamburg?
Hamburg ist **schöner.**
Und Salzburg?
Salzburg ist **am schönsten.**

## Variation zur Gruppenarbeit 9

Respond to the sentence you will hear with a superlative, as in the example.

BEISPIEL: Ist das ein guter Platz?
Ja, das ist sogar **der beste** Platz.

## Variation zur Gruppenarbeit 10

Respond to each sentence with **immer** + comparative to express "more and more."

BEISPIEL: Die Lebensmittel sind jetzt so teuer.
Ja, und sie werden **immer teurer.**

## Variation zur Übung 11

Respond to each sentence as in the example.

BEISPIEL: War die graue Hose billiger als die blaue?
Nein, sie war **genauso billig wie** die blaue.

## Kettenreaktion 12

Repeat the sentences you will hear to practice the structure of relative clauses.

BEISPIEL: Das ist der Mann, der hier wohnt.

## Übung 14

Respond to each question as in the example.

BEISPIEL: Arbeitest du für *diesen* Chef?
Ja, das ist der Chef, **für den ich arbeite.**

## Variation zur Übung 17

Respond to each question as in the example.

BEISPIEL: Hat er etwas Interessantes?
Ja, er hat etwas, **was ich interessant finde.**

## Variation zur Partnerarbeit 18

Replace the neuter adjectival noun in each sentence with nouns formed from the adjectives you will hear.

> BEISPIEL:  Ist das das Beste, was Sie haben?  (billig)
> Ist das **das Billigste**, was Sie haben?

## Variationen zur Übung 19

**A.** Say where things or people were left, using the cue you will hear.

> BEISPIEL:  Wo ist seine Jacke?  (zu Hause)
> Er hat sie **zu Hause** gelassen.

**B.** Replace the subject with the new one you will hear. Notice that **lassen** here means *to allow*.

> BEISPIEL:  Meine Eltern lassen mich nicht allein gehen.  (meine Mutter)
> **Meine Mutter läßt** mich nicht allein gehen.

## Variation zur Übung 21

Say that you had things done rather than doing them yourself.

> BEISPIEL:  Hast du das Hemd selber gemacht?
> Nein, ich habe es **machen lassen.**

# Übung zur Betonung

Listen to each word or phrase as it is spoken. Repeat it in the pause provided, and then underline the stressed syllable or syllables in the list below. Check your answers with the Lab Manual Answer Key.

| | |
|---|---|
| in tel li gent | der   Au gen blick |
| ü ber mor gen | weg ge hen |
| vor ge stern | wie der se hen |
| dies mal | re pa rie ren |
| Gu te   Nacht! | ir gend wo |
| je des mal | grau sam |
| die   Er in ne rung | die   Grö ße |
| er in nern | die   Er zäh lung |
| die   Ge gend | ver gleich en |

# Lesestück (p. 368):  *Zwei Denkmäler*

Listen to the reading as you follow the text on pp. 368–369 in your textbook. Pay attention to the speaker's pronunciation and sentence intonation.

## Diktat

You will hear each sentence twice. After the first reading, try to write all that you have heard in the space below. After the second reading, fill in what you have missed. (The dictation contains material from all of Chapter 12. You should study the **Grammatik** and the **Lesestück** before doing it.)

1. _____

_____

2. _____

_____

3. _____

_____

4. _____

_____

5. _____

_____

6. _____

_____

7. _____

_____

8. _____

_____

9. _____

_____

10. _____

_____

# KAPITEL 13

## Dialoge (p. 379)

On the cassette you will hear each dialogue twice. The first time, the speakers talk at normal speed. The second time, they pause after each phrase so you can repeat aloud what they have just said.

Following the first and second dialogues you will hear a series of statements. Decide whether each statement is true or false (**richtig oder falsch**) and mark the answer below. For the third dialogue, choose the best answer to the questions you will hear. You can check your answers with the Lab Manual Answer Key.

### Fragen zu den Dialogen

**Dialog 1: *Skifahren in der Schweiz***

1. R  F                 3. R  F

2. R  F                 4. R  F

**Dialog 2: *In der WG: Bei Nina ist es unordentlich***

1. R  F                 3. R  F

2. R  F                 4. R  F

**Dialog 3: *Am Informationsschalter in Basel***

1. a. Er ist im Zug.
   b. Er ist vor dem Museum.
   c. Er ist in Basel.

2. a. Er sucht den Bahnhof.
   b. Er braucht Auskunft über die Stadt.
   c. Er weiß nicht, wo er ist.

3. a. Sie empfiehlt das Kunstmuseum.
   b. Sie empfiehlt den Marktplatz.
   c. Sie empfiehlt die Fußgängerzone.

4. a. Er soll mit der Straßenbahn Linie 3 fahren.
   b. Er soll mit dem Bus fahren.
   c. Er soll mit der Straßenbahn bis zum Kunstmuseum fahren.

## Hören Sie gut zu!

Listen to the dialogue as many times as necessary. Then answer the questions you will hear. You can check your answers with the Lab Manual Answer Key. This dialogue is *not* printed in your textbook.

1. _____
2. _____
3. _____
4. _____
5. _____

## Lyrik zum Vorlesen (p. 383): *nachwort*

Practice saying the poem you will hear. The poem is printed in your textbook.

## Üben wir! (pp. 384–392)

Listen to the directions and respond in the pauses.

### Variationen zu Übungen 1 bis 4

**A.** Replace the prepositional object with the new ones you will hear.

> BEISPIEL: Ich freue mich auf die Semesterferien. (das Wochenende)
> Ich freue mich auf **das Wochenende.**

**B.** Substitute the new prepositional objects you will hear cued in English.

> BEISPIEL: Wir warten auf den Bus. (the train)
> Wir warten auf **den Zug.**

### Variation zu Übungen 5 und 6

Substitute the new prepositional objects you will hear cued in English.

> BEISPIEL: Interessieren Sie sich für deutsche Filme? (modern art)
> Interessieren Sie sich für **moderne Kunst?**

### Übung 7

Answer as in the example.

> BEISPIEL: Stand er neben dem Fenster?
> Ja, er stand **daneben.**

### Partnerarbeit 8

Respond as in the examples. How you answer will depend on whether the prepositional object is animate or inanimate.

> BEISPIELE: Steht Ingrid neben Hans-Peter?
> Ja, sie steht **neben ihm.**
>
> Steht Ingrid neben dem Wagen?
> Ja, sie steht **daneben.**

### Variation zur Übung 9

Ask the questions that would elicit these answers.

> BEISPIELE: Ich habe lange auf den Bus gewartet.
> **Worauf** hast du gewartet?
>
> Ich habe lange auf Ingrid gewartet.
> **Auf wen** hast du gewartet?

**Variation zur Übung 11**

Respond in the future tense, as in the example.

> BEISPIEL:  Hast du schon angefangen?
> Nein, noch nicht, aber ich **werde bald anfangen.**

**Übung 12**

You have a strict boss. Answer a new employee's questions about office regulations. Begin your answer with **Der Chef will, daß . . .**

> BEISPIEL:  Müssen wir schon um acht im Büro sein?
> Ja, der Chef will, **daß wir schon um acht im Büro sind.**

**Variation zur Übung 13**

Rephrase the sentence and say what you would like to have happen.

> BEISPIEL:  Die Musik soll aufhören.
> Ich möchte, **daß die Musik aufhört.**

## Übung zur Betonung

Listen to each word or phrase as it is spoken. Repeat it in the pause provided, and then underline the stressed syllable or syllables in the list below. Check your answers with the Lab Manual Answer Key.

| | |
|---|---|
| auf räu men | das  Ge spräch |
| in te res sie ren | die  Sta bi li tät |
| vor ha ben | der  Di a lekt |
| vor be rei ten | die  Bar ri e re |
| zu hö ren | neu tral |
| die   Li ni e | vor stel len |
| die   Hal te stel le | sich  ü ber le gen |
| die   Aus kunft | die  Rechts an wäl tin |
| ro man tisch | bei des |
| of fi zi ell | die  Schwie rig keit |
| die   Neu tra li tät | Chi ne sisch |
| kon ser va tiv | |

## Lesestück (p. 394):  *Zwei Schweizer stellen ihre Heimat vor*

Listen to the reading as you follow the text on pp. 394–397 in your textbook. Pay attention to the speaker's pronunciation and sentence intonation.

# Diktat

You will hear each sentence twice. After the first reading, try to write all that you have heard in the space below. After the second reading, fill in what you have missed. (The dictation contains material from all of Chapter 13. You should study the **Grammatik** and the **Lesestück** before doing it.)

1. _____

_____

2. _____

_____

3. _____

_____

4. _____

_____

5. _____

_____

6. _____

_____

7. _____

_____

8. _____

_____

9. _____

_____

10. _____

_____

# KAPITEL
# 14

## Dialoge (p. 405)

On the cassette you will hear each dialogue twice. The first time, the speakers talk at normal speed. The second time, they pause after each phrase so you can repeat aloud what they have just said.

For the first and third dialogues, choose the best answer to the question you will hear. Following the second dialogue you will hear a series of statements. Decide whether each statement is true or false (**richtig oder falsch**) and mark the answer below. You can check your answers with the Laboratory Manual Answer Key.

### Fragen zu den Dialogen

#### Dialog 1: *Auf Urlaub in Österreich*

1. a. Sie haben keine Schillinge mehr.
   b. Richard hat noch ein paar Schillinge.
   c. Ursula hat noch österreichisches Geld.

2. a. Sie können noch bei der Bank wechseln.
   b. Sie können an der Hotelkasse wechseln.
   c. Sie können im Restaurant Geld wechseln.

3. a. Es ist zu spät.
   b. Sie haben keine Zeit.
   c. Sie haben kein Geld mehr.

4. a. Nur mit D-Mark.
   b. Mit Reiseschecks oder Kreditkarte.
   c. Nur mit österreichischem Geld.

#### Dialog 2: *An der Rezeption*

1. R  F

2. R  F

3. R  F

4. R  F

5. R  F

#### Dialog 3: *Ausflug zum Heurigen*

1. a. Sie wollen heute abend nach Grinzing.
   b. Sie wollen heute abend nach Wien.
   c. Sie wollen heute abend zu Freunden.

2. a. Sie wollen dort essen und Wein trinken.
   b. Sie wollen dort Freunde besuchen.
   c. Sie wollen dort auf eine Party.

3. a. Sie fahren später.
   b. Sie fahren gleich los.
   c. Sie fahren in zwei Stunden.

# Hören Sie gut zu!

Listen to the dialogue as many times as necessary. Then answer the questions you will hear. You can check your answers with the Lab Manual Answer Key. This dialogue is *not* printed in your textbook.

1. _____
2. _____
3. _____
4. _____
5. _____

# Lyrik zum Vorlesen (p. 408): *ottos mops*

Practice saying the poem you will hear. The poem is printed in your textbook.

# Üben wir! (pp. 409–419)

Listen to the directions and respond in the pauses.

### Übung 1: *Wenn es nur anders wäre!*

You will hear a description of a situation. Use the subjunctive to express your wish that things were different.

> BEISPIEL: Hans-Peter wohnt nicht hier.
> **Wenn er nur hier wohnte!**

### Übung 3: *Wenn es nur anders wäre!*

Make wishes contrary to the facts you hear. You may substitute pronouns for nouns and names.

> BEISPIEL: Meine Gäste gehen nicht nach Hause.
> **Wenn sie nur nach Hause gingen!**

### Variation zur Übung 4

Listen closely to the question. When it is in the past tense, answer with „**Ja, gestern . . .**" When it is in the subjunctive mood, answer with „**Ja, ich glaube . . .**"

> BEISPIELE: Durfte er das machen?
> **Ja, gestern** durfte er das machen.
>
> Dürfte er das machen?
> **Ja, ich glaube,** er dürfte das machen.

### Übung 5:  *Wenn es nur anders wäre!*

Make wishes contrary to the facts you will hear.

> BEISPIEL:  Christine kann kein Englisch.
> **Wenn sie nur Englisch könnte!**

### Variation zu Kettenreaktionen 7 und 8

Make wishes contrary to the facts you will hear using the verbs **haben, wissen,** and **werden**.

> BEISPIEL:  Ich weiß das nicht.
> **Wenn ich das nur wüßte!**

### Variation zur Übung 9

Substitute the new subjects you will hear.

> BEISPIEL:  Ich würde lieber hier bleiben. (wir)
> **Wir würden** lieber hier bleiben.

### Übung 10:  *Wenn es nur anders wäre!*

Open your textbook to Chapter 14, page 416, Übung 10. Here are the facts. Restate the information, saying what would happen if the facts were otherwise.

> BEISPIEL:  Weil es so kalt ist, können wir nicht schwimmen.
> **Wenn es nicht so kalt wäre, könnten wir schwimmen.**

### Variation zur Gruppenarbeit 12

You will hear the facts. Wish that they were otherwise. Begin with „**Ich wünschte, . . .**"

> BEISPIEL:  Sie kann mich leider nicht besuchen.
> **Ich wünschte, sie könnte** mich besuchen!

### Variation zur Partnerarbeit 13

You and a friend are planning an outing to Grinzing. You will hear statements in the indicative. Change them to the subjunctive to say what your outing would, could, or ought to be like.

> BEISPIEL:  Wir sollen zusammen ein Glas Wein trinken.
> Wir **sollten** zusammen ein Glas Wein trinken.

### Variationen zur Übung 14

**A.**  Replace the direct object with the new ones you will hear.

> BEISPIEL:  Hätten Sie noch österreichisches Geld? (ein bißchen Zeit)
> Hätten Sie noch **ein bißchen Zeit**?

**B.**  Make these direct questions more polite by changing them into subjunctive statements. Begin with „**Ich wüßte gern, . . .**"

> BEISPIEL:  Wissen Sie, wie spät es ist?
> **Ich wüßte gern, wie spät es ist.**

**Übung 14:** *Könnten Sie das bitte machen?*

Make these questions more polite by changing them to subjunctive.

BEISPIEL: Können Sie mir bitte ein Einzelzimmer zeigen?
**Könnten Sie** mir bitte ein Einzelzimmer zeigen?

## Übung zur Betonung

Listen to each word or phrase as it is spoken. Repeat it in the pause provided, and then underline the stressed syllable or syllables in the list below. Check your answers with the Lab Manual Answer Key.

| | |
|---|---|
| los fah ren | der  Pa ti ent |
| der  An ge stell te | die  Psy cho a na ly se |
| das  Erd ge schoß | phi lo so phie ren |
| die  Kre dit kar te | die  Me lan cho lie |
| die  Re zep ti on | der  Kon takt |
| die  Du sche | der  Hu mor |
| das  Ba de zim mer | statt fin den |
| ös ter rei chisch | die  Ge gen wart |
| das  Ein zel zim mer | ge müt lich |
| a na ly sie ren | die  Ge le gen heit |
| die  Dy nas tie | das  Kla vier |
| kre a tiv | zu nächst |
| die  I ro nie | ei ne  Zeit lang |
| pro duk tiv | li te ra risch |

## Lesestück (p. 421): *Zwei Österreicher stellen sich vor*

Listen to the reading as you follow the text on pp. 421–423 in your textbook. Pay attention to the speaker's pronunciation and sentence intonation.

## Diktat

You will hear each sentence twice. After the first reading, try to write all that you have heard in the space below. After the second reading, fill in what you have missed. (The dictation contains material from all of Chapter 14. You should study the **Grammatik** and the **Lesestück** before doing it.)

1. _____
   _____

2. _____
   _____

3. _____
   _____

4. _____
   _____

5. _____
   _____

6. _____
   _____

7. _____
   _____

8. _____
   _____

9. _____
   _____

10. _____
    _____

# KAPITEL 15

## Dialoge (p. 435)

On the cassette you will hear each dialogue twice. The first time, the speakers talk at normal speed. The second time, they pause after each phrase so you can repeat aloud what they have just said.

Following the first and third dialogues you should choose the best answer to the questions you will hear. For the second dialogue decide whether each statement you hear is true or false (**richtig oder falsch**) and mark the answer below. You can check your answers with the Lab Manual Answer Key.

### Fragen zu den Dialogen

#### Dialog 1: *Wo liegt die Heimat?*

1. a. Sie ist Deutsche.
   b. Sie ist eine ausländische Studentin.
   c. Sie ist Schülerin.

2. a. Die Familie kommt aus Italien.
   b. Die Familie kommt aus Griechenland.
   c. Die Familie kommt aus der BRD.

3. a. Sie ist in der BRD geboren.
   b. Ihre Familie spricht Deutsch.
   c. Sie hat Deutsch in Griechenland gelernt.

4. a. Sie meint, Deutschland ist ihre Heimat, weil sie dort geboren ist.
   b. Sie fühlt sich in Griechenland mehr zu Hause, weil sie das Land besser kennt.
   c. Sie ist nicht ganz sicher.

#### Dialog 2: *Die verpaßte Geburtstagsfeier*

1. R  F

2. R  F

3. R  F

4. R  F

#### Dialog 3: *Vor der Post*

1. a. Er hat den Brief zu Hause gelassen.
   b. Er hat keine Briefmarken auf dem Umschlag.
   c. Er glaubt, er braucht mehr Briefmarken auf dem Umschlag.

2. a. Er will den Brief einwerfen.
   b. Er will den Brief wiegen lassen.
   c. Er will Briefmarken kaufen.

3. a. Er hat vergessen, die Adresse auf den Umschlag zu schreiben.
   b. Er hat Hartmanns alte Adresse vergessen.
   c. Er hat vergessen, daß Hartmanns umgezogen sind.

## Hören Sie gut zu!

Listen to the dialogue as many times as necessary. Then answer the questions you will hear. You can check your answers with the Lab Manual Answer Key. This dialogue is *not* printed in your textbook.

1. _____

2. _____

3. _____

4. _____

5. _____

## Lyrik zum Vorlesen (pp. 438–439): *Über Grenzen* und *Integration*

Practice saying the poems you will hear. The poems are printed in your textbook.

## Üben wir! (pp. 439–451)

Listen to the directions and respond in the pauses.

### Variationen zur Übung 1

**A.** Substitute the new subjects you will hear.

    BEISPIEL:   Er hätte nichts gesagt. (ich)
                  **Ich hätte** nichts gesagt.

**B.** Change the sentences you will hear from indicative to subjunctive.

    BEISPIEL:   Hans hat sie geliebt.
                  Hans **hätte** sie geliebt.

### Variation zur Gruppenarbeit 3

Your friends all had an interesting summer. Say that you would like to have done what they did. Use **gern** and past subjunctive.

    BEISPIEL:   Klaus ist nach Frankreich gefahren.
                  **Ich wäre auch gern nach Frankreich gefahren.**

### Variationen zur Übung 4

**A.** Replace the dependent infinitive with the new ones you will hear.

    BEISPIEL:   Ich hätte das nicht vergessen sollen. (machen)
                  Ich hätte das nicht **machen** sollen.

**B.** Substitute the new subjects you will hear.

> BEISPIEL: Ich hätte 30 Mark wechseln sollen. (du)
> **Du hättest** 30 Mark wechseln sollen.

**C.** Your friends tell you what they didn't do. You tell them what they should have done.

> BEISPIEL: Wir haben die Reise nicht gemacht.
> **Ihr hättet** die Reise machen sollen.

## Variationen zur Gruppenarbeit 7

**A.** Here are the facts. Make wishes contrary to the facts in the past subjunctive.

> BEISPIEL: Ich bin nicht ausgestiegen.
> **Ich wünschte, ich wäre ausgestiegen.**

**B.** Now express your wish using **Wenn . . . nur . . .**

> BEISPIEL: Ich habe das Buch nicht gelesen.
> **Wenn** ich das Buch **nur** gelesen hätte!

## Variationen zur Übung 8

**A.** Replace the past participle at the end of the sentence with the new ones you will hear.

> BEISPIEL: Hoffentlich werde ich überall akzeptiert. (verstanden)
> Hoffentlich werde ich überall **verstanden.**

**B.** Substitute the new subjects you will hear.

> BEISPIEL: Hanna wird eingeladen. (ich)
> **Ich werde** eingeladen.

## Übung 9: *Das wird sofort gemacht!*

Say that these things will be done immediately.

> BEISPIEL: Können Sie mir bitte diese Uhr reparieren?
> Ja, sie **wird** sofort **repariert.**

## Variation zur Übung 10

Substitute the new subjects you will hear.

> BEISPIEL: Die Schülerin soll interviewt werden. (die Schüler)
> **Die Schüler sollen** interviewt werden.

## Übung 12

Open your textbook to Chapter 15, page 447, Übung 12. Restate the following sentences in the passive.

> BEISPIEL: Meine Freundin liest jetzt den Roman.
> **Der Roman wird jetzt von meiner Freundin gelesen.**

## Übung 14

Add the present participle of the cued verb as an adjective to the sentence you will hear.

> BEISPIEL:  Wir können die Preise nicht mehr zahlen.  (steigen)
> Wir können die **steigenden** Preise nicht mehr zahlen.

## Übung zur Betonung

Listen to each word or phrase as it is spoken. Repeat it in the pause provided, and then underline the stressed syllable or syllables in the list below. Check your answers with the Lab Manual Answer Key.

| | |
|---|---|
| ak zep tie ren | das  Ab teil |
| an ge nehm | die  A nek do te |
| die  A dres se | die  Ar ro ganz |
| die  Aus län de rin | die  Na ti o na li tät |
| ein wer fen | die  Tür kin |
| gra tu lie ren | die  Tür kei |
| ü ber ra schen | teil neh men |
| der Um schlag | sich  un ter hal ten |
| die  Fei er | dis ku tie ren |
| per fekt | Zeig  mal  her |
| die  Gast ar bei te rin | Kein  Wun der! |
| das  The ma | |

## Lesestück (p. 453):  *Wer ist ein Türke?*

Listen to the reading as you follow the text on pp. 453–455 in your textbook. Pay attention to the speaker's pronunciation and sentence intonation.

## Diktat

You will hear each sentence twice. After the first reading, try to write all that you have heard in the space below. After the second reading, fill in what you have missed. (The dictation contains material from all of Chapter 15. You should study the **Grammatik** and the **Lesestück** before doing it.)

1. _____

   _____

2. _____

   _____

3. _____

   _____

4. _____

   _____

5. _____

   _____

6. _____

   _____

7. _____

   _____

8. _____

   _____

9. _____

   _____

10. _____

   _____

## KAPITEL
# 16

## Dialoge (p. 463)

On the cassette you will hear each dialogue twice. The first time, the speakers talk at normal speed. The second time, they pause after each phrase so you can repeat aloud what they have just said.

Following each dialogue you will hear a series of questions. Decide which answer is best and mark the answer below. You can check your answers with the Lab Manual Answer Key.

### Fragen zu den Dialogen

#### Dialog 1: *Kind oder Beruf?*

1. a. Sie ist Studentin.
   b. Sie ist Hausfrau.
   c. Sie hat eine Stelle.

2. a. Er arbeitet zu Hause.
   b. Er ist Student und kann morgens zu Hause sein.
   c. Er hat eine Stelle und hat wenig Zeit für die Familie.

3. a. Sie wird vormittags auf das Kind aufpassen, er nachmittags.
   b. Sie kann nur nachmittags auf das Kind aufpassen.
   c. Sie muß auf das Kind aufpassen, weil ihr Mann keine Zeit hat.

4. a. Nein, sie will nur halbtags arbeiten.
   b. Ja, sie will eine besser bezahlte Stelle suchen.
   c. Nein, ihr Beruf ist ihr wichtiger als ihre Familie.

#### Dialog 2: *Goldene Hochzeit*

1. a. Sie sieht müde aus.
   b. Sie sieht aus, als ob sie viel geschlafen hätte.
   c. Sie sieht krank aus.

2. a. Sie hat gearbeitet.
   b. Sie hat gefeiert.
   c. Sie hat geschlafen.

3. a. Die Feier hat bei den Großeltern stattgefunden.
   b. Man hat im Restaurant gefeiert.
   c. Man hat bei Liese gefeiert.

4. a. Lieses Geburtstag wurde gefeiert.
   b. Lieses Hochzeit wurde gefeiert.
   c. Die goldene Hochzeit ihrer Großeltern wurde gefeiert.

## Hören Sie gut zu!

Listen to the dialogue as many times as necessary. Then answer the questions you will hear. You can check your answers with the Lab Manual Answer Key. This dialogue is *not* printed in your textbook.

1. _____

2. _____

3. _____

4. _____

5. _____

6. _____

## Lyrik zum Vorlesen (p. 466): *Vier Gedichte*

Practice saying the poems you will hear. The poems are printed in your textbook.

## Üben wir! (pp. 467–477)

Listen to the directions and respond in the pauses.

### Variationen zur Übung 1

**A.** Replace the past participles with the new ones you will hear.

> BEISPIEL:  Du siehst aus, als ob du nicht geschlafen hättest.  (gegessen)
> Du siehst aus, als ob du nicht **gegessen** hättest.

**B.** The speaker tells you certain things about himself. Say that the speaker *looks* as though the opposite were true.

> BEISPIEL:  Ich bin nicht fit.
> **Aber Sie sehen aus, als ob Sie fit wären.**

**C.** Here are some facts about what you did yesterday. Say that it was *as if* the opposite had been true.

> BEISPIEL:  Sie haben die Stadt nicht gekannt.
> **Aber es war, als ob ich sie gekannt hätte.**

### Variationen zur Übung 3

**A.** Replace the adjective with the new ones you will hear.

> BEISPIEL:  Meine Chefin sagt, das sei schwierig.  (typisch)
> Meine Chefin sagt, das sei **typisch.**

**B.** Tell what she asked. Use the clauses you will hear.

> BEISPIEL: Sie fragte, ob das möglich sei.  (ob er Geld habe)
> Sie fragte, **ob er Geld habe.**

**C.** Anja says the following things to you. Tell someone else what she said. Use special subjunctive (or general subjunctive where necessary).

> BEISPIEL: „Ich habe viel zu erzählen."
> Sie sagte, **sie habe viel zu erzählen.**

**D.** Now report what Holger said to you, using special subjunctive.

> BEISPIEL: „Ich kann keine Stelle finden."
> Er sagte, **er könne keine Stelle finden.**

## Variation zur Übung 5

Restate each sentence of the conversation in indirect quotation, using special subjunctive.

> BEISPIEL: Ein Vater spricht mit seiner Tochter.
>
> „Hast du genug Geld?"
> **Er fragt, ob sie genug Geld habe.**

## Variationen zur Übung 6

**A.** Replace the past participle with the new ones you will hear.

> BEISPIEL: Bei uns wurde bis halb vier getanzt.  (geredet)
> Bei uns wurde bis halb vier **geredet.**

**B.** Replace **man** with the impersonal passive construction.

> BEISPIEL: Hier ißt man viel.
> **Hier wird** viel **gegessen.**

**C.** Replace **man** with an impersonal passive construction. Begin with **Es . . .** Keep the tense the same.

> BEISPIEL: Man redet hier viel.
> **Es wird** hier viel **geredet.**

## Übung zur Betonung

Listen to each word or phrase as it is spoken. Repeat it in the pause provided, and then underline the stressed syllable or syllables in the list below. Check your answers with the Lab Manual Answer Key.

| | |
|---|---|
| auf ge ben | die   Po si ti on |
| hei ra ten | psy cho lo gisch |
| vor mit tags | er le di gen |
| Sa gen haft! | der   Er folg |
| die   E man zi pa ti on | der   Ge dan ke |
| i de al | das   Ge setz |
| in dus tri ell | die   Gleich be rech ti gung |
| pa ral lel | öf fent lich |
| das   Phä no men | ge bil det |

## Lesestück (p. 480):  *Gedanken über die Emanzipation der Frau*

Listen to the reading as you follow the text on pp. 480–482 in your textbook. Pay attention to the speaker's pronunciation and sentence intonation.

## Diktat

You will hear each sentence twice. After the first reading, try to write all that you have heard in the space below. After the second reading, fill in what you have missed. (The dictation contains material from all of Chapter 16. You should study the **Grammatik** and the **Lesestück** before doing it.)

1. _____

_____

2. _____

_____

3. _____

_____

4. _____

_____

5. _____

_____

6. _____

_____

7. _____

_____

8. _____

_____

9. _____

_____

10. _____

_____

# WORKBOOK ANSWER KEY

## Kapitel 1

A. 1. Sie arbeitet viel.   2. Was machen Sie heute abend?   3. Morgen geht ihr zu Julia.   4. Vielleicht spielt er draußen.   5. Du arbeitest nicht sehr viel.   6. Ihr fliegt nach New York.   7. Ich gehe auch.   8. Er kommt morgen zurück.   9. Was machen wir am Mittwoch?   10. Heute bist du in Eile.

B. 1. Bist; bin   2. seid; sind   3. ist; sind   4. Sind; bin; sind   5. ist; ist

C. 1. das Fenster   2. die Tür   3. die Wand   4. die Uhr   5. der Tisch   6. der Stuhl   7. das Buch   8. das Heft   9. der Kugelschreiber (or) der Kuli   10. der Bleistift

D. 1. Er   2. Sie   3. Es   4. sie   5. Sie   6. Sie   7. es

E. 1. Die Studentinnen fliegen nach Deutschland.   2. Die Kinder machen das oft.   3. Die Bücher sind nicht typisch.   4. Die Studenten arbeiten bis elf.   5. Die Lehrer wohnen in Wien.   6. Die Frauen sagen: „Guten Morgen."   7. Die Straßen sind schön.   8. Die Mütter sind wieder in Eile.   9. Die Herren fragen Frau Becker.   10. Die Büros sind in Hamburg.

F. 1. eine   2. ein   3. ein   4. Ein   5. ein

G. 1. Heute bin ich in Eile.   2. Endlich ist das Wetter wieder schön.   3. Um elf gehen wir zu Horst.   4. Im April regnet es immer viel.   5. Am Freitag fliegt Marion nach Wien.   6. Vielleicht wohnt Herr Lehmann in Berlin.   7. Morgen arbeitet die Gruppe hier.   8. Natürlich sind die Studenten freundlich.

H. 1. Gehst du zu Karin?   2. Kommen Sie heute?   3. Arbeitest du viel?   4. Fliegen Sie um neun?   5. Seid ihr in Eile?   6. Machen Sie das heute?   7. Arbeitest du heute im Büro?   8. Fliegen Sie heute abend?

I. 1. Wann arbeitest du? Heute abend arbeite ich.   2. Geht Christa auch zu Monika? Ja, sie geht auch zu Monika.   3. Wann fliegen Sie nach Berlin? Am Mittwoch fliege ich nach Berlin.   4. Habt ihr auch Kinder? Ja, wir haben auch Kinder.   5. Wer geht zu Karin? Wir gehen zu Karin.

J. 1. P: Hallo, Hans
   H: Tag, Peter.
   P: Wie geht's?
   H: Danke gut. Und dir?
   P: Nicht schlecht.
   H: Es tut mir leid, aber ich bin sehr in Eile.
   P: Also tschüs, bis morgen!
   H: Ja, bis dann. Tschüs!

2. A: Guten Tag.
   B: Grüß Gott.
   A: Kommen Sie aus Österreich?
   B: Nein, ich bin Touristin aus den USA. Und Sie?
   A: Aus Hamburg, aber ich wohne im Moment in Wien.
   B: Ach, ich fliege ja heute nach Hamburg.
   A: Gute Reise!
   B: Danke schön!

## Kapitel 2

A. 1. die Straße   2. das Haus   3. die Zeitung   4. den Lehrer   5. den Mann   6. die Gruppe   7. die Artikel   8. die Amerikanerinnen   9. die Bücher   10. die Zimmer

B. 1. einen Stuhl   2. ein Buch   3. eine Uhr   4. eine Landkarte   5. einen Kugelschreiber   6. ein Poster

C. 1. Hast du den Artikel?   2. Kennst du die Professorin?   3. Suchst du die Straße?   4. Suchst du den Amerikaner?   5. Brauchst du das Buch?

D. 1. Er meint uns.   2. Ich grüße euch!   3. Ich kenne Sie.   4. Er fragt mich.   5. Ich suche dich.

E. 1. Ja, er kennt dich.   2. Ja, wir sprechen über euch.   3. Ja, ich grüße Sie.   4. Ja, Sie sehen mich heute abend.   5. Ja, sie fragt uns morgen.

F. 1. Wie heißt du?   2. Wißt ihr das?   3. Wann ißt du heute?   4. Sprechen Sie mit Frau Schwarz?   5. Was siehst du in Berlin?   6. Kennen Sie München?   7. Weißt du das noch?   8. Nimmst du das Zimmer?   9. Was lest ihr?   10. Liest du immer die Zeitung?

G. 1. Kennt; kennen   2. kennen; Wißt; Weißt   3. Weißt; Kennt; kenne

H. 1. deine   2. unsere   3. Ihr   4. sein   5. eure   6. seine   7. Unser   8. deinen   9. euer   10. Ihren

I. 1. Herr Müller fragt auch seine Familie.   2. Sehen wir unsere Freunde in Wien?   3. Liest Agnes ihr Buch?   4. Sucht ihr eure Klasse?   5. Wann machen Sie Ihre Arbeit?   6. Jan und Katrin kennen ihre Lehrer sehr gut.   7. Meine Freunde sprechen oft über ihren Bruder.   8. Im Moment lese ich meine Zeitung.

J. 1. Was brauchst du nächstes Semester? 2. Wo studiert deine Freundin?   3. Wen kennst du?   4. Wen fragt sie?   5. Wer wohnt auch da?   6. Wessen Mutter arbeitet in Frankfurt?   7. Wessen Artikel ist das?

K. 1. essen   2. ziemlich   3. dort
   4. schlecht   5. Sohn   6. um eins

L. 1. zwanzig   2. fünfzehn   3. neun
   4. sechzehn   5. achtzehn   6. vierzehn
   7. zwölf   8. dreizehn

M. 1. Nein, ich sehe sie ziemlich selten.
   2. Nein, sie ist sehr klein.   3. Nein, unsere Diskussionen sind immer unwichtig.
   4. Nein, sie ist dort. (or) Nein, sie ist da drüben.   5. Nein, ich finde ihn zu jung.
   6. Nein, wir haben nie Probleme.   7. Nein, ich finde sie schön.   8. Nein, wir sehen niemand da drüben.

N. F: Guten Tag.
   L: Guten Tag. Ich suche ein Zimmer.
   F: Studieren Sie hier in Heidelberg?
   L: Nein, ich wohne im Moment noch in Stuttgart, aber ich studiere nächstes Semester hier.
   F: In der Hauptstraße ist ein Zimmer frei.
   L: Ist das Zimmer groß?
   F: Nein, es ist klein, aber schön. Die Leute sind auch freundlich.
   L: Sehr gut. Ich nehme es. Vielen Dank.
   F: Bitte sehr. Nichts zu danken. Auf Wiedersehen.

O. *Answers will vary.*

# Kapitel 3

A. 1. will   2. Möchtest   3. Könnt   4. darf
   5. Willst   6. muß   7. möchtet   8. kann
   9. Dürfen   10. sollt

B. 1. Ihr könnt Deutsch lernen, aber ihr müßt viel sprechen.   2. Darfst du bis elf bleiben?
   3. Mein Freund will noch ein Zimmer suchen.
   4. Er möchte das tun, aber er darf es nicht.
   5. Soll man immer eine Uhr tragen?

C. 1. Ich soll heute (das Essen) kochen.
   2. Ich muß nach Frankfurt fahren.   3. . . . , aber wir müssen unsere Eltern besuchen.
   4. Nein, ich will zu Hause arbeiten.
   5. Nein, ich möchte viel schaffen.   6. Ja, er will heute kommen.

D. 1. ißt; schläft   2. arbeitet; schafft
   3. Fährst; findest   4. bleibe; tue   5. tragen; Trägt   6. Hältst; weiß   7. sieht; kocht
   8. schreibe; Liest   9. gibt; findet

E. 1. Nein, die Telefonnummer weiß Gisela nicht.   2. Nein, Klaus arbeitet heute nicht.
   3. Nein, meine Schwestern kennt er nicht.
   4. Nein, der Lehrer liest nicht nur Zeitungen.   5. Nein, heute spricht er nicht zu laut.
   6. Nein, die Schüler fliegen nicht nach Berlin.   7. Nein, Karl studiert nicht in Leipzig.
   8. Nein, du sollst ihn nicht fragen.
   9. Nein, das kann ich nicht tun.   10. Nein, die Hausaufgaben sind nicht interessant.
   11. Nein, eigentlich ist das nicht unser Geld.   12. Nein, das sind nicht meine Hefte.

F. 1. Nein, ich habe keinen Bruder.   2. Nein, ich verdiene kein Geld.   3. Nein, wir brauchen kein Auto.   4. Nein, Schmidts haben keine Kinder.   5. Nein, meine Freundin sucht kein Zimmer.   6. Nein, sie kann kein Deutsch.   7. Nein, ich will keine Pause machen.

G. 1. Nein, ich bin nicht fit.   2. Nein, ich habe kein Geld.   3. Nein, ich koche heute nicht.
   4. Nein, ich wohne nicht in Freiburg.
   5. Nein, ich bin nicht der Lehrer/die Lehrerin.   6. Nein, ich brauche keinen Wagen.

H. 1. die Haustür/-türen   *front door*
   2. die Hausaufgabe/-n   *homework assignment*
   3. das Kinderbuch/¨er   *children's book*
   4. die Hausfrau/-en   *housewife*
   5. die Bergstraße/-n   *mountain road*
   6. die Muttersprache/-n   *native language*
   7. das Tagebuch/¨er   *diary*
   8. das Umweltproblem/-e   *environmental problem*

I. 1. vierunddreißig   2. siebenundzwanzig
   3. zweiundfünfzig   4. einundachtzig
   5. neununddreißig   6. sechsundsechzig
   7. zweihundertzehn
   8. dreihundertdreiunddreißig   9. eintausendzweihundert   10. eintausendsechzig

J. A: Entschuldigung, Herr Hartmann.
   L: Guten Tag, Andrea.
   A: Darf ich Sie etwas fragen?
   L: Ja, was möchtest du wissen?
   A: Darf ich die Hausaufgaben für Freitag machen?
   L: Du sollst sie für morgen machen, nicht wahr?
   A: Ja, aber ich muß heute abend arbeiten.

L: Mußt du Geld verdienen?
A: Ja, ich möchte eine Reise nach Amerika machen.
L: Dann mußt du Geld verdienen *und* Englisch lernen.

K. 1. tragen 2. lernen 3. machen 4. besprechen 5. besuchen 6. entscheiden/besuchen/machen

L. 1. Farben 2. Kleider 3. Familie 4. Sprachen (*oder*) Fremdsprachen

# Kapitel 4

A. 1. ohne unsere Hausaufgaben 2. durch die Berge 3. gegen dich 4. für das Kind 5. bis morgen 6. um den See 7. für euch 8. um zehn 9. ohne sie

B. *Some answers may vary.*
1. für 2. dich (*oder*) ihn 3. um 4. bis (*oder*) für 5. um (*oder*) gegen 6. das 7. gegen 8. ohne 9. dich

C. 1. Fahr mal zu Schmidts, Stephan. 2. Gehen wir doch nach Hause. 3. Bitte, seid doch freundlich, Klaus und Rolf. 4. Sprich bitte nicht so schnell, Inge. 5. Arbeite doch nicht allein, Martin. 6. Bleiben Sie doch noch eine Stunde, Frau Beck. 7. Lesen wir mal den Zeitungsartikel von heute. 8. Iß doch wenigstens ein Brötchen, Anita. 9. Seien Sie doch nicht so pessimistisch, Herr Keller. 10. Sei doch ehrlich, Gabi.

D. 1. Doch, ich kann noch Englisch. 2. Nein, ich trinke kein Bier mehr. 3. Nein, ich wohne nicht mehr allein. 4. Nein, ich habe noch keine Kinder. 5. Nein, sie studiert noch nicht in München. 6. Doch, sie leben noch.

E. 1. Sicher können wir heute entscheiden. 2. Selbstverständlich bekommen wir hier noch ein Zimmer. 3. Ja, leider muß ich heute abend zu Hause bleiben. 4. Hoffentlich regnet es morgen. 5. Ja, Gott sei Dank sprechen sie langsam. 6. Natürlich haben wir Angst.

F. **Wetter**
die Luft
regnen
sonnig
kühl
es schneit
**Kleidung**
das Hemd

die Turnschuhe
der Rock
tragen
die Brille
der Mantel
**Schule und Universität**
die Fremdsprache
das Seminar
nächstes Semester
die Deutschstunde
der Schüler
Hausaufgaben machen
**Landschaft**
der Wald
das Tal
der Hügel
der Baum
das Meer
der Fluß
der Berg

G. *Some answers will vary.*
W: Wohin wollen Sie *dieses Jahr in Urlaub* fahren?
Fahren sie *Wieder* nach *Österreich*?
B: Ja, hoffentlich *können* wir *wieder* nach Salzburg.
W: Was *wollen* Sie dort machen? *Hören* Sie *gern* Musik?
B: *Eigentlich* wandern wir *lieber*. Meine Frau und *ich mögen* die Landschaft dort.
W: *Braucht* man einen Wagen?
B: Nein, auch *ohne* Auto kann *man* genug sehen. *Dort* gehen alle *zu Fuß*.
W: *Wann* wollen Sie fahren?
B: Wahrscheinlich im *Herbst*. Da *bekommen* wir *überall* ein Hotelzimmer. Nur *wird* es im Herbst schnell *dunkel*.
W: Fahren *Sie doch* im Mai! Da wird es *schon* warm, und es *bleibt* lange hell.

H. *Answers will vary.*

# Zusammenfassung und Wiederholung 1
## Test Your Progress

A. 1. scheint *to shine; to seem*
2. spielen *to play*
3. geht *to go*
4. bedeutet *to mean*
5. meine *to be of the opinion; to think; to mean*
6. läuft *to run; to walk*
7. stimmt *to be correct*
8. schläfst *to sleep*

9. fahren *to drive, go (by vehicle)*
10. besucht *to visit*
11. will *to want to*
12. darf *to be permitted to, may*
13. wirst *to become*
14. schneit *to snow*
15. bekommen *to get, receive*
16. liest *to read*
17. trägt *to carry; to wear*
18. kann *to be able, can*
19. warte *to wait*
20. soll *to be supposed to, should*

B. 1. Barbara möchte schon nach Berlin.
2. Die Studenten wollen noch ein bißchen bleiben.  3. Was trägst du am Freitag?
4. Nimmt Karin ein Brötchen?  5. Liest du die Zeitung?  6. Schläft er bis neun?
7. Weiß Gisela, wie er heißt?  8. Wartet er bis zehn?  9. Ißt Oliver Pommes frites?
10. Horst läuft durch den Wald.

C.  1. die / Schulen
    2. das / Hemden
    3. die / Mütter
    4. der / Schuhe
    5. die / Sprachen
    6. der / Freunde
    7. die / Freundinnen
    8. der / Brüder
    9. die / Schwestern
    10. das / Klischees
    11. der / Söhne
    12. die / Töchter
    13. das / Häuser
    14. die / Zeitungen
    15. der / Berufe
    16. das / Länder
    17. der / Stühle
    18. die / Frauen
    19. der / Lehrer
    20. die / Lehrerinnen

D. 1. Nein, ich bin noch nicht müde.  2. Nein, wir wohnen nicht mehr zu Hause.  3. Nein, sie ist keine Studentin mehr. (*oder*)
. . . nicht mehr Studentin.  4. Nein, ich kenne deine Schwester noch nicht.
5. Nein, wir haben noch keine Kinder.
6. Nein, ich besitze kein Auto mehr.
7. Nein, Sie müssen nicht mehr hier bleiben.
8. Nein, ich habe keine Angst mehr. (*oder*)
. . . wir haben keine Angst mehr.

E. 1. Meine; keine  2. den (*oder*) einen; kein
3. Ihren  4. meinen  5. unser  6. meine

7. Die  8. Ihre  9. Mein; meine  10. Das; den

F. 1. ihr  2. sie  3. ihr  4. seine  5. ihr
6. Ihren  7. euch  8. Ihre  9. Ihr
10. sie

G. 1. Ich mag dich sehr. (*oder*) Ich habe dich sehr gern.  2. Möchten Sie (Möchtest du, Möchtet ihr) schwimmen gehen?  3. Mögen Sie (Magst du) meine Freunde nicht? (*oder*) Haben Sie (Hast du) meine Freunde nicht gern?  4. Ich wandere gern.  5. Ich möchte allein sein.  6. Ich habe das Klima nicht gern. (*oder*) Ich mag das Klima nicht.
7. Ich bin gern allein.

# Kapitel 5

A. 1. dem Kind; Heute kaufe ich ihm eine Brezel.  2. seinen Eltern; Heute morgen zeigt er ihnen das Motorrad.  3. meinem Mann; Bitte beschreiben sie ihm das Haus.
4. den Schülern; Natürlich schreibe ich ihnen eine Postkarte.  5. meiner Frau; Manchmal mache ich ihr das Frühstück.

B. 1. ihrer  2. mir  3. meine  4. ihnen
5. Wen  6. Ihnen  7. Wem  8. ihn

C. 1. uns; sie; ihr; ihrem; deine; ihr; euch
2. Ihnen; Ihren; Sie; Ihnen; Sie; ihnen; Ihr

D. 1. Sie kauft ihr eine Uhr.  2. Sie kauft ihm einen Roman.  3. Sie schenken ihr ein Wörterbuch.  4. Er schenkt seinem Bruder einen Fußball.  5. Sie schenkt ihrer Freundin eine Bluse.  6. Sie schenken ihnen eine Urlaubsreise.  7. Stefan kauft seiner Freundin einen Kugelschreiber.  8. Sabine schenkt ihren Eltern Theaterkarten.
*Your own statements will vary.*

E. 1. nach; mit; außer; nach  2. aus; von; zu; bei; seit; nach

F. 1. Ja, ich muß jetzt anfangen.  2. Ja, wir wollen ihn bald aufmachen.  3. Ja, ich kann Sie morgen anrufen.  4. Ja, ich möchte sie bald kennenlernen.  5. Ja, wir wollen heute abend zurückkommen.  6. Ja, ich darf schon aufhören.  7. Ja, ich möchte auch mitkommen.

G. 1. —Um wieviel Uhr rufst du uns morgen an?
—Mein Bus kommt um zehn Uhr an, dann kann ich euch anrufen.
—Gut! Nach dem Mittagessen besuchen wir zusammen Tante Hildegard.

2. —Steh doch jetzt auf und komm mit!
   —Warum? Wann fängt unsere Deutschstunde an?
   —Um zehn. Wir besprechen unsere Reise.
3. —Wann machst du morgens den Laden
   auf?
   —Ich stehe früh auf und mache ihn um
   sechs auf. Gott sei Dank kann ich dann
   um drei Uhr aufhören.
   —Ich darf das Büro erst gegen vier verlassen.

H. 1. spät  2. im Norden  3. macht . . . auf
4. hört . . . auf  5. neu  6. nichts
7. klein  8. wenig  9. alt  10. leicht
(*oder*) einfach  11. fleißig  12. voll
13. dumm (*oder*) blöd

I. *Answers will vary. One possible solution is provided.*

Um acht Uhr steht Jürgen auf. Um neun Uhr geht er Lebensmittel einkaufen. Um zwölf Uhr ißt er in der Mensa, und dann um eins kauft er in der Buchhandlung einen Roman. Um zwei fährt er nach Hause, und von drei bis sechs Uhr schreibt er Postkarten und liest. Um vier Uhr ruft er seine Freunde an, und um sechs kommen sie dann vorbei. Sie kochen zusammen und gehen dann in der Stadt spazieren. Um zehn Uhr trinken sie bei Christa einen Wein. Um elf ist Jürgen schon müde und geht schlafen.

# Kapitel 6

A. C: wart; war
   H: waren; Warst
   C: war; waren
   H: war

B.

| studieren | hat studiert | to attend a university |
| besuchen | hat besucht | to visit |
| frühstücken | hat gefrühstückt | to eat breakfast |
| verdienen | hat verdient | to earn |
| glauben | hat geglaubt | to believe |
| aufmachen | hat aufgemacht | to open |
| wandern | ist gewandert | to hike |
| legen | hat gelegt | to lay |
| zumachen | hat zugemacht | to close |
| meinen | hat gemeint | to think, be of the opinion; to mean |
| hassen | hat gehaßt | to hate |
| kennenlernen | hat kennengelernt | to get to know; meet |
| abholen | hat abgeholt | to pick up |
| regnen | hat geregnet | to rain |
| arbeiten | hat gearbeitet | to work |
| kaufen | hat gekauft | to buy |
| warten | hat gewartet | to wait |
| hören | hat gehört | to hear |
| kosten | hat gekostet | to cost |
| aufhören | hat aufgehört | to stop |
| berichten | hat berichtet | to report |

C. 1. habe . . . eingekauft  2. habe . . . begonnen  3. habe . . . angerufen  4. bin . . . geschwommen  5. habe . . . gelesen  6. habe . . . geschrieben  7. habe . . . gesprochen  8. habe . . . vergessen

D. 1. haben . . . gekauft  2. ist . . . gelaufen  3. hat . . . geheißen  4. hat . . . gekostet  5. Hast . . . geschrieben  6. haben . . . besessen  7. Sind . . . geblieben  8. Habt . . . angefangen  9. bin . . . angekommen  10. hat . . . beschrieben

E. 1. seid  2. bin; ist  3. hast  4. habe; sind  5. Hast  6. habe; bin; ist

F. 1. Hast . . . mitgebracht  2. hat . . . gebracht  3. hat . . . gekannt  4. habe . . . mitgebracht  5. habe . . . gewußt

G. 1. Wohin gehst du jetzt?  2. Wo haben sie gewartet?  3. Wohin ist Herr Ziegler geflogen?  4. Wo spielen Ihre Kinder?  5. Woher kommen die Touristen?  6. Wohin kann ich meinen Mantel legen?

H. 1. Sie warten im Auto.  2. Sie fahren jeden Morgen zur Uni.  3. Man kann hinter der Mensa parken.  4. Sie läuft ins Haus.  5. Er steht am Fenster.  6. Sie hat am Schreibtisch gearbeitet.  7. Sie sucht sie unter dem Schreibtisch.  8. Sie liegen auf dem Stuhl.  9. Sie hat sie auf den Schreibtisch gelegt.

I. 1. in die Stadt  2. auf den Tisch  3. in den Bergen  4. an der Universität Tübingen  5. ans Meer  6. ans Fenster  7. Neben der Mensa  8. hinter dir  9. neben uns  10. in der Stadt  11. am Schreibtisch  12. ins Büro  13. in der Bibliothek  14. vor der Fabrik  15. auf dieser Postkarte

J. 1. nach Berlin  2. in die Bibliothek  3. ins (*oder*) zum Geschäft; in den (*oder*) zum Laden  4. an der Universität Freiburg  5. auf den Schreibtisch  6. ans Meer  7. in einer Fabrik  8. in der Stadt  9. am Fenster  10. im Hotel

K. 1. den Herrn  2. Den Studenten  3. dem Touristen  4. dem Kunden  5. diesen Menschen  6. dem Bauern

L. 1. die Herren  2. Die Studenten  3. den Touristen  4. den Kunden  5. diese Menschen  6. den Bauern

M. *Answers will vary.*

# Kapitel 7

A. 1. dieses  2. Welche  3. jedes  4. ein
5. Ihre  6. Dieser  7. Diese; ihr  8. mein
9. Welche

B. 1. Mein Onkel spricht nicht Deutsch,
sondern Französisch.  2. Machst du die
Reise allein, oder fährst du mit Freunden?
3. Meine Schwester studiert in Saarbrücken
und sucht noch ein Zimmer.  4. Sie besucht
gern ihre Familie in Bern, aber hat wenig
Zeit.  5. Ich fahre sofort zum Bahnhof,
denn meine Tante soll bald ankommen.
6. Sie fahren nicht mit dem Zug, sondern
mit dem Wagen.

C. 1. Nein, wir fahren nicht nach Italien,
sondern nach Griechenland.  2. Wir wohnen
nicht im Hotel, sondern bei Freunden.
3. Wir wollen nicht morgen, sondern am
Samstag abfahren.  4. Nein, wir fahren
nicht mit dem Auto, sondern mit dem Zug.
5. O nein, wir bringen nicht viel Gepäck
mit, sondern nur einen Koffer.  6. Wir
brauchen keinen Stadtplan, sondern einen
Reiseführer.

D. 1. Ja, er gehört ihm.  2. Ja, sie gehören
uns.  3. Ja, es gehört dir.  4. Ja, sie gehört
mir.  5. Ja, sie gehören uns.  6. Ja, er gehört ihr.  7. Ja, sie gehören mir.  8. Ja, er
gehört ihm.  9. Ja, er gehört mir.

E. 1. Nein, er gefällt mir nicht.  2. Nein, sie
hilft mir nicht.  3. Nein, ich habe ihm noch
nicht gedankt.  4. Nein, es gehört ihr nicht.
5. Nein, ich will ihm nicht antworten.
6. Nein, ich glaube ihm nicht mehr.
7. Nein, es ist mir nicht zu kalt.  8. Nein,
sie macht mir keinen Spaß mehr.

F. 1. . . . ist uns zu langweilig.  2. . . . es geht
ihm (jetzt) gut.  3. . . . es ist mir zu teuer.
4. . . . es ist ihnen (dort) zu heiß.
5. . . . ist uns zu kalt.  6. Es tut mir
leid, . . .

G. 1. liegen  2. sitzen  3. stellen  4. setzt
5. hängen  6. Steht  7. Legen

H. *Answers will vary.*

I. 1. Wir haben nach Italien reisen wollen.
2. Ich habe wenig Italienisch verstehen können.  3. Unsere italienischen Freunde
haben Gott sei Dank mitfahren können.
4. Ich habe den Stadtplan von Rom nicht

finden können.  5. Wir haben einen Mann
auf der Straße fragen müssen, wo das Hotel
ist.

J. 1. Das Konzert beginnt um zwanzig Uhr.
2. Es ist zwanzig nach sieben. (*oder*) Es ist
sieben Uhr zwanzig.  3. Nein, es ist erst ein
Uhr. (*oder*) Es ist erst eins.  4. Mein Zug
fährt um vierzehn Uhr zwanzig.  5. Er
kommt um zweiundzwanzig Uhr dreißig an.

K. 1. *Answers will vary.*

# Kapitel 8

A. 1. ob  2. wenn  3. daß  4. Wenn  5. daß
6. ob  7. Da  8. daß

B. 1. Da wir 200 Gramm Leberwurst und fünf
Kilo Kartoffeln für Samstag abend brauchen,
müssen wir heute einkaufen gehen.  2. Sollen wir ein Glas Bier trinken, oder hast du
schon Kaffee bestellt?  3. Ich esse heute
nur Käse und Brot, weil ich nicht viel Hunger
habe.  4. Haben Sie den Kellner schon gefragt, ob wir zahlen können?  5. Wartet
bitte vor der Mensa, wenn ihr einen Stadtbummel machen wollt.

C. 1. . . . , ob sie schon am Freitag abend kommen.  2. . . . , daß sie die Straßenbahn nehmen können.  3. . . . , daß sie am Samstag
mit uns ins Konzert kommen.  4. . . . , ob
sie auch unsere Großmutter mitbringen.
5. . . . , warum sie nicht mit dem Wagen
fahren.

D. 1. . . . , ob der Zug schon abgefahren ist?
2. . . . , daß wir noch nicht bestellt haben.
3. . . . , wieviel Geld wir für unsere Reise gebraucht haben.  4. . . . , wo wir ausge-
stiegen sind.  5. . . . , wo Erika gestern
gewesen ist.  6. . . . , ob Ihnen das Essen
geschmeckt hat.

E. 1. zu finden  2. anzurufen  3. um mit dem
Professor zu sprechen  4. um die Altstadt
zu besuchen  5. ohne zu zahlen  6. zu
schreiben  7. um den Laden aufzumachen
8. spazierenzugehen

F. 1. . . . meine Hausaufgaben zu machen
2. . . . seinen Eltern einen Brief zu schreiben
3. . . . über die Familie in Amerika zu sprechen  4. . . . euch bald wiederzusehen
5. . . . meinen Studentenausweis mitzubrin-
gen  6. . . . die Stühle auf die Tische zu
stellen

G. 1. der Freund meines Bruders   2. die Namen seiner Schwestern   3. Karins Studentenausweis   4. eine Freundin von dir   5. ein Freund meines Bruders   6. am Ende des Jahres   7. die Schwester meiner Mutter

H. 1. der Ferien   2. des Koffers   3. des Wetters   4. eines Hotels   5. des Schnees   6. meiner Arbeit   7. des Semesters

I. 1. Geht doch ins Museum!   2. Geht doch in die Fußgängerzone!   3. Dann geht doch zum Bahnhof!   4. Geht doch ins Restaurant!   5. Geht zur Jugendherberge!   6. Geht doch in die Mensa!

J. 1. Sie sind um halb acht aufgestanden.   2. Sie sind mit der Bahn in die Stadt gefahren.   3. Um halb elf sind sie ins Museum gegangen.   4. Sie haben eine Stunde für das Mittagessen gehabt.   5. Nach dem Mittagessen haben sie einen Stadtbummel gemacht.   6. Am Nachmittag haben sie Tante Maria besucht.   7. Das Konzert hat um zwanzig Uhr angefangen.

K. *Answers will vary.*

L. **Bild 1**
1. Guten Tag. Was darf's sein, bitte?
2. Zwei Tassen Kaffee, bitte, und ein Stück Kuchen.
3. Mit Sahne?
4. Ja, bitte.

**Bild 2**
5. Wie schmeckt es dir?
6. Sehr gut. Möchtest du ein bißchen probieren?
7. Gerne, es sieht gut aus.

**Bild 3**
8. Wir möchten zahlen, bitte.
9. Bitte schön. Das macht zusammen DM 10,50.

## Zusammenfassung und Wiederholung 2
### Test Your Progress

A. 1. seit; an   2. über   3. im   4. mit; zur   5. Nach (*oder*) Vor; in; nach   6. Auf (*oder*) Unter (*oder*) Neben (*oder*) Hinter; bei; außer

B. 1. Wohin fliegt er? (*oder*) Wo fliegt er hin?   2. Woher kommt sie? (*oder*) Wo kommt sie her?   3. Stimmt das nicht?   4. Hast du keine Zeit für mich?   5. Wer hat das immer gesagt?   6. Wem gehört die Landkarte? (*oder*) Was gehört deinem Freund?   7. Wann sollen wir das machen?   8. Wo sind die Kinder heute? (*oder*) Bei wem sind . . .

C. 1. ins   2. zu   3. in   4. nach; nach   5. zum; nach

D. 1. den Kindern ein Märchen; es ihnen   2. meinem Freund den Artikel; ihn mir

E. 1. Karin ist heute zu Hause geblieben.   2. Meine Freunde haben nicht in München gewohnt.   3. Um wieviel Uhr bist du denn aufgestanden?   4. Ich habe meiner Familie einen Brief geschrieben.   5. Ich habe eine Stunde bleiben müssen.   6. Die Schüler sind oft müde gewesen.   7. Ich habe leider keine Zeit gehabt.   8. Sie ist Lehrerin geworden.

F. 1. Kommst du mit, oder bleibst du hier?   2. Weil ich keine Zeit habe, kann ich Ihnen nicht helfen.   3. Hamburg liegt nicht im Süden Deutschlands, sondern (es liegt) im Norden.   4. Ich weiß nicht, ob er hier ist.   5. Da wir wenig Geld haben, müssen wir trampen.   6. Wenn du mir helfen kannst, bin ich bald fertig.   7. Jan hat nicht studiert, aber er weiß viel über Geschichte.   8. Hast du gehört, daß Tante Karoline uns morgen besucht?   9. Obwohl sie nie in Europa gewesen ist, spricht sie gut Deutsch.

G. 1. den Wagen (das Auto) meines Freundes   2. Ende der Woche   3. Karls Bruder   4. Das Haus meines Lehrers (meiner Lehrerin)   5. die Sprache dieser Menschen (dieser Leute)   6. trotz der Arbeit   7. Wegen meiner Arbeit   8. das Leben eines Studenten (einer Studentin)

H. 1. Wie spät es, bitte? (Wieviel Uhr ist es, bitte?)   2. Es ist fast halb acht.   3. Wann soll der Zug ankommen?   4. Er kommt um 20.59 Uhr an.   5. Was machst du (machen Sie) um Viertel vor acht?

I. 1. liege; im   2. auf (*oder*) neben (*oder*) unter (etc.); legen   3. ins; stellen   4. am; stehen   5. am; sitzen

J. 1. Wir haben keine Lust, Onkel Georg zu besuchen.   2. Um etwas über Kunst zu lernen, sind sie ins Museum gegangen.   3. Es war sehr nett von ihr, mir eine Karte aus Köln zu schicken.   4. Gehst du schon, ohne Julia auf Wiedersehen zu sagen?

## Kapitel 9

A. 1. Dieser kleine Fernseher.   2. Dieses

weiße Fahrrad. 3. Diese deutsche Kamera.
4. Diesen teuren Mantel. 5. Dieses dunkle
Hemd. 6. Diese schwarze Tasche.
7. Diese alten deutschen Filme. 8. Diese
tollen modernen Romane. 9. Diese französischen Zeitungen.

B. 1. ein kaltes Bier 2. ein gutes Schnitzel
3. ein wichtiger Tag 4. eine interessante
alte Stadt 5. einen warmen Mantel 6. Unsere neue Wohnung; in einem schönen Gebäude 7. Ein deutscher Wagen 8. Auf
einer großen Landkarte; unser kleines Dorf

C. 1. brauner; blaue 2. neues; alte
3. graue; bunte 4. gelben; weißen

D. 1. Dieser große Container 2. unseren
alten Flaschen 3. Welche alten Kleider
4. die alten warmen Mäntel und Jacken
5. Jeder große Supermarkt; diese umweltfreundlichen Flaschen

E. **Nominative**

| guter | kaltes | frische | umweltfreundliche |
|-------|--------|---------|-------------------|
| Kaffee | Wasser | Milch | Autos |

**Accusative**

| guten | kaltes | frische | umweltfreundliche |
|-------|--------|---------|-------------------|
| Kaffee | Wasser | Milch | Autos |

**Dative**

| gutem | kaltem | frischer | umweltfreundlichen |
|-------|--------|----------|--------------------|
| Kaffee | Wasser | Milch | Autos |

1. Guter Kaffee 2. frische Milch 3. in
kaltem Wasser 4. Ohne guten Kaffee
5. nur umweltfreundliche Autos

F. *Answers will vary.*

G. *Adjectives used will vary. Correct endings:*
Meinen _____en Urlaub; einem _____en
Wochenendhaus; die _____e Landschaft; die
_____en Gebäude; das _____e Dorf; einer
_____en Stadt; einem _____en _____en
See; meinen _____en Freunden; der
_____en _____en Abende; Das _____e Mädchen; jedem _____en Menschen

H. schöne; phantastischen; blauen; grünen;
kleinen; langen; weißen; herrliche; milde;
gesunde; sympathischen; sicheren; kleinen;
wunderbares

I. 1. Wir fahren morgen mit den Kindern aufs
Land. 2. Bernd wohnt seit März bei Freunden in einer Wohngemeinschaft. 3. Ich
fliege am Montag mit meinen Eltern nach
Basel. 4. Herr Becker will im Februar hier
im Dorf ein Geschäft aufmachen. 5. Die
vielen alten Zeitungen kann ich heute mit
dem Wagen zum Recycling bringen.

J. 1. erstes 2. achten 3. sechsundzwanzigsten 4. einunddreißigsten 5. dritten

6. erster

K. 1. das Gefühl, -e; das Geschenk, -e; der
Preis, -e; der Tag, -e 2. die Kartoffel, -n; die
Stunde, -n; der Junge, -n; der Name, -n
3. die Antwort, -en 4. der Wagen, -; der
Kellner, -; das Gebäude, -; das Mädchen, -
5. das Büro, -s; das Foto, -s 6. die Mutter,
¨er 7. das Dorf, ¨er; das Glas, ¨er; das
Rathaus, ¨er 8. der Eindruck, ¨e; der Baum,
¨e; die Stadt, ¨e 9. das Bild, -er 10. die
Chefin, -nen

L. 1. . . . dir den Film . . . 2. . . . es ihr . . .
3. . . . ihn uns . . . 4. . . . ihr zusammen . . . 5. . . . ihn uns . . .

M. 1. Wie spät ist es? (*oder*) Wieviel Uhr ist es?
2. Wann arbeiten Sie gern? 3. Wo ist Herr
Ziegler? 4. Wem hat der Film nicht gefallen? 5. Wen fragen Sie? 6. Bei wem
gibt es heute eine große Party? 7. Wann
fliegt ihr? 8. Der wievielte ist heute?
9. Wieviel (Kartoffeln) brauchen Sie?
10. Wessen Kinder sind das?

# Kapitel 10

A. **Weak verbs**

| passieren | passiert | passierte |
|-----------|----------|-----------|
| lernen | lernt | lernte |
| zeigen | zeigt | zeigte |
| dauern | dauert | dauerte |
| zerstören | zerstört | zerstörte |
| danken | dankt | dankte |
| lösen | löst | löste |
| arbeiten | arbeitet | arbeitete |
| verschwenden | verschwendet | verschwendete |

**Strong verbs**

| treffen | trifft | traf |
|---------|--------|------|
| schreiben | schreibt | schrieb |
| fliegen | fliegt | flog |
| halten | hält | hielt |
| anfangen | fängt an | fing an |
| werfen | wirft | warf |
| gehen | geht | ging |
| kommen | kommt | kam |
| schwimmen | schwimmt | schwamm |
| sprechen | spricht | sprach |
| schlafen | schläft | schlief |
| finden | findet | fand |
| empfehlen | empfiehlt | empfahl |

B. besuchten; fing . . . an; dauerte; schlief . . .
ein; wachte . . . auf; saßen; sah; gingen; tranken; fragte; war; suchte; ging; hatte

**C.**

| | | |
|---|---|---|
| Ich kann fragen. | Ich konnte fragen. | Ich habe fragen können. |
| Sie will bestellen. | Sie wollte bestellen. | Sie hat bestellen wollen. |
| Sie muß zahlen. | Sie mußte zahlen. | Sie hat zahlen müssen. |
| Er darf es mitnehmen. | Er durfte es mitnehmen. | Er hat es mitnehmen dürfen. |
| Weiß sie es? | Wußte sie es? | Hat sie es gewußt? |
| Sie bringt etwas. | Sie brachte etwas. | Sie hat etwas gebracht. |
| Kennst du sie? | Kanntest du sie? | Hast du sie gekannt? |

**D.** 1. trafen  2. regnete  3. mußte
4. konnten  5. brachte . . . mit; wollte
6. wollten; kannten  7. wußten; sollten
8. wurden  9. fuhren; aßen; waren

**E.** J: Wo warst du heute morgen? Ich habe
dich gar nicht gehört.
N: Ich mußte schon um sieben Uhr bei der
Arbeit sein. Ich hatte sehr viel zu tun.
Hat mich jemand angerufen?
J: Ja, Inge wollte mit dir sprechen. Sie
konnte gestern nicht kommen, denn je-
mand hatte ihr den Geldbeutel geklaut.

**F.** 1. Ich weiß nicht, wann du geboren bist.
2. Wir trafen unsere Freunde aus Freiburg,
als wir damals in Berlin waren.  3. Ich fahre
morgen Rad, wenn du mir dein Fahrrad
leihst.  4. Es gab nicht so viel Luftverschmutzung, als unsere Großeltern jung
waren.  5. Ich verstehe sie schlecht, wenn
sie am Telefon spricht.  6. Ich habe keine
Ahnung, wann sie uns treffen wollen.

**G.** 1. . . . hatte der Regen schon angefangen.
2. Nachdem wir einen Stadtbummel
gemacht hatten, . . .  3. Die Kellnerin hatte
den Fisch empfohlen, . . .  4. Da Jan und
Rolf ihre Ausweise vergessen hatten, . . .
5. Der Zug war schon abgefahren, . . .
6. . . . nachdem ich den Film gesehen hatte.

**H.**

| Wann? | Wie lange? | Wie oft? |
|---|---|---|
| morgens | schon einen Monat | selten |
| im Jahre 1913 | seit gestern | dreimal |
| damals | eine Stunde | jede Woche |
| nachher | jahrelang | jeden Tag |
| am Nachmittag | ein Semester | oft |
| morgen nachmittag | schon seit drei Jahren | manchmal |
| nächste Woche | den ganzen Tag | immer |
| heute | vom 11. bis 17 März | |
| vor vier Tagen | | |
| abends | | |
| gleich | | |
| am Wochenende | | |
| letztes Jahr | | |

diese Woche
im April 1980
um elf Uhr
am Freitag
im Herbst
jetzt
dieses Semester
vorher

**I.** 1. auf der Treppe  2. die Kunst  3. wenig
4. der Wähler  5. die Jugend  6. sammeln

**J.** *Answers will vary.*

**K.** 1. a  2. b  3. c  4. a  5. a  6. a  7. b
8. c

# Kapitel 11

**A.** 1. A. Wie hast du dich verletzt?
   B. Ich habe mich beim Fußball verletzt.
2. A. Wo sollen wir uns morgen treffen?
   B. Treffen wir uns in der Studenten-
      kneipe!
3. A. Seit wann kennt ihr euch?
   B. Wir kennen uns seit fünf Monaten.
4. A. Wann ärgert sie sich?
   B. Sie ärgert sich fast jeden Tag.

**B.** 1. mir  2. dir  3. sich  4. euch  5. uns
6. mir  7. sich  8. mir  9. sich  10. dich

**C.** *Answers may vary.*

Als ich gestern die Augen aufmachte, freute
ich mich über das schöne Wetter. Ich stand
sehr langsam auf. Bevor ich aß, wusch ich
mich/hatte ich mich gewaschen. Ich setzte
mich an den Frühstückstisch. Nach dem Frühstück zog ich mich an. Dann mußte ich mich
beeilen. Vor der Wohnungstür fiel ich auf der
Treppe und verletzte mich. Ich ärgerte mich,
daß die Straßenbahn sich verspätet hatte. Ich
fühlte mich nun nicht mehr so phantastisch.

**D.** 1. Mein Bruder muß sich neue Schuhe
kaufen.  2. Könnt ihr euch nicht selber
helfen?  3. Sie können sich gar nicht vorstellen, was du meinst.  4. Ich habe mir
gestern den Arm verletzt.  5. Meine
Schwester setzt sich neben Tante Hildegard.
6. Letzte Woche hat sich unser Chef das
Bein gebrochen.  7. Wo kann man sich hier
die Hände waschen?  8. Was ziehst du dir
heute abend an?

**E.** 1. . . . kann ich sie mir leisten.  2. . . . es
mir geben kann.  3. . . . muß ich sie mir
waschen.  4. . . . haben wir sie uns angesehen.  5. . . . hat sie sich gekauft.
6. . . . bringe ich ihn dir mit.  7. . . . ich sie
mir selber.

F. alle
   viele
   mehrere
   einige
   wenige
   keine
   1. Mit einigen bekannten Deutschen.
   2. In vielen großen Buchhandlungen.
   3. Alle alten Gebäude.
   4. Nein, wir haben keine guten Stadtpläne mehr.
   5. Wenige gute Romane.

G. 1. meinen Bekannten  2. viele Alte
   3. eine Fremde  4. mit einer Deutschen
   5. Kein Deutscher  6. die Kleinen  7. Ein Verwandter  8. mit den Grünen

H. 1. etwas Neues  2. nichts Wichtiges
   3. viel Gutes  4. etwas Dummes  5. etwas Teures  6. wenig Interessantes  7. etwas Schreckliches

I. *Adjectives may vary. Check endings.*
   1. Ein _____es  2. _____e  3. Mit einem _____en  4. _____e  5. Von der _____en
   6. _____e  7. In einem _____en

J. 1. nachher  2. unruhig  3. schwach
   4. glücklich  5. reich  6. gesund  7. finden  8. sich ausziehen  9. ankommen
   10. antworten  11. aufwachen  12. offen
   13. verschieden  14. auswandern

K. 1. P: Wie fühlt sich Stefan heute?
      J: Ich glaube, der Kopf tut ihm noch weh.
   2. J: Setz dich bitte, Mutti!
      M: Danke schön, ich setze mich hier ans Fenster.
   3. B: Was ist los? Du siehst so glücklich aus.
      U: Ja, ich kaufe mir heute eine tolle Kamera.

# Kapitel 12

A. **Nominative**
   eine billigere Jacke     die schönste Jacke
   ein billigeres Hemd     das schönste Hemd
   billigere Schuhe     die schönsten Schuhe

   **Accusative**
   einen billigeren Mantel     den schönsten Mantel
   eine billigere Jacke     die schönste Jacke
   ein billigeres Hemd     das schönste Hemd
   billigere Schuhe     die schönsten Schuhe

   **Dative**
   einem billigeren Mantel     dem schönsten Mantel
   einer billigeren Jacke     der schönsten Jacke
   einem billigeren Hemd     dem schönsten Hemd
   billigeren Schuhen     den schönsten Schuhen

B. 1. die wärmsten Pullover  2. die modernsten Maschinen  3. die intelligenteste Software  4. ein besseres Telefon  5. einen größeren Wagen  6. gesünder  7. die ältesten Weine  8. einen längeren Urlaub
   9. die teuersten Uhren  10. am schnellsten
   11. am stärksten  12. am liebsten

C. 1. Nein, ich lese den kürzeren Artikel.
   2. Nein, sie kosten immer mehr.  3. Nein, sie werden immer wärmer.  4. Nein, das ist meine jüngere Schwester.  5. Nein, sie sucht eine größere Kamera.  6. Nein, sie wird immer schwächer.

D. 1. wie  2. wie  3. als  4. als  5. als
   6. wie  7. wie  8. als  9. wie

E. 1. weniger; am wenigsten  2. mehr
   3. genauso viel  4. wenig  5. am meisten
   *Other answers will vary.*

F. *Answers will vary.*

G. 1. Gepäck  2. Kirche  3. Bürger
   4. Fahrrad  5. Typ

H. 1. der  2. die  3. den  4. deren
   5. denen  6. die  7. deren  8. der
   9. das  10. der

I. 1. Ist das die Lehrerin, an die du dich erinnerst?  2. Kennt ihr den Politiker, über den wir sprechen?  3. Hier ist ein Foto des jungen Politikers, von dem alle reden.  4. Wie heißt die Frau, mit der sich dein Bruder verlobt hat?  5. Unser Großvater erzählt gern über die Stadt, in der er seine Kindheit verbracht hat.

J. 1. . . . was du dir vorstellen kannst.
   2. . . . was wir gehört haben . . .  3. . . . was mich sehr freut.  4. . . . was ich heute nicht mehr brauche.  5. . . . was sie nicht lernen kann.  6. . . . was uns sehr enttäuscht hat.

K. *Answers will vary.*

L. 1. You can leave your umbrella at home.
   2. My mother had the doctor come when I was sick.  3. I have to get my car washed soon.  4. Tonight we're letting (having) the children cook dinner.  5. The question is only whether they're going to let me work alone.  6. Let me pay for the coffee!

M. 1. Mein Vater hat sein Auto nie reparieren lassen.  2. Läßt du deine Kamera zu Hause?
   3. Wir haben uns die Situation erklären lassen.  4. Unsere Professoren ließen dieses Semester viele Referate schreiben.  5. Ich ließ mein schweres Gepäck immer im Schließfach.

N. 1. zweimal (*oder*) zigmal  2. noch einmal
3. manchmal  4. Das letzte Mal (*oder*)
Diesmal  5. zum dritten Mal  6. zigmal
(*oder*) zweimal (*oder*) zum dritten Mal
7. diesmal

O. 1. gestern morgen
gestern abend
heute morgen
heute nachmittag
heute abend
morgen früh
morgen nachmittag
morgen abend
übermorgen
2. vor zwei Monaten
vor zwei Tagen (*oder*) vorgestern
vor einer Woche (*oder*) vor sieben Tagen
übermorgen
vor drei Tagen
vor fünf Tagen

## Zusammenfassung und Wiederholung 3
### Test Your Progress

A. 1. sich verletzt  2. fühlt er sich schon
3. sich verlobt haben  4. freuen sie sich
5. uns beeilen  6. dich schon angezogen
7. mir ansehen

B. 1. diesen  2. alte  3. eine neue  4. deutsche  5. unserem  6. verschiedene
interessante  7. die politische  8. ersten
deutschen  9. diesen alten  10. vielen
11. des deutschen Volkes (der Deutschen)
12. erste  13. gutes  14. politische
15. dieser wichtigen  16. einen starken
17. arbeitslosen Deutschen

C. 1. Als  2. Wenn  3. Wann  4. Wenn
5. Als  6. wann  7. Wenn

D. 1. Lassen Sie (Laß; Laßt) mich bitte
bleiben!  2. Haben Sie Ihr (Hast du dein)
Gepäck im Auto gelassen?  3. Ich lasse mir
das Essen bringen.  4. Hast du (Haben Sie;
Habt ihr) den Arzt kommen lassen?  5. Las-
sen Sie Ihren (Laß deinen) Mantel auf dem
Stuhl.  6. Können wir die Kinder noch eine
Stunde spielen lassen?

E. 1. lieber; am liebsten  2. ärmer; am ärmsten (die ärmsten)  3. öfter; am öftesten
4. ein stärkerer; der stärkste  5. mehr; die
meisten  6. wärmer; am wärmsten (der
wärmste)  7. größere; die größten
8. Mehr; Die meisten  9. interessanter; am

interessantesten (die interessanteste)
10. ein klügeres; das klügste

F. 1. den  2. dem  3. dessen  4. die  5. das
6. was  7. denen  8. der  9. die  10. was

G. 1. das letzte Mal  2. noch einmal  3. dreimal  4. das zweite Mal  5. damals  6. zum
vierten Mal

H. 1. Was für einen Wagen (ein Auto) hast du?
2. Vor einem Monat habe ich mir den Arm
gebrochen.  3. Heute morgen ist er nach
Berlin gefahren.  4. Als du nach Hause
kamst, hast du mich gestört.  5. Wie lange
(Seit wann) lernst du (schon) Deutsch?
6. Das sind die Studenten, deren Namen ich
vergessen habe.  7. Ich bin vorgestern mit
ihnen zum Bahnhof gegangen.  8. Das blaue
Hemd war am teuersten (das teuerste).
9. Nachdem wir gegessen hatten, sind wir
ins Kino gegangen (gingen wir . . .).
10. Damals wohnten wir in einer kleinen
Wohnung.  11. Er ist ein Freund von mir.
12. Meine Schwester ist jünger als ich.

## Kapitel 13

A. 1. auf  2. um  3. auf  4. an  5. über
6. um  7. an

B. 1. An meine Schulklasse.  2. Für die Geschichte der Partei.  3. Auf den nächsten
Zug.  4. Auf meine Urlaubsreise.
5. An das amerikanische Essen.
6. Um etwas mehr Zeit.

C. worüber?; über; darüber
worauf?; auf; darauf
worum?; um; darum
wofür?; für; dafür
woran?; an; daran
wovor?; vor; davor
womit?; mit; damit
worin?; in; darin

D. 1. Worüber; Über; Darüber  2. Worauf; Auf;
Darauf  3. Worum; Um; Darum  4. Wofür;
Für; Dafür  5. Wovor; Vor; Davor

E. 1. Räume . . . auf  2. habt . . . vor
3. Kennst . . . aus  4. Hör . . . zu
5. sehe . . . wieder  6. angezogen  7. mache . . . mit  8. vorbereitet

F. 1. Worüber hat sie (*oder*) habt ihr gesprochen?  2. Womit haben Sie angefangen?  3. An wen haben Sie sich plötzlich
wieder erinnert?  4. Woran mußten Sie sich
gewöhnen?  5. Wofür interessieren Sie sich?

G. 1. Nein, er redet nicht jedes Wochenende mit ihnen.   2. Nein, ich interessiere mich nicht dafür.   3. Nein, sie gewöhnt sich nicht daran.   4. Nein, wir warten noch nicht lange auf euch.   5. Nein, ich erinnere mich nicht gern daran.

H. 1. Wir werden uns in der Stadt nicht gut auskennen.   2. Zuerst werde ich mir einen guten Stadtplan von Zürich kaufen.   3. David wird versuchen, ein Zimmer bei einer Familie zu bekommen.   4. Beth wird einen Sprachkurs für Ausländer belegen.   5. Wir werden sofort eine Monatskarte für die Straßenbahn kaufen.   6. Wir werden uns an das Schweizerdeutsch gewöhnen müssen.

I. 1. Sie wollen, daß wir ihnen helfen.   2. Ich möchte, daß er einen Brief schreibt.   3. Ich will, daß du mir zuhörst.   4. Wollen Sie, daß ich das mache?   5. Ich will nicht, daß Sie etwas sagen.

J. 1. zu  2. zur  3. zu; beim  4. nach  5. nach  6. zu  7. zur  8. beim  9. zum  10. bei; nach

K. 1. stolz darauf; dich wundern   2. Angst vor; sich ärgern; auf diesen Brief . . . geantwortet habe; für alles verantwortlich   3. mir überlegen; denk . . . an

# Kapitel 14

A.

| | | | |
|---|---|---|---|
| sie liest | sie las | sie hat gelesen | sie läse |
| du hast | du hattest | du hast gehabt | du hättest |
| sie ist | sie war | sie ist gewesen | sie wäre |
| ich fahre | ich fuhr | ich bin gefahren | ich führe |
| er läuft | er lief | er ist gelaufen | er liefe |
| sie liegen | sie lagen | sie haben gelegen | sie lägen |
| sie steigt aus | sie stieg aus | sie ist ausgestiegen | sie stiege aus |
| ich gehe | ich ging | ich bin gegangen | ich ginge |
| ihr werdet | ihr wurdet | ihr seid geworden | ihr würdet |
| sie tut | sie tat | sie hat getan | sie täte |
| sie weiß | sie wußte | sie hat gewußt | sie wüßte |
| er spricht | er sprach | er hat gesprochen | er spräche |
| wir arbeiten | wir arbeiteten | wir haben gearbeitet | wir arbeiteten |
| ich esse | ich aß | ich habe gegessen | ich äße |
| sie halten | sie hielten | sie haben gehalten | sie hielten |

B. 1. Wenn du nur nicht immer so pessimistisch wärest!   2. Wenn ich nur keine Angst hätte!   3. Wenn sie nur kämen!   4. Wenn sie heute nur mitmachte!   5. Wenn sie sich nur nicht schlecht fühlte!   6. Wenn er nur Direktor werden wollte!   7. Wenn ich mich nur daran erinnern könnte!   8. Wenn er sich nur dafür interessierte!

C. 1. Ihr könntet (oder) solltet das nächste Mal Reiseschecks mitnehmen.   2. Du solltest ein warmes Bad nehmen.   3. Du solltest abends früher schlafen gehen.   4. Ihr solltet Englischstunden nehmen.   5. Du solltest dein Zimmer aufräumen.   6. Du solltest das Haus früher verlassen.

D. 1. Wenn ich im Moment Durst hätte, würde ich etwas bestellen.   2. Wenn wir kein Auto hätten, würden wir mit der Straßenbahn fahren.   3. Wenn meine Freunde sich für Politik interessierten, würden wir viel darüber sprechen.   4. Wenn ich nicht schlechter Laune wäre, würde ich heute abend ausgehen.   5. Wenn er mir zuhörte, würde er mich nicht immer unterbrechen.   6. Wenn Udo mehr Geld hätte, würde er sich einen Computer kaufen.

E.

eine Tür
ein Fenster
einen Koffer
einen Laden
(oder) ein Geschäft
eine Flasche
einen Brief   } aufmachen

die Sprache
das Buch
die Menschen
den Film
die Frage
die Antwort
die deutsche Sprache
(oder) Deutsch
den Brief   } verstehen

ein neues Wort
eine Fremdsprache
ein Lied   } lernen

den Wagen
(oder) das Auto
den Hund
ein Hemd   } waschen

die Nase
die Schuhe
die Zähne   } sich putzen

eine Antwort
einen Brief
einen Besuch   } erwarten

F. *Answers will vary.*

G. *Answers will vary.*

H. *Answers will vary.*

I. 1. Dürfte ich mir die Wohnung ansehen?
2. Könnten Sie bitte langsamer reden?
3. Würden Sie bitte ein Foto von uns machen?  4. Hättest du jetzt noch etwas Zeit?
5. Würden Sie mir bitte auch ein Bier bringen?

J. 1. Nächstes Jahr werde ich wieder Deutsch belegen.  2. Letzten Monat sind wir zum letzten Mal zu Hause gewesen.  3. Gegen zwölf Uhr gehe ich meistens schlafen.
4. Morgen früh will ich mit meinem Rechtsanwalt sprechen.  5. Ein ganzes Jahr wird sie bei unserer Firma bleiben.  6. Wochenlang hatte er auf eine Antwort von der Firma gewartet.

K. 1. die Auskunft  2. der Spiegel  3. offen
4. mittags  5. schneien  6. tanzen

L. 1. die Fahrkarte; skifahren; das Fahrrad; abfahren  2. das Badezimmer; dining room; living room; bedroom; das Einzelzimmer
3. die Buchhandlung; bookcase  4. airport; das Flugzeug  5. die Postkarte; map; map of hiking trails

# Kapitel 15

A.
| ich gebe | ich gäbe | ich hätte gegeben |
|---|---|---|
| sie wird | sie würde | sie wäre geworden |
| er arbeitet | er arbeitete | er hätte gearbeitet |
| sie gehen | sie gingen | sie wären gegangen |
| wir sind | wir wären | wir wären gewesen |
| sie sitzen | sie säßen | sie hätten gesessen |
| ich lasse | ich ließe | ich hätte gelassen |
| du weißt | du wüßtest | du hättest gewußt |
| ich tue | ich täte | ich hätte getan |
| wir fahren | wir führen | wir wären gefahren |
| sie kommt | sie käme | sie wäre gekommen |
| ich schreibe | ich schriebe | ich hätte geschrieben |

B. 1. Sie hätte nicht bei einer neuen Firma angefangen.  2. Sie hätten sich keinen Zweitwagen gekauft.  3. Sie hätten keine große Urlaubsreise geplant.  4. Die Kinder hätten in der Schule nicht nur Französisch gelernt.
5. Sie hätten den Kindern kein Klavier gekauft.  6. Sie hätten ihre Verwandten in Thüringen öfter besucht.

C. 1. . . . sie hätte damals ihren Beruf wechseln können.  2. . . . hätte damals meine Reaktion verstehen sollen.  3. . . . ich hätte in der Schweiz skifahren können.  4. . . . hätten nicht einfach weggehen dürfen.
5. . . . sie hätte eine Frage stellen können.

D. 1. . . . wir wären schwimmen gegangen, wenn das Wetter wärmer gewesen wäre.
2. . . . ich hätte mir etwas gekocht, wenn ich

Lust gehabt hätte.  3. . . . ich hätte den Brief eingeworfen, wenn ich zur Post gegangen wäre.  4. . . . ich hätte ein Doppelzimmer genommen, wenn kein Einzelzimmer frei gewesen wäre.  5. . . . ich hätte mein Auto selber repariert, wenn der Mechaniker zu teuer gewesen wäre.

E. 1. werden  2. Bist . . . eingeladen worden
3. wurde  4. werde  5. wurden  6. wurde
7. sind . . . verkauft worden  8. war . . . übersetzt worden

F. 1a. Die Ausländer werden von den meisten Deutschen in ihrem Land akzeptiert.
1b. Heute werden weniger Arbeiter aus dem Ausland gebraucht.
1c. Nach der Vereinigung wurden viele Arbeitsstellen in den neuen Bundesländern verloren.
2a. Der neunzigste Geburtstag meines Großvaters wurde gestern gefeiert.
2b. Das ganze Haus mußte geputzt werden.
2c. Blumen wurden auf den Tisch gestellt.
2d. Alle Verwandten und Freunde meines Großvaters sind eingeladen worden.
2e. Ein tolles Essen wurde von meinen Tanten gekocht.

G. 1. werden / Hans and Sonja will move on June 10th.  2. wurde / I turned 21 yesterday.  3. wird / The celebration will take place in June.  4. wird / They open the supermarket by 7 o'clock in the morning.
5. ist . . . geworden / His sister became a famous writer.  6. werden / Doesn't the room have to be cleaned up some time?
7. sind . . . worden / Many environmental problems were discussed last night.

H. 1. Sie schreiben über die steigenden Preise.
2. Im folgenden Artikel können Sie etwas darüber lesen.  3. Er spricht von der wachsenden Gefahr.  4. Sie findet am kommenden Sonntag statt.

I. 1. hin; her  2. her; her

J. 1. glaube (oder) meine; meinst
2. denkt . . . an  3. mir . . . überlegen
4. meinen  5. hält . . . für

K. halten für + acc.
sich aufregen über + acc.
bitten um + acc.
sich gewöhnen an + acc.
sich freuen auf + acc.
warten auf + acc.
ankommen auf + acc.

sich interessieren für + *acc.*
lachen über + *acc.*
sich kümmern um + *acc.*
sich erinnern an + *acc.*
sich vorbereiten auf + *acc.*
sich konzentrieren auf + *acc.*
Angst haben vor + *dat.*

L. *Answers will vary.*

# Kapitel 16

A. 1. Es sah aus, als ob es neu wäre.  2. Sie sah aus, als ob Claudia aufgeräumt hätte.  3. Er sprach Englisch, als ob er Amerikaner wäre.  4. Er tat, als ob er mich nicht gehört hätte.

B. es wäre        es sei
sie hätte        sie habe
er würde        er werde
sie müßte        sie müsse
sie wollte        sie wolle
er wüßte        er wisse
sie wären        sie seien

C. 1. . . . in seinem Land sei die Arbeitslosigkeit heute auch ein Problem.  2. . . . da spiele die Angst eine große Rolle.  3. . . . im Jahre 1995 habe man 10.200 mehr Autos gestohlen als vor einem Jahr.  4. . . . sie würden den Schwarzwald noch retten können.  5. . . . die Chemieindustrie verbrauche heute weniger Öl als vor fünf Jahren.  6. . . . sie wisse nicht, ob sie mich im Moment brauchen könne.  7. . . . schon vor Jahren hätten Frauen dieses Thema diskutiert.  8. . . . damals habe man nur vom Frieden geredet.

D. 1. Sie fragte die Studenten, wieviele von ihnen in den Semesterferien gearbeitet hätten.  2. Sie sagte einer Studentin, sie solle von ihren Erfahrungen erzählen.  3. Eine Studentin fragte die anderen, ob sie sich vorstellen könnten, arbeitslos zu sein.  4. Ein Student wollte wissen, ob es auch Arbeitslose in der Schweiz gebe.  5. Meine Mitarbeiterin fragte, ob sich nächstes Jahr sehr viel ändern werde (*oder*) würde.  6. Jemand sagte, sie sollten über ein neues Thema reden.

E. *Answers may vary.*
1. Die Situation der Ausländer in Deutschland ist . . . geworden. Mehr als 70 Prozent der ausländischen Arbeitnehmer leben . . . in Deutschland. Sie haben . . . Jobs und gehören zu denen, die . . . werden.  2. Es gibt in der Bundesrepublik . . . Gesamtbevölkerung. Jeder dritte Ausländer ist ein Türke. 13 Prozent der Ausländer sind Jugoslawen, . . . Polen. In den neuen Bundesländern leben nur . . . , davon ist eine Drittel . . . , die als Gastarbeiter . . . geholt worden waren. Die anderen zwei Drittel sind . . . Ungarn.  3. Ich sehe für die Zukunft . . . wegen der Suche nach Arbeitsplätzen.

F. 1. Hier wird gesungen.  2. Hier wird Karten gespielt.  3. Hier wird (ein Geburtstag) gefeiert.  4. Hier wird (etwas) mit der Schreibmaschine geschrieben.  5. Hier wird gewaschen (*oder*) Hier werden Kleider gewaschen.  6. Hier wird gegessen.  7. Hier wird ein Stuhl repariert.  8. Hier wird Klavier gespielt (*oder*) Hier wird Musik gemacht.  9. Hier wird (ein Zimmer) geputzt (*oder*) aufgeräumt.  10. Hier wird Kaffee getrunken.

G. 1. Man feierte wochenlang.  2. Man trank deutschen Wein.  3. Man darf das nicht vergessen.  4. Man gab mir keine Antwort.  5. Man hat seine Erzählung unterbrochen.  6. Hoffentlich kann man ihre Adresse finden.

H. *Answers may vary.*
1. There are a lot of reports on the economy.  2. You pay the cashier. (*oder*) Pay at the cashier's.  3. I hope they'll help me. (*oder*) I hope I get help.  4. Why didn't people talk about this problem? (*oder*) Why wasn't this problem discussed?  5. In my country (where I come from/at my house) we often dance until 2 A.M.  6. At the university people talk a lot about politics.

I. 1. c  2. b  3. c  4. a  5. b  6. a

J. 1. Their (her/your) new apartment is said to be cozy.  2. I want to plan for the future.  3. First we want to pay for everything.  4. They are said to live in the nicest section of the city.  5. This guy claims to be a well-known artist.

K. *Answers may vary. Some possible combinations are:*
1. gleichberechtigt sein  2. an der Diskussion teilnehmen  3. das Essen bezahlen  4. die ganze Hausarbeit erledigen  5. um mehr Geld bitten  6. seit zwei Jahren verheiratet sein  7. eine Alternative bieten

8. auf unsere Koffer aufpassen   9. den Zug
verpassen   10. die Wahlen stattfinden

# Zusammenfassung und Wiederholung 4
## Test Your Progress

A. 1. auf etwas Neues   2. auf ihre Idee   3. an
meine Kindheit   4. auf die Prüfung   5. auf
deine Arbeit   6. um die Prüfung   7. an der
Diskussion   8. für solche Probleme   9. an
deine Freunde   10. an mich   11. um deine
Adresse   12. mit einem Deutschen
13. Über dieses Thema   14. an seinen
Vater

B. 1. Ja, ich habe darauf geantwortet.   2. Ja,
ich interessiere mich dafür.   3. Ja, ich kann
mich an ihn gewöhnen.   4. Ja, sie hat sich
um ihn gekümmert.   5. Ja, ich habe mich
darüber gewundert.   6. Ja, wir haben auch
an sie gedacht.

C. 1. Wenn du arbeitetest, hätten wir genug
Geld.   2. Wir hätten etwas gekauft, wenn
der Laden schon auf gewesen wäre.
3. Wenn er freundlich wäre, könnte man
leicht mit ihm reden.   4. Wenn die
Straßenbahn weiter führe, müßten wir jetzt
nicht laufen.   5. Ich hätte ihr gratuliert,
wenn ich gewußt hätte, daß sie heute Geburtstag hat.

D. 1. Wenn wir nur schon angekommen wären!
2. Ich wünschte, wir hätten heute morgen
die Wohnung aufgeräumt.   3. Ich wünschte,
es gäbe in der Altstadt ein Café.   4. Wenn
ich meine Reiseschecks nur nicht vergessen
hätte!   5. Ich wünschte, die Preise wären
nicht gestiegen.

E. 1. Nein, sie sehen nur aus, als ob sie ordentlich wären/seien.   2. Nein, sie sehen
nur aus, als ob sie so viel Geld hätten.
3. Nein, sie sieht nur aus, als ob sie so konservativ geworden wäre/sei.   4. Nein, er
sieht nur aus, als ob er gerade aus den
Ferien zurückgekommen wäre/sei.

F. 1. Könnten Sie mir helfen?   2. Dürfte ich
eine Frage stellen?   3. Würden Sie mir das
Gepäck tragen?   4. Hätten Sie ein Zimmer
mit Bad?   5. Wann sollte ich das für Sie
machen?

G. 1. Dieser Brief ist von Karl geschrieben
worden.   2. Hinter dem Dom wurde eine
neue Schule von der Stadt gebaut.   3. Die
Vorlesung wird von Professor Müller ge-
halten.   4. Diese Zeitung ist von vielen Studenten gelesen worden.   5. Diese Arbeit
wird von meinem Freund erledigt werden.

H. 1. Das kann eines Tages vom Chef erledigt
werden.   2. Das ganze Buch muß bis Donnerstag gelesen werden.   3. Unser Zweitwagen muß leider verkauft werden.   4. Ein
solches Klischee kann nicht ernst genommen
werden.   5. Kann die Frage von allen
Schülern verstanden werden?

I. 1. geschlossenen   2. verlorene
3. schlafenden   4. vergessene
5. abfahrende (abgefahrene)

J. 1. Woran denkst du?   2. Ich habe das Buch
sehr interessant gefunden. (oder) Ich hielt
das Buch für sehr interessant.   3. Das muß
ich mir eine Zeitlang überlegen.   4. Wir
könnten nach Grinzing. Was meinst du?
5. Ich glaube (meine), das ist eine gute Antwort. (oder) Das finde ich eine gute Antwort.

K. 1. Das muß unser alter Lehrer sein.   2. Die
Preise im Ausland sollen niedriger sein.
3. Das mag (kann) stimmen.   4. Er kann
(mag) schon dreißig sein.   5. Sie will eine
gute Künstlerin sein, aber ich glaube ihr
nicht.

L. 1. Sie sagte, sie sei gestern in der Mensa
gewesen.   2. Sie sagte, das Essen habe ihr
gut geschmeckt.   3. Sie sagte, sie bereite
sich jetzt auf eine Klausur vor.   4. Sie
fragte, ob Heinz mich angerufen habe.
5. Sie sagte, sie sei jetzt ziemlich müde.
6. Sie sagte, ich solle ihr mein Referat über
Kafka zeigen.

# LABORATORY MANUAL
# ANSWER KEY

# Kapitel 1

## Fragen zu den Dialogen

### Dialog 1

1. falsch  2. richtig  3. falsch  4. richtig

### Dialog 2

1. falsch  2. falsch  3. falsch  4. richtig
5. falsch

### Dialog 3

1. falsch  2. falsch  3. falsch  4. falsch
5. richtig

## Hören Sie gut zu!

1. In the morning.
2. Brigitte is.
3. She's working today.
4. They are going to Karin's.

## Übung zur Betonung

na <u>tür</u> lich
<u>ty</u> pisch
Sep <u>tem</u> ber
<u>ar</u> bei ten
<u>ü</u> bri gens
die  <u>Sup</u> pe
<u>al</u> so
<u>a</u> ber
viel <u>leicht</u>
wa <u>rum</u>
zu <u>rück</u>
Ent <u>schul</u> di gung
im  Mo <u>ment</u>
for <u>mell</u>
die  So li da ri <u>tät</u>
der  Stu <u>dent</u>
der  Tou <u>rist</u>
der  A me ri <u>ka</u> ner
wahr <u>schein</u> lich
zum  <u>Bei</u> spiel

# Kapitel 2

## Fragen zu den Dialogen

### Dialog 1

1. falsch  2. falsch  3. richtig  4. falsch

### Dialog 2

1. falsch  2. richtig  3. falsch  4. richtig

### Dialog 3

1. richtig  2. falsch  3. richtig  4. falsch
5. richtig

## Hören Sie gut zu!

1. Yes they are. They say **du** to each other.
2. She's feeling fantastic.
3. She finally has a room in Hamburg.
4. Next semester.

## Übung zur Betonung

<u>Nord</u> a <u>me</u> ri ka
der  Ar <u>ti</u> kel
die  <u>Leu</u> te
die  <u>Zei</u> tung
<u>al</u> le
<u>vie</u> len  <u>Dank</u>
zu  <u>Hau</u> se
die  Al ter na <u>ti</u> ve
die  Dis kus si <u>on</u>
<u>we</u> nig stens
ü ber <u>all</u>
die  Fa <u>mi</u> li e
der  Kon <u>flikt</u>
nor <u>mal</u>
das  Prob <u>lem</u>
<u>re</u> la tiv
so zi <u>al</u>
tra di ti o <u>nell</u>
der  <u>Fern</u> seh er
das  Bü <u>ro</u>
so <u>gar</u>
be <u>rufs</u> tä tig

# Kapitel 3

## Fragen zu den Dialogen

### Dialog 1

1. falsch  2. richtig  3. richtig  4. falsch

### Dialog 2

1. richtig  2. richtig  3. richtig  4. falsch

### Dialog 3

1. b  2. b  3. c

## Hören Sie gut zu!

1. Nein
2. Nein
3. Wahrscheinlich im Mai.
4. Es ist schön.
5. Sie fährt nach Wien.

## Übung zur Betonung

in ter na ti o <u>nal</u>
op ti <u>mis</u> tisch
<u>ehr</u> lich
<u>lang</u> wei lig
re la <u>tiv</u>
in te res <u>sant</u>
<u>lang</u> sam
die <u>Freun</u> din
die <u>Deutsch</u> stun de
ein <u>biß</u> chen
Eu <u>ro</u> pa
die Eu ro <u>pä</u> er in
ge <u>nug</u>
Pull <u>o</u> ver
ent <u>schei</u> den
<u>da</u> rum
dort <u>drü</u> ben
die Mu <u>sik</u>
das Sy <u>stem</u>
das <u>Schul</u> sy stem
die <u>Haus</u> auf ga be
die <u>Fremd</u> spra che
a me ri <u>ka</u> nisch
die A me ri <u>ka</u> ner
<u>ei</u> gent lich
der <u>Mit</u> be woh ner

## Kapitel 4
### Fragen zu den Dialogen

*Dialog 1*

1. falsch  2. richtig  3. richtig

*Dialog 2*

1. c  2. a  3. b  4. c

*Dialog 3*

1. falsch  2. richtig  3. falsch  4. richtig

## Hören Sie gut zu!

1. Es ist so heiß.
2. Nein. Sie sagt: „**Wir** möchten schwimmen."
3. Nein, er hat für morgen gar keine Hausaufgaben.
4. Er ist sehr müde.
5. Er will zu Hause bleiben und ein bißchen schlafen.

## Übung zur Betonung

die Ge o gra <u>phie</u>
die Ko lo <u>nie</u>
die Kul <u>tur</u>
der <u>Ur</u> laub
<u>hof</u> fent lich
zu <u>sam</u> men
<u>noch</u> ein mal
die <u>Haupt</u> rol le
un ter <u>wegs</u>
der Kon <u>trast</u>
das <u>Klima</u>
<u>Ös</u> ter reich
das Se mi <u>nar</u>
noch <u>nicht</u>
<u>im</u> mer noch
Gott sei <u>Dank</u>!
selbst ver <u>ständ</u> lich
mo <u>dern</u>
<u>nach</u> her
die Re gi <u>on</u>
I <u>ta</u> li en

## Kapitel 5
### Fragen zu den Dialogen

*Dialog 1*

1. c  2. b  3. a  4. c

*Dialog 2*

1. c  2. a  3. a  4. c

*Dialog 3*

1. richtig  2. falsch  3. richtig  4. richtig
5. falsch

## Hören Sie gut zu!

1. Sie sind in Konstanz.
2. In Hamburg.
3. Er findet Konstanz sehr schön, und er mag den Winter in Hamburg nicht.
4. Er fährt nach Hause.

## Übung zur Betonung

ak tu _ell_
die   In du _strie_
der   Kor res pon _dent_
re a _lis_ tisch
heu te   _mor_ gen
_an_ fan gen
_auf_ hö ren
die   _Le_ bens mit tel
die   Bäc ke _rei_
das   A bi _tur_
_ein_ kau fen
spa _zie_ ren ge hen
vor _bei_ kom men
_weg_ ge hen
_ken_ nen ler nen
ver _las_ sen
_fern_ seh en
der   Jour na _list_
der   _Au_ to me chan i ker
die   _Ar_ bei te rin
die   Fa _brik_
das   _Mit_ tag es sen
die   U ni ver si _tät_
_ein_ ver stan den
_Sonst_   noch   et was?
der   _Stadt_ plan

# Kapitel 6

## Fragen zu den Dialogen

### Dialog 1

1. falsch   2. richtig   3. falsch   4. falsch

### Dialog 2

1. a   2. c   3. b   4. c

### Dialog 3

1. richtig   2. falsch   3. falsch   4. falsch

## Hören Sie gut zu!

1. Nein, sie sind keine Studenten. Sie arbeiten im Büro und sagen „Sie."
2. Er möchte das Fenster aufmachen.
3. Mit ihren Kindern.
4. Seine Tante aus Düsseldorf.

## Übung zur Betonung

die   Phi lo so _phie_
der   Stu _den_ ten aus weis
das   _Haupt_ fach
die   Ge _schich_ te
das   The _a_ ter
_En_ de   Fe bru ar
so _fort_
die   U ni ver si _tät_
_mit_ brin gen
eine   Ka ta _stro_ phe
das   _Vor_ le sungs ver zeich nis
das   Stu _den_ ten wohn heim
ge _ra_ de
_aus_ ge ben
un _mög_ lich
die   Se _mes_ ter fe ri en
das   Re fe _rat_
ent _täu_ schen
die   _Wohn_ ge mein schaft
die   Klau _sur_
_kos_ ten los
ver _ant_ wort lich
das   Pro _gramm_
pri _vat_
das   Kon _zert_
fi nan _zie_ ren

# Kapitel 7

## Fragen zu den Dialogen

### Dialog 1

1. richtig   2. richtig   3. falsch   4. falsch

### Dialog 2

1. falsch   2. richtig   3. richtig   4. falsch
5. richtig

### Dialog 3

1. b   2. b   3. b   4. b

## Hören Sie gut zu!

1. Schon im Oktober.
2. Sie sind nach Portugal gefahren.
3. Einfach phantastisch. Es hat gar nicht geregnet.
4. Direkt am Meer.
5. Zwei Wochen.

## Übung zur Betonung

der Ho ri <u>zont</u>
die <u>Wan</u> der lust
<u>wun</u> der bar
ver <u>bring</u> en
ü ber <u>nach</u> ten
am <u>A</u> bend
das In stru <u>ment</u>
die <u>Ka</u> me ra
die <u>Ju</u> gend her ber ge
<u>tram</u> pen
sym <u>pa</u> thisch
<u>aus</u> stei gen
I <u>ta</u> li en
<u>ant</u> wor ten
<u>ab</u> fah ren
ge <u>fal</u> len
spon <u>tan</u>
<u>mit</u> neh men
das <u>Rei</u> se ziel
das Ge <u>päck</u>
Das <u>macht</u> nichts.
<u>Das</u> ist mir e <u>gal</u>.
so wie <u>so</u>
be <u>quem</u>
re ser <u>vie</u> ren
das <u>Flug</u> zeug
ver <u>rückt</u>

## Kapitel 8
### Fragen zu den Dialogen

*Dialog 1*

1. c  2. c  3. a  4. b

*Dialog 2*

1. richtig  2. falsch  3. falsch  4. falsch

*Dialog 3*

1. falsch  2. falsch  3. falsch  4. richtig

## Hören Sie gut zu!

1. Sie ist mit ihnen ins Kino gegangen.
2. Nein, nicht sehr viel. Er ist langweilig gewesen.
3. Sie sind alle eingeschlafen.
4. Sie sind durch die Stadt gelaufen.

## Übung zur Betonung

die <u>Alt</u> stadt
die In du <u>strie</u> stadt
der As <u>pekt</u>
das Res tau <u>rant</u>
e le <u>gant</u>
das Lo <u>kal</u>
der <u>Kaf</u> fee
der Sa <u>lat</u>
die So zi <u>al</u> ar bei te rin
<u>trotz</u> dem
die Kar <u>tof</u> fel
der <u>Stadt</u> bum mel
zum <u>A</u> bend es sen
das Ge <u>bäu</u> de
das Mu <u>se</u> um
aus ge <u>zeich</u> net
<u>ein</u> la den
<u>noch</u> et was
in der <u>Nä</u> he
<u>rad</u> fah ren
der <u>Fuß</u> gäng er
das Jahr <u>hun</u> dert
das <u>Fahr</u> rad
ge ra de <u>aus</u>
ob <u>wohl</u>
zu <u>erst</u>
im <u>Ge</u> gen teil
<u>rie</u> sen groß
die <u>Luft</u> ver schmut zung

## Kapitel 9
### Fragen zu den Dialogen

*Dialog 1*

1. richtig  2. falsch  3. richtig  4. falsch

*Dialog 2*

1. b  2. a  3. c  4. c

*Dialog 3*

1. richtig  2. falsch  3. richtig  4. falsch

## Hören Sie gut zu!

1. Es ist Winter. Richard will skifahren gehen.
2. Er hat zu früh angerufen. Sie hat noch geschlafen.
3. Es ist schon halb neun.
4. Heute ist Sonntag.
5. Gestern hat sie bis drei Uhr arbeiten müssen, und sie ist noch sehr müde.

## Übung zur Betonung

der  Ge <u>burts</u> tag
das  A <u>tom</u>
der <u>Fort</u> schritt
de mon <u>strie</u> ren
die  <u>Luft</u> ver schmut zung
die  E lek tri zi <u>tät</u>
be <u>reit</u>
die  E ner <u>gie</u>
die  Kon se <u>quenz</u>
die  <u>Tech</u> nik
pro du <u>zie</u> ren
das  Pro <u>zent</u>
ra di <u>kal</u>
<u>nie</u> drig
sor <u>tie</u> ren
na  <u>end</u> lich!
der  <u>Pol</u> li ti ker
die  Po li <u>tik</u>
der  <u>Un</u> fall
die  Ge <u>sell</u> schaft
die  Par <u>tei</u>
die  <u>Do</u> se
er <u>staun</u> lich
die  <u>Um</u> welt

# Kapitel 10

## Fragen zu den Dialogen

### Dialog 1

1. richtig  2. falsch  3. richtig  4. richtig

### Dialog 2

1. c  2. a  3. b  4. c

### Dialog 3

1. falsch  2. richtig  3. falsch  4. falsch

## Hören Sie gut zu!

1. Sie hat noch nicht gehört, daß Frau Bachmann eine neue Stelle hat.
2. Sie sitzt nicht gern den ganzen Tag am Schreibtisch.
3. Jetzt abrbeitet sie in einer großen Buchhandlung.
4. Sie arbeitet für eine Frau.
5. Sie ist ein sehr sympathischer Mensch.

## Übung zur Betonung

die  De mo kra <u>tie</u>
<u>vor</u> her
in ter <u>view</u> en
pas <u>sie</u> ren
ex <u>trem</u>
am  <u>Nach</u> mit tag
der  <u>Sen</u> i or
der  Di <u>rek</u> tor
die  E <u>po</u> che
<u>il</u> le gal
die  In fla ti <u>on</u>
ma ni pu <u>lie</u> ren
die  Mo nar <u>chie</u>
die  Me <u>tho</u> de
die  Op po si ti <u>on</u>
die  Re pub <u>lik</u>
die  Si tu a ti <u>on</u>
ter ro <u>ris</u> tisch
er <u>klä</u> ren
der  An ti sem i <u>tis</u> mus
un ter <u>bre</u> chen
die  <u>Ar</u> beits lo sig keit
die  I <u>dee</u>
die  <u>Schrift</u> stel le rin
<u>ar</u> beits los
<u>un</u> ru hig
nach <u>dem</u>
<u>aus</u> län disch
der  Kom mu <u>nis</u> mus

# Kapitel 11

## Fragen zu den Dialogen

### Dialog 1

1. richtig  2. falsch  3. richtig  4. falsch

### Dialog 2

1. richtig  2. richtig  3. falsch  4. richtig

**Dialog 3**

1. c  2. c  3. a  4. c

### Hören Sie gut zu!

1. In einem kleinen Dorf.
2. Schon seit fünfundzwanzig Jahren.
3. Sie ist fünfunddreißig Jahre alt.
4. Es war ein hartes Leben. Sie waren sechs Kinder, und es gab immer zu wenig Geld.
5. Ihr Vater bekam dort eine Stelle.

### Übung zur Betonung

die   Be **am** tin
die   Scho ko **la** de
Gu te   **Bes** se rung!
das   Ge **sicht**
die   I ta li **e** ne rin
i ta li **e** nisch
fran **zö** sisch
der   Fran **zo** se
**Frank** reich
die   De mo stra ti **o** nen
der   Pro **test**
mo der ni **sie** ren
ex is **tie** ren
ei ne   Mil li **on**
das   Sym **bol**
se pa **rat**
zen **tral**
der   **Nach** bar
das   **Mit** glied
die   Sow **jet** un i on
die   Re vo lu ti **on**
die   **Zo** ne
der   Ka pi ta **lis** mus
der   Kom mu **nis** mus
der   **Un** ter schied
ver **schie** den
eu ro **pä** isch
die   Ver **ei** ni gung
be **rühmt**
die   **Zu** kunft
die   Ver **gang** en heit
**aus** wan dern

## Kapitel 12
### Fragen zu den Dialogen
#### Dialog 1

1. b  2. a  3. b  4. c

**Dialog 2**

1. falsch  2. richtig  3. falsch  4. richtig

**Dialog 3**

1. falsch  2. falsch  3. falsch  4. richtig

### Hören Sie gut zu!

1. Herr Hofmeister ist mit den Kindern einkaufen gegangen, und Frau Hofmeister ist ins Kunstmuseum gegangen.
2. Es gab eine neue Ausstellung von russischer Volkskunst.
3. Sie hatte einen Artikel in der Zeitung gelesen.
4. Nein, leider nicht. Samstag war der letzte Tag.
5. Sie geht nach Berlin.

### Übung zur Betonung

in tel li **gent**
**ü** ber mor gen
**vor** ge stern
**dies** mal
Gu te   **Nacht!**
**je** des mal
die   Er **in** ne rung
er **in** nern
die   Ge **gend**
der   **Au** gen blick
**weg** ge hen
**wie** der se hen
re pa **rie** ren
**ir** gend wo
**grau** sam
die   **Grö** ße
die   Er **zäh** lung
ver **gleich** en

## Kapitel 13
### Fragen zu den Dialogen
#### Dialog 1

1. richtig  2. falsch  3. falsch  4. richtig

**Dialog 2**

1. richtig  2. falsch  3. richtig  4. falsch

**Dialog 3**

1. c  2. b  3. a  4. c

## Hören Sie gut zu!

1. Auf ihrer alten Schreibmaschine.
2. Weil sie sie auf dem Computer schreibt.
3. Sie hat keine Zeit, etwas Neues zu lernen.
4. Sie sagt, es ist viel leichter zu lernen, als man meint.
5. Sie kann ihr die Software erklären.

## Übung zur Betonung

auf räu men
in te res sie ren
vor ha ben
vor be rei ten
zu hö ren
die  Li ni e
die  Hal te stel le
die  Aus kunft
ro man tisch
of fi zi ell
die  Neu tra li tät
kon ser va tiv
das  Ge spräch
die  Sta bi li tät
der  Di a lekt
die  Bar ri e re
neu tral
vor stel len
sich  ü ber le gen
die  Rechts an wäl tin
bei des
die  Schwie rig keit
Chi ne sisch

## Kapitel 14

### Fragen zu den Dialogen

**Dialog 1**

1. a  2. b  3. a  4. b

**Dialog 2**

1. falsch  2. richtig  3. richtig  4. falsch
5. falsch

**Dialog 3**

1. a  2. a  3. b

## Hören Sie gut zu!

1. Nein, er hat sich vor ein paar Tagen daran erinnert.
2. Er hat ihr den neuen Roman von Günter Grass gekauft.
3. Noch nicht. Er muß sich noch überlegen, was er ihr kaufen will.
4. Sie hat vor, nach Griechenland zu reisen.
5. Er will ihr einen Reiseführer oder etwas Ähnliches schenken.

## Übung zur Betonung

los fah ren
der  An ge stell te
das  Erd ge schoß
die  Kre dit kar te
die  Re zep ti on
die  Du sche
das  Ba de zim mer
ös ter rei chisch
das  Ein zel zim mer
a na ly sie ren
die  Dy nas tie
kre a tiv
die  I ro nie
pro duk tiv
der  Pa ti ent
die  Psy cho a na ly se
phi lo so phie ren
die  Me lan cho lie
der  Kon takt
der  Hu mor
statt fin den
die  Ge gen wart
ge müt lich
die  Ge le gen heit
das  Kla vier
zu nächst
ei ne  Zeit lang
li te ra risch

## Kapitel 15

### Fragen zu den Dialogen

**Dialog 1**

1. c  2. b  3. a  4. c

## Dialog 2

1. richtig  2. richtig  3. falsch  4. falsch

## Dialog 3

1. c  2. b  3. c

## Hören Sie gut zu!

1. Er fragt Herrn Lehmann, ob der Stuhl frei ist.
2. Nein, er kennt ihn noch nicht. Er stellt sich vor.
3. Es liegt am See.
4. Er würde am liebsten den ganzen Sommer hier sitzen und gar nichts tun.
5. Er ist wahrscheinlich im Urlaub und muß wieder nach Hause fahren.

## Übung zur Betonung

ak zep <u>tie</u> ren
<u>an</u> ge nehm
die  A <u>dres</u> se
die  <u>Aus</u> län de rin
<u>ein</u> wer fen
gra tu <u>lie</u> ren
ü ber <u>ra</u> schen
der  <u>Um</u> schlag
die  <u>Fei</u> er
per <u>fekt</u>
die  <u>Gast</u> ar bei te rin
das  <u>The</u> ma
das  <u>Ab</u> teil
die  A nek <u>do</u> te
die  Ar ro <u>ganz</u>
die  Na ti o na li <u>tät</u>
die  <u>Tür</u> kin
die  <u>Tür</u> <u>kei</u>
<u>teil</u> neh men
sich  un ter <u>hal</u> ten
dis ku <u>tie</u> ren
<u>Zeig</u>  mal  <u>her</u>!
Kein  <u>Wun</u> der!

## Kapitel 16

### Fragen zu den Dialogen

#### Dialog 1

1. c  2. b  3. b  4. a

#### Dialog 2

1. a  2. b  3. c  4. c

## Hören Sie gut zu!

1. Er ist Lehrer an einer Schule. Er sagt, er wird von seinen Schülern interviewt.
2. Sie arbeitet in einer Buchhandlung.
3. Die Mutter der Frau.
4. Ihr Baby muß abgeholt werden.
5. Ihre Chefin braucht sie bis fünf in der Buchhandlung.
6. Er ist ein Junge. Der Vater sagt, daß er „den Kleinen" abholt.

## Übung zur Betonung

<u>auf</u> ge ben
<u>hei</u> ra ten
<u>vor</u> mit tags
<u>Sa</u> gen haft!
die  E man zi pa ti <u>on</u>
i de <u>al</u>
in dus tri <u>ell</u>
pa ral <u>lel</u>
das  Phä no <u>men</u>
die  Po si ti <u>on</u>
psy cho <u>lo</u> gisch
er le <u>di</u> gen
der  Er <u>folg</u>
der  Ge <u>dan</u> ke
das  Ge <u>setz</u>
die  <u>Gleich</u> be rech ti gung
<u>öf</u> fent lich
ge <u>bil</u> det